A

Kristin Raabe

Oma Hilde, Sokrates und der Dalai Lama

Was wir von weisen Menschen lernen können

Atlantik

Atlantik Bücher erscheinen im
Hoffmann und Campe Verlag, Hamburg

1. Auflage 2018

www.hoca.de *www.atlantik-verlag.de*
Umschlaggestaltung: Sarah M. Hensmann © Hoffmann und Campe
Umschlagabbildung: © wow.subtropica/shutterstock
Satz: Pinkuin Satz und Datentechnik, Berlin
Gesetzt aus der Bembo und der Frutiger
Druck und Bindung: C.H. Beck, Nördlingen
Printed in Germany
ISBN 978-3-455-00310-9

HOFFMANN
UND CAMPE

Ein Unternehmen der
GANSKE VERLAGSGRUPPE

Soweit die Ethik aus dem Wunsch hervorgeht, etwas über den letztlichen Sinn des Lebens, das absolut Gute, das absolut Wertvolle zu sagen, kann sie keine Wissenschaft sein. Durch das, was sie sagt, wird unser Wissen in keinem Sinne vermehrt. Doch es ist ein Zeugnis eines Drangs im menschlichen Bewusstsein, das ich für meinen Teil nicht anders als hochachten kann und um keinen Preis lächerlich machen würde.

Ludwig Wittgenstein, Vortrag über Ethik

Inhalt

Einleitung

Von den neuen Antennen kamen die alten Dummheiten. Die Weisheit wurde von Mund zu Mund weitergegeben.« – Diese Zeilen von Bertolt Brecht veranschaulichen auf schöne Weise, dass Weisheit durch keine noch so moderne Technik ersetzt werden kann. Radio, Fernsehen und das Internet verbreiten natürlich nicht nur Dummheiten, sie erleichtern uns sogar den Zugang zu Wissen. In den über eine Million Artikeln der deutschen Ausgabe der Online-Enzyklopädie Wikipedia können wir zum Beispiel fast das gesamte Wissen unserer Zeit abrufen. Weise werden wir dadurch aber nicht. Nur scheint das immer weniger Menschen zu beunruhigen. Nach Weisheit zu streben ist nicht gerade »in«. Der Begriff hat mittlerweile einen altmodischen Beigeschmack und ist in unserer Umgangssprache so sehr verwässert worden, dass sich beinahe jeder einer weisen Tat rühmen kann. Dabei gilt Weisheit seit Tausenden von Jahren als das Höchste, was ein Mensch erreichen kann, und es sind nur wenige, die dieses Ideal auch tatsächlich verwirklicht haben. Etwas mehr Respekt wäre also angebracht.

Wie alt der Begriff »Weisheit« wirklich ist, vermag niemand zu sagen. Schon die ältesten schriftlichen Überlieferungen zeugen jedoch vom menschlichen Streben danach. Dass Weisheit uralt ist, bedeutet aber nicht, dass sie inzwischen überholt wäre. Die weisen Urteile des Königs Salomon werden auch zukünftig als weise gelten. Das Wissen seiner Zeit, nach dem die Erde eine Scheibe war, ist dagegen längst überholt.

Weisheit hat sich nicht allein in den von Kriegen, Ungerechtigkeit und falschem Wissen geprägten Zeiten unserer längst vergangenen Geschichte bewährt. Wir aufgeklärten Menschen sind vielleicht nicht mehr von blindem Aberglauben verblendet, was uns aber den Blick verstellt, ist ebenjenes Wissen, auf das wir eigentlich so stolz sind. Es vermittelt die trügerische Sicherheit, alle Probleme irgendwann lösen zu können, spätestens dann, wenn wieder neues Wissen vorhanden ist. Dabei sind viele globale Probleme erst durch Wissen entstanden, und bei zwischenmenschlichen Konflikten hilft Wissen allein auch nicht weiter. Der technische Fortschritt hat auch den Klimawandel und die Umweltverschmutzung zur Folge gehabt. Kein neues Wissen wird diese Probleme lösen können. Und deswegen benötigen wir Weisheit heute dringender denn je. Sie kann helfen, das Wissen auszuwählen, das wir wirklich brauchen, und Konflikte auf kreative Weise lösen.

Wo aber finden wir die so dringend benötigte Weisheit? Auch darüber gibt das Brecht-Zitat Auskunft: »Die Weisheit wurde von Mund zu Mund weitergegeben.« Nur bei anderen Menschen können wir Weisheit finden. Sie zeigt sich darin, wie jemand handelt und welche Entscheidungen er trifft. Man muss nicht selbst weise sein, um Weisheit bei anderen erkennen zu können. Weisheit lässt sich von jedem Menschen erspüren. Wir verfügen eigentlich alle über ein inneres »Weisheitsradar«. Analysieren können wir die Weisheit allerdings nicht, denn dazu müssten wir sie in ihre Bestandteile zerlegen. Genau wie Weisheit es vermag, Zusammenhänge zwischen Phänomenen herzustellen, Trennendes zu verbinden, ist sie aber auch unteilbar. Und das macht die Arbeit an einem Buch über Weisheit zu einer besonderen Herausforderung. Wie über ein Thema schreiben, das sich der Analyse entzieht? Der einzige Weg, über Weisheit zu schreiben, bestand für mich darin, von Menschen zu erzählen. Zwar betont jedes Kapitel einen besonderen Aspekt von Weisheit, durch die Lebensgeschichten und Erfahrungsberichte der Weisen wird Weisheit aber jeweils auch als Ganzes dargestellt. Weise wird der Leser durch die Lektüre dieses Buches sicher nicht – vielleicht steigt aber sein Interesse für den Weisheitsweg.

Die Unterscheidung zwischen zwei Arten, sein Leben zu führen, dem »Weisheitsweg« und dem »Wohlergehensweg«, hat die psychologische Weisheitsforscherin Ursula Staudinger getroffen. Die Entscheidung für den vergleichsweise beschwerlichen Weisheitsweg bedeutet aber nicht unbedingt, dass man von sich selbst behauptet, nach Weisheit zu streben. Es ist vielmehr eine Suche nach Antworten bezüglich der grundlegenden Beschaffenheit der Welt, eines Sinns im Leben und des Guten.

Auch wenn ich nach all meinen Recherchen mittlerweile weiß, wie ungeheuer viel mir selbst noch fehlt, um zur Weisheit zu gelangen, kann ich doch mit Recht behaupten, dass ich angefangen habe, den Weisheitsweg zu beschreiten. Dieses Buch handelt auch immer wieder davon, wie es mir selbst auf diesem Weg ergangen ist. Denn Weisheit soll nicht nur auf einem Podest stehen, von unten als unerreichbar angehimmelt werden. Das Besondere daran ist eben gerade ihr Bezug zur direkten menschlichen Erfahrung und zum Handeln – sie ist nie nur theoretisch. Wirklich echt kann ich aber nun mal nur von meinen eigenen Erfahrungen erzählen.

Vielen Menschen, die in diesem Buch vorkommen, bin ich selbst begegnet. Nicht bei jedem hat mein inneres »Weisheitsradar« gleich stark ausgeschlagen. Manche sind auf ihrem Weisheitsweg noch nicht so weit wie andere. Aber auch viele der Weisen, denen ich nicht persönlich begegnet bin – einige sind schon mehr als zweitausend Jahre tot –, haben mich im Lauf meines Lebens inspiriert. Die Auswahl ist also absolut subjektiv. Vielleicht fühlt sich der eine oder andere dadurch ermuntert, nach seinen eigenen Weisen zu suchen. Schließlich hat schon Aristoteles gesagt: »Wer kann uns ein genauerer Maßstab und Richtpunkt für das Gute sein als der Weise?«

Was ist Weisheit?

Oma Hilde und der Dalai Lama

Als die Weisheit uns besuchte, habe ich sie nicht bemerkt. Ich war noch ein Kind, und Oma Hilde war für mich vor allem eine Lieferantin von ansonsten verbotenen Süßigkeiten und eine brillante Mau-Mau-Spielerin noch dazu. Außerdem liebte ich ihren Geruch nach CD-Seife und 4711. Im Gegensatz zu meiner temperamentvollen Mutter war Oma Hilde auf eine ruhige Art immer gut gelaunt. Niemals war sie auf irgendjemanden böse. Sie zu ärgern wäre uns Kindern selbst im Traum nicht eingefallen. Im Gegenteil: Wenn Oma Hilde es wollte, waren sogar mein Bruder und ich nett zueinander. Sie konnte jeden Streit zwischen uns schlichten, wobei keiner das Gefühl hatte, eine Niederlage eingesteckt zu haben. Denn Oma Hilde beherrschte die großartige Kunst, jeden Menschen – auch uns Kinder – absolut ernst zu nehmen. Weil sie uns beiden recht gab, fühlte sich jeder von uns als Sieger, und der Streit war beendet. Ihrer sanften Autorität beugten sich auch die Erwachsenen gern. Kein Familienmitglied kann sich erinnern, dass Oma Hilde jemals einen Streit gehabt hätte. Auf eine beinah magische Art schaffte sie es stets, ihr Gegenüber von einer guten Sache zu überzeugen. Für Oma Hilde habe ich eine Zeitlang sogar kalt geduscht. Sie hielt das für gesund, und weil sie in meinen Augen immer recht hatte, stand ich also jeden Morgen bibbernd unter der Dusche.

Ein wunderbarer Nebeneffekt ihrer Besuche war die Ruhe, die einkehrte, sobald sie ein paar Tage bei uns wohnte. Meine Eltern stritten nicht mehr miteinander und auch nicht mit den Nachbarn. »Weißt du«, sagte sie einmal zu meinem Vater, »seine Nachbarn kann man sich nun mal nicht aussuchen, aber man muss Jahre – manchmal ein Leben lang – mit ihnen auskommen.« Mein Vater sah ein, dass eine weitere Beschwerde über das falschgeparkte Auto unserer Nachbarn auf lange Sicht größere Probleme schaffen würde als der Akt des Falschparkens an sich.

Inzwischen ist Oma Hilde seit acht Jahren tot. Meine Eltern leben seit neunundzwanzig Jahren im selben Haus mit denselben Nachbarn, mit denen sie übrigens nie einen ernsthaften Streit hatten. Die Weisheit von Oma Hilde hat sich also bewährt. Wer jetzt behauptet, meine Großmutter sei vielleicht eine lebenskluge alte Dame gewesen, aber keinesfalls weise, sollte sich einmal fragen, was Weisheit eigentlich ist.

Sicher ist vor allem eines: Seit es den modernen Menschen gibt, hat er nach Weisheit gestrebt. Seine Suche zeigt sich schon in den Höhlenzeichnungen und Grabbeigaben der frühesten Menschen, die das Bedürfnis widerspiegeln, über die eigenen Grenzen hinauszugehen. Auch das älteste schriftlich überlieferte Epos der Menschheitsgeschichte handelt von Weisheit. Das *Gilgamesch-Epos* erzählt, wie der König von Uruk vor etwa fünftausend Jahren über viele Umwege zur Weisheit gelangte. Davon zeugen schon die in Keilschrift gehaltenen Zeilen auf der ersten Tontafel:

»Der, der die Tiefe sah, die Grundfeste des Landes,
der das Verborgene kannte, der, dem alles bewusst –
Gilgamesch, der die Tiefe sah, die Grundfeste des
Landes, der das Verborgene kannte, der, dem alles
bewusst –

vertraut sind ihm die Göttersitze allesamt.
Allumfassende Weisheit erwarb er in jeglichen Dingen.
Er sah das Geheime und deckte auf das Verhüllte,
er brachte Kunde von der Zeit vor der Flut.«

Auch heute noch hat eine gute Geschichte immer auch einen Weisen zu bieten. Das Orakel in der »Matrix«-Trilogie erscheint als die Verkörperung von Weisheit in einer digitalen Welt, und der weise Zauberer Albus Dumbledore lenkt in den »Harry-Potter«-Romanen die Geschicke aller anderen Protagonisten.

Trotzdem hat das Wort Weisheit heutzutage einen altmodischen Beigeschmack. Kaum jemand würde von sich behaupten, dass die Erlangung von Weisheit sein Lebensziel sei. Wissen und Bildung streben viele an, und sie sind auch viel leichter zu erlangen. Manchmal erscheint es fast so, als hätte die Unmenge von Faktenwissen, die über das Internet für jedermann verfügbar ist, die Weisheit verdrängt. Wenn uns ein Mausklick die mehr als eine Million Artikel der Online-Enzyklopädie Wikipedia eröffnet, wozu brauchen wir dann noch Weisheit? Vielleicht ist es tatsächlich so, dass uns so viel Wissen ein wenig eingebildet macht. Die Menschheit hat verstanden, was die Planeten im Universum auseinandertreibt und was die Atome im Innersten zusammenhält. Natürlich begreifen nur wenige Experten den tatsächlichen

Inhalt von Relativitätstheorie und Quantenphysik, und doch haben beide das Weltbild aller nachfolgenden Generationen verändert. Gerade bei denjenigen, die sie nicht wirklich verstehen, erzeugen diese wissenschaftlichen Erkenntnisse den Eindruck, die Welt berge kein Geheimnis mehr. Die Naturwissenschaften haben die Sterne am Himmel entzaubert und die Entstehung von Leben zu einer biochemischen Angelegenheit degradiert. Weise haben sie uns allerdings nicht gemacht. Wo so viel Wissen ist, scheint sich alles Nachdenken über die Beschaffenheit der Welt und den Sinn menschlichen Lebens zu erübrigen. Vielleicht ist Weisheit heute deswegen nur noch für ganz wenige tatsächlich ein Lebensziel.

Oma Hilde hatte keine Ahnung von Quantenphysik oder Relativitätstheorie, und vielleicht war das ihr Glück. Zu ihrer Zeit war die Aneignung von Wissen noch eine kostspielige und mühsame Angelegenheit. Das Lyzeum, das sie eine Weile besuchte, war teuer. Dort wurde viel Wert auf Auswendiglernen gelegt. Nur das, was jemand im Kopf hatte, ging nicht verloren. So leicht wie heute im Internet ließ sich entfallenes Wissen nicht wieder nachschlagen. Oma Hilde musste die deutschen Klassiker studieren. Auszüge aus Schillers »Glocke« konnte sie auch mit Anfang neunzig noch zitieren. Ihr Biologieunterricht hatte sich im Wesentlichen auf das Bestimmen von Pflanzen und Tieren beschränkt. Ging ich mit ihr spazieren, konnte sie alle Bäume benennen. Später, als ich bereits Biologie studierte, war sie fassungslos angesichts meiner Unwissenheit in simpler Botanik. Ich hatte eine Eibe nicht als solche erkannt. Zu dem Zeitpunkt war ich gerade damit beschäftigt, den Photosynthesezyklus zu verstehen. Als ich sie mit meinem Wissen darüber zu beeindrucken versuchte, war sie nur verwirrt.

Oma Hildes Blick auf die Welt war direkter, weniger analytisch als meiner. Ich wollte verstehen, wie der Baum funktioniert, sie wollte ihm nur einen Namen geben und sich an seiner Schönheit erfreuen. Vielleicht fragte sie sich auch, wie so etwas Wunderbares wie dieser Baum überhaupt entstehen konnte. Damit ich zum Ziel kam, musste ich den Baum in seine Bestandteile zerlegen, von den Blättern zu den Spaltöffnungen, den Molekülen und schließlich den Photonen des Lichts, das auf sie einstrahlt. Die Naturwissenschaften zerteilen unsere Welt in immer kleinere Einheiten. Und das hat Konsequenzen: Heute würde sich niemand mehr »Naturforscher« nennen. Auch Botaniker oder Zoologen werden immer seltener. Ein Biologe ist heute immer Experte in einem kleinen Bereich. Es gibt Experten für Spaltöffnungen auf einem Blatt, für die Schuppen auf den Flügeln eines Schmetterlings oder für einen Rezeptor im menschlichen Gehirn. In allen anderen Wissenschaften, egal ob Physik oder Kunstgeschichte, verhält es sich ähnlich. Daran ist auch grundsätzlich nichts verkehrt. Dass wir immer genauer verstehen wollen, wie die Welt um uns herum beschaffen ist, hat den Menschen zu allen Zeiten angetrieben. Diesem Wissenshunger haben wir es letztlich zu verdanken, dass die Pest und viele andere Krankheiten heutzutage so gut wie ausgerottet sind, dass wir fremde Kulturen viel besser begreifen und die Erde nicht für eine Scheibe halten. Mehr wissen zu wollen, immer mehr Details zutage zu fördern, ist gut und wichtig. Aber diese Art, die Welt zu erforschen, sie in immer kleinere Bestandteile zu zerlegen, jedes Detail einer eingehenden Analyse zu unterziehen, ist eine Art und Weise zu denken, die der Weisheit nicht gerade förderlich ist.

Um zu verstehen, was Weisheit ausmacht, lohnt es sich,

in eine Zeit zurückzuschauen, in der noch keine Leitungen, egal welcher Art, Wissen in der ganzen Welt verbreitet haben, als die Menschen noch nichts von Atomen und Aminosäuren wussten und das Detailwissen über die Welt nur so weit wie das menschliche Auge reichte. Trotz dieser offenkundigen Wissenslücken beeinflussen die großen Denker der Antike bis heute unsere Weltsicht. Immer noch befassen sich Heerscharen von Gelehrten mit den Texten, die Platon, Aristoteles und Co. verfasst haben. Manche behaupten sogar, seit der Antike habe sich in der Philosophie nichts wesentlich Neues mehr getan.

Philosophie bedeutet nichts anderes als »Liebe zur Weisheit«. Einer der ersten Weisheitsliebhaber, von dem wir heute noch wissen, war Heraklit. Er lebte in einer griechischen Kolonie in Kleinasien, war von adliger Geburt und ein erklärter Feind der Demokratie. Das macht ihn nicht direkt sympathisch, war allerdings auch nicht der Grund dafür, dass viele Zeitgenossen ihn als »den Dunklen« bezeichneten. Heraklit wurde »der Dunkle« genannt, weil die Welt seiner Meinung nach in einem stetigen Wandel begriffen war, und das hatte durchaus etwas Beängstigendes. Später wurde diese Auffassung auf die populäre Formel *panta rhei* – »Alles fließt« – gebracht. Um das zu belegen, hat Heraklit viele anschauliche Beispiele aus der Natur angeführt. Der Fluss, in den jemand steigt, ist niemals derselbe; es fließt immer wieder neues Wasser durch ihn hindurch. Er sprach auch viel von der Sterblichkeit, dem ewigen Werden und Vergehen, verglich die Welt mit einem Feuer, das erstirbt und aus der Asche immer wieder neu entfacht wird. Weil Heraklit der Welt mit seinen Lehren scheinbar ihre Beständigkeit, ihre Stabilität nahm und außerdem dazu neigte, seine Botschaft in schwerverständliche Verse zu fassen, wurde er »der Dunkle« genannt. Schließlich entspricht es unserer Alltagserfahrung viel eher, dass die meisten Dinge um uns herum heute immer noch dieselben sind wie gestern und vorgestern.

»Die Natur liebt es, sich zu verbergen«, hat Heraklit gesagt und gemeint, dass sich Erkenntnisse über den ewigen Wandel nicht so ohne weiteres erlangen lassen. Es braucht schon Weisheit, um die verborgene Natur der Dinge zu erkennen: »Weisheit besteht darin, Wahres zu reden und gemäß der Natur zu handeln, indem man auf sie hört.« Um weise zu sein, reicht es also nicht, das zu erkennen, was verborgen ist, man muss auch gemäß dieser Erkenntnisse reden und vor allem handeln.

Der alte Grieche wusste durchaus, dass Weisheit in ihrer absoluten Form für den Menschen unerreichbar bleiben würde. Deswegen bleibt ein Philosoph immer nur einer, der die Weisheit liebt, sie aber nicht besitzt, sondern sie sucht. Wonach er suchte, wusste Heraklit aber ganz genau: »Nur eines ist weise: die Einsicht zu erkennen, die alles durch alles lenkt.« Wer weise ist, erkennt also die Verbindung zwischen den Dingen und lässt sich nicht von einem unbedeutenden Detail ablenken. Weisheit ist Ganzheitserfahrung, das Verständnis um die Zusammenhänge. Es ist deshalb nicht überraschend, dass für Heraklit das Gegenteil von Weisheit die Vielwisserei war. »Vielwisserei lehrt nicht, das wahre Verstehen zu besitzen.« Schon damals war diese Äußerung polemisch. Gern wetterte Heraklit gegen die »Vielwisser« seiner Zeit. Darunter befand sich auch der heute noch berühmte Mathematiker Pythagoras. Ihm unterstellte Heraklit, mehr Studien betrieben zu haben als jeder andere Mensch, ohne dadurch zu irgendeiner wahren Erkenntnis gekommen zu sein. Außerdem warf er ihm »Künstelei« vor und hielt ihn für einen »Oberschwindler«.

Im Gegensatz zum reinen Wissen lässt sich die Weisheit nicht in einzelne Formen von Spezialwissen zergliedern. Sie ist quasi unteilbar. Und deswegen ist eine eingehende Analyse aller Fakten, das Betrachten aller Details eines Problems nicht der Weg, der zur weisen Einsicht führt. Das Ganzheitliche der Weisheit lässt sich viel eher erspüren als mit dem analytischen Verstand herausarbeiten. Entsprechend sind in vielen Sprachen die Wörter »Weisheit« und »Geschmack« miteinander verwandt. Zu dem lateinischen Verb *sapere* (schmecken) gehören die Nomen *sapor* (Geschmack) und *sapientia* (Weisheit). Weisheit wird »erschmeckt«, und deswegen ist eine eindeutige Definition des Wesens der Weisheit auch nicht wirklich möglich. Wie definiert man den Geschmack eines guten Weins? Man kann vielleicht sagen, er schmecke beerig im Abgang, mit einer leichten Vanillenote. Letztlich sind das aber nur Annäherungen an den wirklichen Geschmack eines guten Rotweins. So ähnlich verhält es sich mit der Weisheit. Es lassen sich zwar einzelne Bestandteile ausmachen, die zu ihr beitragen, aber das gesamte Phänomen Weisheit ist damit noch nicht erfasst.

Wissen ist viel leichter zu definieren als Weisheit. Es kann in Büchern oder Computern gespeichert werden. Weisheit existiert nicht außerhalb von Menschen. Kein noch so kluges Buch macht einen Leser auch weise. Es inspiriert ihn vielleicht, aber die Weisheit muss sich ein Mensch auf seinem »Weisheitsweg«, der ein Leben lang dauert, nach und nach erwerben. Und noch etwas unterscheidet Weisheit von Wissen: Wissen hat häufig nur einen zeitlich begrenzten Bestand. Wenn neue Erkenntnisse hinzukommen, verliert es seine Gültigkeit oder muss umgeformt werden. Weisheit ist beständig und uralt.

Und nur deswegen interessieren sich heute immer noch viele Menschen für das, was der weise Heraklit vor etwa 2500 Jahren niedergeschrieben hat. Was er wohl gesagt hätte, wenn er, wiederauferstanden, einen Blick in die Online-Enzyklopädie Wikipedia hätte werfen können oder von einem Chemiker erfahren hätte, dass das Wasser in seinem Fluss aus winzigen Molekülen besteht, die durch Wasserstoffbrückenbindungen zusammengehalten werden?

Gegen Oma Hilde hätte Heraklit sicher nichts gehabt. Vielwisserei konnte man ihr nicht vorwerfen. Eine höhere Bildung hat sie nie erhalten. Das Lyzeum musste sie nach dem Unfalltod ihres Bruders vorzeitig verlassen. Ihre weitere Ausbildung erfolgte auf einer Hauswirtschaftsschule. Heraklits Ansicht, dass die Welt ständig im Wandel und nichts von Dauer ist, hätte sie aber sicherlich geteilt. Im Lauf ihres beinah hundertjährigen Lebens hatte sie so viele Veränderungen erlebt, dass ihr der Glaube an Stabilität und Endgültigkeit abhandengekommen war. Als sie geboren wurde, regierte noch ein Kaiser; dann folgte die Weimarer Republik, schließlich das »Dritte Reich«, danach der real existierende Sozialismus, vor dem sie in die Bundesrepublik floh, und auch die Wiedervereinigung hat Oma Hilde noch erlebt. Aber natürlich war ihre Weisheit von einer anderen Art als die des Heraklit. Es wäre ihr nie in den Sinn gekommen, Bücher über die Beschaffenheit der Welt zu schreiben. Obwohl ich mir ziemlich sicher bin, dass auch sie immer versucht hat, zu verstehen, was hinter den Dingen steckt, welche Gesetzmäßigkeiten der Welt zugrunde liegen.

Für Menschen wie Oma Hilde interessieren sich Philosophen heutzutage nicht mehr. Dafür hat sich eine andere Wissenschaft der Weisheit und der Weisen angenommen: die Psychologie. Für die psychologischen Weisheitsforscher wie Ursula Staudinger von der Jacobs-Universität in Bremen ist Weisheit nicht eine bestimmte Erkenntnis, sondern eine »hohe Einsichts- und Urteilsfähigkeit in schwierigen Fragen des Lebens«. Im Sinne der Psychologen wäre Oma Hilde also weise gewesen, weil sie Expertin für das Leben war. Nachdem sie zwei Weltkriege überlebt und fünf Kinder großgezogen hatte, kannte sie sich mit den Unwägbarkeiten des Lebens besser aus als die meisten.

Ein Weg, den Psychologen gegangen sind, um herauszufinden, was Weisheit im psychologischen Sinne ist, besteht darin, die Menschen zu erforschen, die wir für weise halten. Laut einer Umfrage des Magazins *Geo* aus dem Jahr 2002 ist der weiseste lebende Mensch der Dalai Lama. Und der hat einiges mit Oma Hilde gemeinsam. Zugegeben, Oma Hilde war nicht das geistliche Oberhaupt eines unterdrückten Volkes, aber immerhin die Matriarchin einer weitverzweigten Familie, die, durch die politischen Verhältnisse jahrzehntelang voneinander getrennt, in verschiedenen Landesteilen lebte. Genau wie der Dalai Lama musste auch Oma Hilde ihre Heimat verlassen und dabei ihren gesamten Besitz und einen Teil der Familie zurücklassen. Aus ihr hätte eine verbitterte, vom Leben gezeichnete alte Frau werden können, aber sie wurde zu einer freundlichen, weisen alten Dame – meiner Oma Hilde. Ihre Weisheitslehren waren in vieler Hinsicht auch nicht so weit von denen des Dalai Lama entfernt. Sie war der festen Überzeugung, dass in jedem Menschen etwas Gutes steckt, dass es für alles eine friedliche Lösung gibt und dass kein Schmerz von Dauer ist.

Natürlich erscheinen solche Botschaften zunächst vergleichsweise simpel. Fast könnte man meinen, dass von einem Weisen mehr zu erwarten sei. Einer derartigen Kritik musste sich übrigens auch der Dalai Lama schon unterziehen. Im *Spiegel* schrieb Per Hinrichs im Juli 2007 ziemlich hämisch über das Oberhaupt der Tibeter: »Da kommt ein Mann mit orangefarbenem Gewand und predigt Kalendersprüche – und jede Menge esoterisch angehauchte Romantiker flippen aus … Kleine Frage: Was würden Sie von jemandem halten, der sich als ›Ozean des Wissens‹ vorstellt und seine Göttlichkeit mit Sprüchen wie ›Eine liebevolle Atmosphäre in deinem Haus ist das Fundament für dein Leben‹ begründet? Wenn er aus Duisburg-Rheinhausen stammte, erntete der gute Mann wohl bestenfalls ein mitleidiges Lächeln. Aber sobald der Fremde aus einem exotischen Land kommt, seltsame Gewänder trägt und freundlich lächelt, sieht die Sache hierzulande gleich ganz anders aus. Dann ist es fernöstliche Weisheit, die aus ihm spricht – auch wenn der Dalai Lama bestenfalls nur Fußmattensprüche wie den oben zitierten zu bieten hat. (…) Und stört es jemanden? Steht jemand auf und sagt: Ist das alles? Natürlich nicht. In lauter leuchtende Augen sieht das spirituelle und weltliche Oberhaupt der Tibeter, ob er nun zu Rücksicht oder Organspende aufruft – der liebe Gottkönig aus Tibet könnte aus dem Telefonbuch von Dharamsala, Indien, vorlesen, und der Leiter des örtlichen Buddhismus-Zentrums würde auch dazu sagen: Er ist authentisch.«

Hat der Dalai Lama den Friedensnobelpreis also völlig zu Unrecht bekommen? Hat sich das Nobelkomitee so sehr geirrt? Und sind die Millionen von Menschen weltweit, die den Dalai Lama verehren, alle einem naiven Blender aufgesessen? Ich persönlich neige eher zu der Ansicht, dass Per Hinrichs einfach nicht bemerken will, was doch offenkundig ist: Die Botschaften des Dalai Lama erscheinen in der Tat simpel, aber wer wäre auch bereit, sie konsequent zu leben? Viele Einsichten oder Erkenntnisse, die wir mit Weisheit in Verbindung bringen, sind uns in unzähligen Varianten schon als Kalendersprüche begegnet. Sie tauchen auch deswegen immer wieder auf, weil wir die Wahrheit hinter solchen simplen Sätzen spüren, sie quasi »erschmecken«. *Deswegen* sind sie so beliebt als Kalendersprüche. Leider gelingt es uns in aller Regel nicht, sie zu leben. Auch Oma Hildes »Lebensmotto« – »In jedem Menschen steckt ein guter Kern« – ist leicht als banale Volksweisheit abzutun. Aber wir behandeln eben nicht jeden Menschen so, als würde in ihm auch etwas grundlegend Gutes stecken. Im Gegenteil: Fremden begegnen wir nicht selten mit Misstrauen. Und manchmal reicht schon ein winziges Missverständnis, um jemandem Übles zu unterstellen. Einen Menschen völlig unabhängig von seiner Herkunft, seinem Aussehen und allem, was sonst noch über ihn bekannt sein mag, zu betrachten, ihn gleichzeitig auch noch für einen guten Menschen zu halten – das vermag letztlich nur ein Weiser. Wir anderen bilden uns meist schon bei der ersten Begegnung ein Urteil auf der Basis dessen, was wir über unser Gegenüber wissen.

Weisheit ist eigentlich nie kompliziert, deswegen müssen Weise auch nicht über alle Maßen intelligent oder gebildet sein. Sie beeindrucken uns weniger durch das, was sie sagen, als durch die Art, wie sie leben. Wir bewundern den Dalai Lama und halten ihn für den weisesten Menschen, weil er das, was er sagt, auch lebt – genau wie Oma Hilde. Ob er wohl beleidigt wäre, wenn er wüsste, dass ich so anmaßend bin, meine Großmutter mit ihm zu vergleichen? Er selbst hat einmal über sich gesagt: »In erster Linie bin ich Mensch, und ich rede als Mensch über das, was in unser aller Verantwortung liegt. In zweiter Linie bin ich buddhistischer Mönch und an meine Gelübde gebunden; erst an dritter Stelle bin ich Tibeter, das Oberhaupt eines Volkes, dem die Freiheit geraubt wurde.«

Zur Weisheit gehört mehr als nur ein rein theoretisches Wissen über den Umgang mit schwierigen Lebensproblemen. Weise ist vor allem der, der weise handelt. Besonders treffend hat das Arthur Schopenhauer formuliert: »Weisheit scheint mir nicht bloß theoretische, sondern auch praktische Vollkommenheit zu bezeichnen. Ich würde sie definieren als die vollendete, richtige Erkenntnis der Dinge, im ganzen und allgemeinen, die den Menschen so völlig durchdrungen hat, dass sie nun auch in seinem Handeln hervortritt, indem sie sein Tun überall leitet.«

Die Philosophie als die »Weisheitswissenschaft« schlechthin war in ihrer ursprünglichen Form vor allem eines: Lebenskunst. Den antiken Philosophen wie Heraklit ging es nicht etwa um die Lehre einer abstrakten Theorie und schon gar nicht um das Studium alter Texte. Philosophie zu betreiben bedeutete, nicht nur Wissen zu erwerben, sondern sich als Mensch weiterzuentwickeln.

Im Lauf der Jahrhunderte wurde aus der Philosophie immer mehr eine rein theoretische Wissenschaft, was von dem einen oder anderen Philosophen lauthals beklagt wurde. Eine Philosophengeneration vor Schopenhauer sehnte sich beispielsweise Immanuel Kant nach der Antike zurück: »Wann willst du anfangen, tugendhaft zu leben, sagte Plato zu einem alten Mann, der ihm erzählte, dass er die Vorlesungen über die Tugend anhörte. – Man muss doch nicht immer speculiren, sondern auch einmal an die Ausübung denken. Allein heut zu Tage hält man den für einen Schwärmer, der so lebt, wie er lehrt.«

Die Zustände haben sich seit Kants Tod vor gut zweihundert Jahren sicherlich nicht geändert. In den Lehren des Königsberger Philosophen geht es auch um das menschliche Handeln. Der Frage »Was kann ich wissen?« hat er die Frage »Was kann ich tun?« nachgestellt und auch eine Regel gefunden, wie sich überprüfen lässt, ob man richtig handelt: »Handle so, dass du die Menschheit sowohl in deiner Person, als in der Person eines jeden anderen jederzeit zugleich als Zweck, niemals bloß als Mittel brauchst.«

Kant ist mit dem »kategorischen Imperativ« berühmt geworden. Dabei ließe sich auch diesem großen Denker vorwerfen, er habe da nichts wesentlich Neues erfunden. Denn das, was er als kategorischen Imperativ oder Zweck-an-sich-Formel bezeichnet, ist nichts anderes als die »goldene Regel« nahezu aller Weisheitslehren. Im Talmud heißt es beispielsweise: »Was dir verhasst ist, das tue deinem Nächsten nicht an.« Offenbar gibt es weisheitsbezogene Erkenntnisse, ja sogar Normen und Werte, die über die Zeiten und Kulturkreise hinweg Gültigkeit behalten. Das macht es aber nicht leichter, sie zu befolgen. Wer nach dem einfachen Gesetz »Tue nicht anderen, was du nicht willst, dass sie dir tun« lebt, der sollte sich vor der Ausführung einer Tat immer vorstellen, wie es wäre, wenn jeder so handeln würde. Den Sprung von der Weisheitstheorie zur Weisheitspraxis schaffen nur wenige. Und deswegen bewundern wir Menschen, die das erreicht haben, Menschen wie Oma Hilde und den Dalai Lama.

»Mitgefühl und Liebe sind wertvolle Dinge im Leben. Sie sind nicht kompliziert. Sie sind einfach, aber sie sind schwierig zu praktizieren«, hat der Dalai Lama einmal gesagt. Im Frühjahr 2008 muss er selbst beweisen, wie gut er Liebe, Mitgefühl und Gewaltfreiheit praktiziert. In seinem Heimatland Tibet kommt es zu den schlimmsten Unruhen seit zwanzig Jahren. Friedliche Demonstrationen von Mönchen, Schülern und Studenten werden von der chinesischen Armee gewaltsam niedergeschlagen. Mehr als hundert Tibeter sterben. Trotzdem bittet der Dalai Lama seine Anhänger weiterhin darum, jede Gewalt zu unterlassen. Als die Weltöffentlichkeit darüber diskutiert, ob die Olympischen Spiele in Peking nicht boykottiert werden sollten, spricht sich das Oberhaupt der Tibeter dagegen aus. Die Radikalität seines Gewaltverzichts wird auch von einigen tibetischen Gruppen kritisiert. Aber auch von ihnen lässt sich der Dalai Lama nicht von seiner Position abbringen, eher droht er mit Rücktritt.

Oma Hilde erlebte ihre persönliche »Tibetkrise« vermutlich 1948. Mein Vater lag wach in seinem Bett und belauschte, wie seine Schwester ihrer Mutter gestand, sie sei schwanger. Tante Gundel war erst achtzehn Jahre alt. Die Schwangerschaft einer unverheirateten Frau war an sich schon ein Skandal in der damaligen Zeit. Doch als herauskam, wer der Vater des ungeborenen Kindes war, muss für Oma Hilde eine Welt zusammengebrochen sein. Sie hatte ähnlich schlechte Erfahrungen mit Kommunisten gemacht wie der Dalai Lama, allerdings nicht mit chinesischen. Die russischen Kommunisten hatten sie zur Flucht genötigt und ihren Mann über Jahre verschleppt, obwohl er nie im Krieg gekämpft hatte und auch kein Nazi gewesen war. Als sie später in ihr kleines Dorf in Vorpommern zurückkam, war auch noch ihr Haus beschlagnahmt worden, inklusive der auf dem Dachboden lagernden elektrischen Eisenbahn meines Vaters und des ererbten Tafelsilbers. Der Mann, der ihre Tochter geschwängert hatte, war Kommunist.

Mein Vater erinnert sich, dass seine Mutter, meine Oma Hilde, wohl eine halbe Stunde weinte, nachdem sie von der unerwarteten Schwangerschaft erfahren hatte. Dann aber habe sie sich wieder beruhigt und alsbald die Planung der Hochzeit übernommen. Vermutlich hat sich Oma Hilde an ihren Grundsatz erinnert, dass in jedem Mensch ein guter Kern steckt – auch in einem Kommunisten. Mit sanftem Druck überzeugte sie ihren zukünftigen Schwiegersohn sogar von einer kirchlichen Trauung. »Ich habe doch noch nicht einmal einen Anzug, den ich da tragen könnte.« Oma Hilde besorgte einen Anzug, und die Trauung fand in der evangelischen Kirche statt, wo später auch die Kinder getauft wurden. Onkel Dieter ist übrigens auch heute noch Oma Hildes größter Fan. Seiner über Jahrzehnte schwerkranken Frau, meiner Tante Gundel, war er ein guter Ehemann und seinen drei Kindern ein ebensolcher Vater. Oma Hilde hatte sich nicht in ihm getäuscht.

Die Geschichte von Onkel Dieters Eintritt in unsere Familie zeigt auch, wie wichtig die Religion für Oma Hilde war. Ohne eine kirchliche Trauung wäre es ihr sicherlich nicht so leichtgefallen, ihn als Schwiegersohn zu akzeptieren. Selbst mit siebenundneunzig, als ihre Augen es kaum noch zuließen, las sie jeden Tag in ihrem Buch mit protestantischen Losungen. Mit meiner Mutter besuchte sie aber auch gern die katholischen Gottesdienste. Unser Pastor war bei vielen Gemeindemitgliedern wegen seiner allzu intellektuell anmutenden Predigten nicht sonderlich beliebt. Oma Hilde fand ihn großartig: »Wenn ein Mann mit so einer Stimme auch noch so belesen und klug reden kann, dann ist die Messe richtig unterhaltsam.« Vermutlich war sie einer der wenigen Menschen in der Kirche, die den hochtrabenden theologischen Ausführungen unseres Pastors auch tatsächlich folgen konnte. Schließlich hatte sie durch ihren Großvater, der Pfarrer gewesen war, bereits in frühester Kindheit eine fundierte religiöse Erziehung genossen.

Auch das ist eine Gemeinsamkeit mit dem Dalai Lama. Das Oberhaupt der Tibeter hat seine Ausbildung allerdings nicht nur in guter Erinnerung: »Noch schlimmer als die Tage waren die Abende während meiner Klausur. Dann trieben nämlich Buben in meinem Alter die Kühe zurück ins Dorf Shöl am Fuß des Potala. Ich kann mich noch genau erinnern, wie ich in der Stille des zu Ende gehenden Tages ruhig dasaß und meine Mantras rezitierte und von draußen die Lieder hörte, die sie sangen, während sie das Vieh vom Weideland zurückbrachten. Manchmal wünschte ich mir, mit ihnen zu tauschen.« Später entwickelte der Dalai Lama allerdings einen enormen Ehrgeiz, vor allem im schwierigsten Fach: in buddhistischer Philosophie. Daneben wurde er auch noch in vielen anderen Fächern ausgebildet: in Medizin, Debattierkunst, tibetischer Kunst und Kultur, Poesie, Musik, Astrologie und Wortschatz. Heraklit hätte den Dalai Lama für einen Vielwisser halten können.

Aber eine religiöse oder philosophische Erziehung ist nicht unbedingt ein Garant für Weisheit. Nicht jeder Tibeter, der als Kind als Reinkarnation eines wichtigen Lehrers erkannt worden ist, schließt die harte Ausbildung auch tatsächlich ab und führt später ein Leben als Mönch. Der 6. Dalai Lama beispielsweise weigerte sich, die Mönchsgelübde abzulegen. Er liebte blaue Seidengewänder, auffälligen Schmuck und trug sein Haar lang. Nachts verließ er den dunklen und kalten Palast, um sich mit Frauen zu vergnügen. In einem von ihm selbst verfassten Gedicht macht er keinen Hehl aus seinen Neigungen:

> Die Leute tratschen über mich
> Verzeihung, ja, ich bin schuld.
> Auf Zehenspitzen schleicht der Bursche,
> Oh, endlich ist das Bordell erreicht!

Es steht außer Frage, dass der 6. Dalai Lama (1682–1706) und der heute lebende 14. Dalai Lama wenig miteinander gemein haben, obwohl beide schon in früher Jugend eine intensive religiöse Erziehung genossen. Ersteren hat man allerdings auch nie der Weisheit bezichtigt. Im Gegenteil: Eine offizielle Kommission sprach sie ihm ab. Echte Spiritualität – keine religiöse Theorie – scheint aber eine Eigenschaft zu sein, die viele Weise auszeichnet oder zumindest die Menschen, die wir für weise halten. Oma Hilde und der 14. Dalai Lama sind da nicht die Einzigen. Als das Magazin *Geo* 2002 die Ergebnisse einer Umfrage bezüglich der weisesten Menschen veröffentlichte, landeten auf den vordersten Rängen auffällig viele geistige Würdenträger:

Wer ist der weiseste Mensch der Gegenwart?	**Wer war der weiseste Mensch im letzten Jahrhundert?**
Dalai Lama	Albert Einstein
Johannes Paul II.	Mahatma Gandhi
Nelson Mandela	Mutter Teresa
Kofi Annan	Albert Schweitzer

Die Auseinandersetzung mit spirituellen Themen scheint auch jene Weisen angetrieben zu haben, die keine religiöse Ausbildung genossen haben. Albert Einstein beispielsweise glaubte nicht an einen personifizierten Gott; die Summe aller Gesetze und Ordnungen, die unsere Welt zusammenhalten, war für ihn allerdings vergleichbar mit »Gott«. Das zeigt ein Dialog, den er mit einem Rabbiner führte. »Glauben Sie an Gott?«, fragte ihn dieser jüdische Gelehrte. Einsteins Antwort: »Ich bin kein Atheist … Das Problem ist für unseren begrenzten Geist zu gewaltig.«

Auch der Menschenrechtler Mahatma Gandhi, tief in der hinduistischen Tradition verwurzelt, hat sich mit religiösen Themen befasst und mit großer Begeisterung sogar die Bibel gelesen: »Ich werde den Hindus sagen, dass ihr Leben unvollständig ist, wenn sie nicht ehrerbietig die Lehren von Jesus studieren.« Tatsächlich sind die Schriften der großen Weltreligionen in erster Linie Belehrungen in Sachen Weisheit. Egal, ob es die Gleichnisse der Bibel, die Verse des Dhammapada oder die Suren des Koran sind, die Kernaussagen bleiben doch dieselben. Dafür ist die erwähnte »goldene Regel« nur ein Beispiel.

Der Dalai Lama kommt übrigens nach eingehendem Studium der verschiedenen Religionen zu demselben Schluss:

»Alle Religionen haben prinzipiell das gleiche edle Ziel; denn sie alle lehren ethische Grundsätze, welche die Handlungsweise von Geist, Körper und Rede formen. Sie lehren uns, nicht zu lügen, nicht falsches Zeugnis zu geben, nicht zu stehlen, anderen nicht das Leben zu nehmen und vieles mehr. Die Vielzahl der Religionen, die alle der Menschheit Glück bringen können, ist vergleichbar mit den verschiedenen Behandlungsmethoden einer speziellen Krankheit. (...) In der gegenwärtigen Weltlage ist die Notwendigkeit, ein großes Maß an Einigkeit unter den Anhängern der verschiedenen Religionen zu entwickeln, besonders wichtig geworden. Zudem ist eine solche Einigkeit kein unmögliches Ziel.« Vielleicht halten viele Deutsche den Dalai Lama für weiser als den Papst, weil er Toleranz gegenüber anderen Religionen predigt. Die Tatsache, dass im Westen zunehmend mehr Menschen einer buddhistischen Glaubensgemeinschaft beitreten, findet jedoch nicht die uneingeschränkte Zustimmung des Dalai Lama. Er hält es für schwierig, die Religion eines anderen Kulturkreises zu übernehmen.

Die Weltreligionen lehren aber nicht nur dieselben ethischen Grundsätze. Den Menschen, die an sie glauben, vermitteln sie das Bewusstsein, dass es ein übergeordnetes Wesen oder Gesetz gibt, das unsere Welt zusammenhält. Das kann der Gott der Christen, Juden und Muslime sein oder der Glaube an die »grundsätzliche Zusammengehörigkeit aller Dinge« – *pratîtyasamutpâda* – im Buddhismus. Letztlich resultiert auch Einsteins Glaube an eine »Weltformel« aus nichts anderem als diesem Grundgefühl, dass alles mit allem verbunden ist. Diese Weltsicht haben viele Weise gemeinsam. Sie ist es womöglich, die sie nach Weisheit streben lässt.

Wenn es also darum geht, das »Wesen der Weisheit« zu erkunden, kann es also nicht verkehrt sein, in der Bibel nachzuschlagen. Dort findet sich tatsächlich eine der schönsten Definitionen von Weisheit überhaupt: »In ihr ist ein Geist, gedankenvoll, heilig, einzigartig, mannigfaltig, zart, beweglich, durchdringend, unbefleckt, klar, unverletzlich, das Gute liebend, scharf, nicht zu hemmen, wohltätig, menschenfreundlich, fest, sicher, ohne Sorge, alles vermögend, alles überwachend und alle Geister durchdringend, die denkenden, reinen und zartesten. Denn die Weisheit ist beweglicher als alle Bewegung; in ihrer Reinheit durchdringt und erfüllt sie alles.« – So schön das auch klingt, in der Bibel erscheint die Weisheit doch ein wenig abgehoben und für den normalen Menschen unerreichbar. In gewisser Weise ist sie es natürlich auch, denn absolute Weisheit erlangen allenfalls Heilige oder Erleuchtete. Aber auch ganz gewöhnliche Menschen wie beispielsweise Oma Hilde können ein wenig weise werden.

Über das, was Weisheit ausmacht, kann eigentlich jeder Auskunft geben. Das glaubt jedenfalls die Psychologin Judith Glück. Sie hat einige Umfragen in Sachen Weisheit durchgeführt und dabei festgestellt, dass bereits Kinder etwas mit dem Begriff anfangen können. Sie und ihre Mitarbeiterinnen fragten an einer österreichischen Grundschule alle Schüler, ob sie wüssten, was Weisheit ist und was einen Weisen auszeichnet. Etwa vierzig Prozent der Erstklässler kannten den Terminus, ab der vierten Klasse war das Wort Weisheit dann so gut wie allen Kindern bekannt. Freundlich, klug und hilfsbereit sind die Weisen nach Ansicht der Kinder. Warum nicht wenige Kinder Weise auch für dick halten, ist den Wissenschaftlern allerdings bis heute ein Rätsel. Möglicherweise liegt das daran, dass sie an eine konkrete Person aus ihrem Umfeld dachten, die sie für weise hielten. Wenn diese Person zufällig übergewichtig war, gehörte »dick sein« für diese Kinder eben auch zur Weisheit. Wenn sie einen Weisen nennen sollten, fielen ihnen häufig Verwandte ein, oder sie nannten Figuren aus Geschichten, die sie gelesen hatten. Den Zauberer Albus Dumbledore beispielsweise aus den »Harry-Potter«-Büchern. Viele der Angaben, die die Kinder machten, sind auch für Erwachsene noch nachvollziehbar. »Weise wissen, was richtig und was falsch ist«, »Sie können einem Sachen beibringen« und »Sie machen viele Kreuzworträtsel« waren Beispiele, die die Kinder anführten.

Bei den Kreuzworträtseln muss ich wieder an Oma Hilde denken. Ein Grund, warum ich sie immer für außerordentlich klug gehalten habe, war ihre Fähigkeit, jedes, aber auch wirklich jedes Kreuzworträtsel zu lösen. Einer ihrer vielen Spitznamen neben Reste- und Reiseoma war Rätseloma. Sie begnügte sich meist nicht mit dem Lösen herkömmlicher Kreuzworträtsel, richtig viel Spaß hatte sie mit den Um-die-Ecke-gedacht-Rätseln aus dem *Magazin* der *Zeit*. Lange hatte ich ein Studentenabonnement und musste das *Magazin* immer für sie aufbewahren. Gelegentlich versuchte ich mit meinen Kommilitonen, die Rätsel während der Chemievorlesung selbst zu lösen. Wir scheiterten regelmäßig an so simplen Fragen wie: »Spartenfernsehen für Jackenschneider«. Die Antwort: »Ärmelkanal«. Ähnlich schwierig war folgende Frage: »Geschätzt einst von Werkzeugmachern, geschildert vordem als Inselschatzverstecker«. Flint(-stein) und Captain Flint in der *Schatzinsel* lautet hier die Antwort. Um solche Rätsel zu lösen, ist mehr als eine gute Allgemeinbildung nötig. Häufig leiten einen die Fragen in eine andere Richtung, man muss eben »um die Ecke« denken können. Weise wie Oma Hilde verfügen über die Fähigkeit, Lösungen für Probleme in Bereichen zu finden, wo andere gar nicht hinschauen würden.

Umfragen der Weisheitsforscherin Judith Glück bestätigen, dass diese besondere Denkfähigkeit ein wichtiges Kennzeichen von Weisheit ist. Neben Kindern hat sie regelmäßig Erwachsene zum Thema Weisheit befragt. Bei diesen Studien stellte sie fest, dass Menschen unterschiedliche Vorstellungen von dem haben, was Weisheit vor allem ausmacht. Fünf zentrale Aspekte tauchen allerdings immer wieder auf. Die Unterschiede zwischen den individuellen Weisheitskonzepten bestehen vor allem in der Gewichtung dieser fünf Faktoren.

Der erste Faktor, den insbesondere Menschen mittleren Alters in westlichen Kulturen betonen, ist die geistige Leistungsfähigkeit. Weise Menschen verfügen über eine besondere Denkfähigkeit, die es ihnen ermöglicht, zu Schlüssen zu kommen, die andere nicht ziehen können. Sie blicken hinter das Offensichtliche. Oma Hilde hat diese Fähigkeit mit dem Lösen ihrer Um-die-Ecke-gedacht-Kreuzworträtsel unter Beweis gestellt. Aber auch der Dalai Lama hätte mit diesen Rätseln kaum Schwierigkeiten gehabt. Um die komplexen Fragestellungen zu begreifen, die in der buddhistischen Philosophie behandelt werden, ist ohne Zweifel eine hohe geistige Leistungsfähigkeit notwendig. Wer jemals dem Dalai Lama bei einem Vortrag für Fortgeschrittene zugehört hat, weiß davon zu berichten. Dabei geht es nicht um die von Per Hinrichs belächelten »Kalendersprüche«, sondern um abstrakte Themen wie »Leerheit« oder »das abhängige Entstehen«. Bei derartigen Anlässen spricht der Dalai Lama immer Tibetisch und nutzt die Dienste eines ebenfalls in buddhistischer Philosophie gebildeten Übersetzers. In seinen Botschaften passt er sich also seinem jeweiligen Publikum an und zeigt damit einiges an Einfühlungsvermögen – auch ein wichtiges Kriterium für Weisheit.

Der Umgang mit Gefühlen ist der zweite Aspekt von Weisheit, der bei Umfragen in östlichen Kulturen immer stark betont wird. Weise Menschen sind warmherzig, liebevoll und verstehen die Gefühle der anderen. Aber über das normale Einfühlungsvermögen hinaus sind sie auch in der Lage, mit Distanz auf eine Situation zu blicken, die eigene Entscheidung nicht von ihren persönlichen Gefühlen leiten zu lassen. Die Sanftmut, Seelenruhe und innere Gelassenheit der Weisen halten Asiaten für besonders erstrebenswert. Das liegt sicherlich auch daran, dass Gefühlsausbrüche in ihren Kulturen viel weniger toleriert werden als im Westen.

Die Umfragen im Westen und im Osten zeigen aber auch, dass Weise als selbstkritisch eingeschätzt werden. Ihnen wird eine reflektive Grundhaltung zugeschrieben. Sie denken viel über sich und das Leben nach und suchen immer nach dem Sinn, der hinter allem steckt. Das ist der dritte Punkt, der für die meisten Menschen zur Weisheit gehört.

Aber all diese Eigenschaften zählen für die Weisheit nur so lange, wie ein Mensch sich für andere einsetzt. Weise nutzen ihre vielfältigen Talente nicht zu ihrem eigenen Vorteil, sondern setzen sie zum Wohl der Allgemeinheit ein. Geld oder berufliches Vorankommen interessiert sie eher nicht. Ihr Engagement gilt einem höheren Ziel.

Zuletzt kommt es bei der Weisheit aber auch immer darauf an, dass der Betreffende in der Lage ist, Probleme im wirklichen Leben zu lösen. Wenn das nicht gelingt, sind alle anderen Faktoren zwar durchaus lobenswerte Tugenden, aber noch keine Weisheit.

Auffällig ist auch, wie sehr sich die mythischen Symbole für Weisheit über die Kontinente hinweg ähneln. Immer sind es geflügelte Wesen. Die Eule von Hellas bewahrt selbst im Dunkeln noch den Überblick. In Tibet steht ein fliegender Drache für die Weitsicht der Weisen, und das aztekische Symbol für Weisheit, der gefiederte Gott Quetzalcoatl, blickt vom Firmament auf die Menschen herab. In Ägypten symbolisiert der Gott Thot in Gestalt eines Ibisses die Weisheit. Er hat die Schrift erfunden und Streit zwischen anderen Göttern geschlichtet.

Die Fähigkeit, Konflikte zu lösen, darf bei einem Weisen niemals fehlen. Schließlich haben fast alle prominenten Weisen auf der erwähnten Liste den Friedensnobelpreis erhalten. Und auch mir ist Oma Hilde vor allem deswegen als Weise in Erinnerung, weil sie so gut im Schlichten von Streitigkeiten war.

Möglicherweise liegt hier auch ein Grund für den Ursprung der Weisheit. Die Menschheitsgeschichte war geprägt von Kämpfen und Kriegen, da sind sich Paläontologen, Ethnologen und die Experten für Frühgeschichte heute einig. Der israelische Militärhistoriker Azar Gat kommt nach einer Analyse von Studien aus den verschiedensten Disziplinen zu dem Schluss, dass in ursprünglichen Jäger-Sammler-Kulturen rund ein Viertel der Männer in kriegerischen Auseinandersetzungen starben. Die Überlebenden waren von Narben und Kriegsverletzungen gezeichnet. Es ist kaum vorstellbar, dass die Menschen sich mit solchen Zuständen einfach abgefunden haben. Sie müssen nach Wegen gesucht haben, die Gewaltspirale zu durchbrechen. Wer also die Kunst beherrschte, derartige brutale Auseinandersetzungen zu vermeiden, Frieden zu stiften, muss über enormes Ansehen verfügt haben und für viele ein Vorbild gewesen sein. Weisheit könnte also einmal überlebenswichtig gewesen sein.

Und auch die aktuelle Nummer eins in Sachen Weisheit, der Dalai Lama, hat sich genau die Menschen zum Vorbild gewählt, die erfolgreich Konflikte gelöst haben. Er bewundert Nelson Mandela und Václav Havel, außerdem natürlich Mahatma Gandhi, mit dem er häufig verglichen wird. Über ihn sagt er: »Ich bewundere ihn, aber ich sehe auch, dass die Voraussetzungen für seinen Kampf ganz andere waren. Es war zunächst einmal der Kampf eines großen Volkes gegen eine Kolonialmacht, die zahlenmäßig unterlegen war. Und bei allem, was es an der britischen Kolonialmacht zu kritisieren gibt, die wirtschaftliche Ausbeutung etwa, war es dennoch ein System, in dem es Pressefreiheit, bürgerliches Recht und unabhängige Gerichte gab. Das hat sich Gandhi zunutze gemacht. Die Medien in England waren ein großer Verbündeter. Nichts davon trifft auf die Volksrepublik China und unseren Kampf zu.«

Auch wenn die Tibeter immer noch unter der Unterdrückung durch die Chinesen leiden und die tibetische Kultur aufgrund der vielen nach Tibet eingewanderten Chinesen mehr und mehr in den Hintergrund gedrängt wird, hat der Dalai Lama eine wichtige Sache erreicht: In den exiltibetischen Gemeinden in Indien und anderswo überlebt die Kultur seines Heimatlandes, weil die Menschen in seiner Person eine Leitfigur haben, an der sie sich orientieren können. Und das gilt auch für den Gewaltverzicht, den er predigt. Als 1994 Inder in Dharamsala tibetische Geschäfte angriffen, Fensterscheiben einwarfen, Gebetsmühlen aus ihren Verankerungen rissen und plündernd durch die Straßen zogen, wehrten sich die Tibeter nicht. »Wir mussten mit ansehen, wie Jugendliche alles zerstörten, was wir aufgebaut hatten. Nur in unerschütterlichem Vertrauen zum Dalai Lama konnten wir uns zurückhalten. Er lehrt uns Gewaltfreiheit, und deshalb glauben wir daran; aber es war schwer, sich in einer solchen Situation daran zu halten«, meinte eine Ladenbesitzerin.

Aufgrund des brutalen Vorgehens der Chinesen gegen tibetische Demonstranten im Frühjahr 2008 fällt es allerdings immer mehr Tibetern schwer, die Haltung des Dalai Lama zu akzeptieren. Einige Gruppen fordern ein Ende der Gewaltlosigkeit und stattdessen einen organisierten bewaffneten Widerstand. Sollte es dazu kommen, hat der Dalai Lama angekündigt, von seiner Führungsposition zurückzutreten.

Seine klare Position zum Gewaltverzicht ist übrigens nicht allein auf die buddhistische Philosophie und seine Erziehung zurückzuführen. Auch in Tibet hat es in den vergangenen Jahrhunderten kriegerische Auseinandersetzungen zwischen den verschiedenen buddhistischen Schulen gegeben. Es gab Machtkämpfe, die nicht durch weises Debattieren, sondern durch Giftbecher und Attentäter entschieden wurden. Da steht der Buddhismus den anderen Weltreligionen in nichts nach. Sie alle haben zu allen Zeiten Weise und hinterlistige Intriganten hervorgebracht. Es ist immer ein einzelner Mensch, der im Lauf seines Lebens zeigt, dass er weise ist. So ist auch der Dalai Lama in der buddhistischen Tradition einer von ganz wenigen Weisen.

Das Gleiche gilt für Oma Hilde. Dass sie tatsächlich einmal Weisheit erlangen würde, war bei ihr noch viel weniger absehbar als beim Dalai Lama. Ihr Lebensweg schien vorgezeichnet. Als junges Mädchen schickten sie ihre Eltern auf ein Lyzeum, eine Art Mädchengymnasium. Das sollte sie nicht etwa zu einem Studium befähigen, sondern ihr lediglich ein ausreichendes Maß an Bildung vermitteln, um einem erfolgreichen Mann eine gute Gattin zu sein. Als ihr Bruder bei einem Straßenbahnunglück starb, beendeten ihre Eltern ihre Ausbildungszeit auf der höheren Schule vorzeitig. Sie waren besorgt, auch ihre Tochter könne auf dem langen Schulweg ums Leben kommen. Oma Hilde hatte kaum die Möglichkeit, selbst Entscheidungen zu treffen. Das sollte sich erst später ändern, als sie plötzlich mit fünf Kindern allein dastand, ihr Mann in Kriegsgefangenschaft war und ihr Haus beschlagnahmt. Sie hätte an diesen Ereignissen zerbrechen oder zumindest wütend und verbittert reagieren können. Das haben nicht wenige Frauen und Männer ihrer Generation getan. Oma Hilde entwickelte sich aber zu einer sanftmütigen, in sich ruhenden Person, einer wahren Weisen.

Heute sind wir zumindest in Deutschland glücklicherweise nicht mehr mit so viel Gewalt und Not konfrontiert, wie Oma Hilde es war. Der Bedarf an Weisheit ist aber trotzdem noch da, denn mit all dem Wohlstand, in dem wir leben, hat auch die Freiheit zugenommen. Anders als Oma Hilde können wir heute größtenteils selbst bestimmen, was für ein Leben wir führen wollen. In einem gewissen Rahmen steht uns heute jeder Beruf, jeder unseren Fähigkeiten entsprechende Ausbildungsweg offen. Wir können beinahe alles planen, die nächste Urlaubsreise genauso wie den Zeitpunkt der Geburt eines Kindes. Wir haben die Freiheit, alles selbst zu entscheiden. Und natürlich gibt es haufenweise Informationen, die uns diese Entscheidungen erleichtern sollen. Tatsächlich aber wird es immer schwieriger, bei alldem noch den Überblick zu behalten. Und in solchen unübersichtlichen Situationen bedarf es dringend der Weitsicht der Weisen. Weisheit ist heute genauso wichtig wie zu den unruhigen Zeiten, in denen Oma Hilde weise wurde.

Weise Menschen erkennen

Sokrates und die Bienenzüchterin

Obwohl sie eigentlich dringend erforderlich wäre, hat es die Weisheit heute schwer. Heraklit hätte das Problem sofort erkannt: Vielwisserei ist das Gegenteil von Weisheit, und wir leben in einer Gesellschaft von Vielwissern. Alle Probleme, die sich uns stellen, versuchen wir mit dem Heranziehen neuen Wissens zu lösen. Das funktioniert aber nicht immer. Mein Bruder beispielsweise ist Arzt auf einer Intensivstation. Er weiß, welche Medikamente bei welchen Schmerzen wirken und wie die verschiedenen Krankheiten auf seiner Station behandelt werden müssen. Aber niemand hat ihm beigebracht, wie er selbst mit dem Leid seiner häufig schwerkranken Patienten umgehen kann oder wie er ihre Angehörigen tröstet und wann er welche Wiederbelebungsmaßnahmen besser unterlässt. Sein Wissen hilft ihm nur wenig bei den existenziellen Problemen, mit denen er jeden Tag aufs Neue konfrontiert ist. Manchmal muss er sich unter Zeitdruck für die eine oder andere Therapie entscheiden. Mehr Wissen schafft neue Wahlmöglichkeiten, die Unsicherheit nach sich ziehen. Das sind genau die Situationen, in denen sich Weisheit bewähren würde. Aber kaum jemand sucht heute noch danach. Stattdessen versuchen wir, die Unsicherheitslöcher durch immer neues Fachwissen zu stopfen. Nicht selten entstehen dadurch aber wieder neue Fragen und Unsicherheiten, die das Problem auch nicht lösen.

Wir brauchen also Weisheit, um mit den Entscheidungen und Unsicherheiten, die uns die Vielwisserei beschert hat, umgehen zu können. Wo aber finden wir Weisheit? Wie erkennen wir sie? Die erste Frage lässt sich noch vergleichsweise einfach beantworten: Weisheit zeigt sich in den Entscheidungen und Handlungen einer Person. Wir müssen sie also bei anderen Menschen suchen. Aber woher weiß ich, dass Oma Hilde weise war, und warum sehen so viele Menschen im Dalai Lama einen Weisen?

Im Fall meiner Großmutter bin ich eindeutig befangen, und mein Urteil, das sie zur Weisen erklärt, ist jederzeit anfechtbar. Was den Dalai Lama angeht, so besteht doch die winzige Möglichkeit, dass ich und Millionen andere einfach einer raffinierten PR-Strategie aufgesessen sind. Ich hatte bislang jedenfalls noch keine Gelegenheit, mich persönlich von der Weisheit des Oberhaupts der Tibeter zu überzeugen. Um herauszufinden, wie man einen weisen Menschen erkennt, wäre es also angeraten, jemanden als Beispiel zu wählen, dessen Weisheit unangreifbar nachgewiesen wurde. Das trifft vor allem auf Sokrates zu. Auch lebte er – genau wie Heraklit – in einer Zeit, in der Weisheit noch für wichtiger erachtet wurde als bloßes Wissen.

Hätte ich eine Zeitmaschine und könnte so eine Persönlichkeit der Geschichte treffen, würde ich mich ganz sicher für ihn entscheiden. Er war der erste Philosoph, den ich während meines Philosophieunterrichts an der Schule kennengelernt habe. Und von niemandem lässt sich das Philosophieren oder die Liebe zur Weisheit besser erlernen als von dem großen Weisen der Antike. Von ihm habe ich gelernt, dass es richtig ist, die Dinge zu hinterfragen, sich nicht mit dem zufriedenzugeben, was einem Lehrer und andere

Autoritäten vorlegen. Ich gebe zu, dass meine anfängliche Begeisterung für Sokrates einem pubertären Rebellentum entsprang. Auch wenn ich das inzwischen längst abgelegt habe, bewundere ich ihn immer noch so sehr wie kaum einen anderen Philosophen. Nicht nur die Begegnung mit ihm wäre aufschlussreich, durch meine Zeitmaschine hätte ich auch die Möglichkeit, in eine Epoche einzutauchen, die das Denken und die Entwicklung unserer Zivilisation so stark geprägt hat wie keine zweite. Wenn wir uns also auf eine Zeitreise zu Sokrates in das antike Athen begeben, dann ist das kein Exkurs in irgendeine längst vergangene Weisheitslehre, sondern eine Reise zu den Grundlagen unseres Denkens.

Seither habe die freie Beschäftigung mit geistigen Dingen nie mehr ein so hohes Ansehen gewonnen, meinte der Schweizer Kulturhistoriker Jacob Burckhardt Ende des 19. Jahrhunderts. Der Philosoph Karl Jaspers bezeichnet den Zeitraum von 800 bis 200 vor Christus gar als »Achsenzeit«, in der die geistige Grundlegung der Menschheit erfolgte, der moderne Mensch überhaupt erst geboren wurde. Die Entstehung des Buddhismus, Konfuzianismus und des talmudischen Judentums fällt ebenfalls in diesen Zeitraum. Am bedeutendsten für unseren Kulturraum sind aber sicherlich die »Weltweisen«, die während der »Achsenzeit« im antiken Athen wirkten.

Dass Sokrates heute immer noch als ein Jahrtausendweiser gilt, grenzt fast an ein Wunder. Er hat nichts Schriftliches hinterlassen und sich auch sonst nicht um ehrenvolle Ämter bemüht. Kaum vorstellbar, dass heute noch jemand zu Weltruhm gelangt, der seine Forschungen und Lehren nicht wenigstens in Buchform, besser noch in elektronischer

Form – über das Internet oder Fernsehen – verbreitet. Selbst vor etwa 2450 Jahren, zu Sokrates' Lebzeiten, war es üblich, dass Gelehrte ihre Erkenntnisse fein säuberlich auf Papyrusrollen niederschrieben oder sie zumindest einem professionellen Schreiber diktierten. Um möglichst viele Menschen zu erreichen, reisten die Gelehrten der Antike von Ort zu Ort. Das war für manchen ein ziemlich einträgliches Geschäft: Dreißig bis vierzig Drachmen Eintritt kostete eine Vorlesung.

Diese »Wandergelehrten« nannten sich »Sophisten«, was sich am einfachsten mit »Weise« übersetzen lässt. Sokrates hielt nicht allzu viel von ihnen, er bezeichnete sich als »Philosoph«, als »Freund der Weisheit«. Und als solcher ist er heute immer noch bekannt. Die Namen und Lehren der Sophisten sind dagegen in Vergessenheit geraten. Dabei haben sie sich meist viel Mühe gegeben, ihre Schriften zu verbreiten, um sich selbst als »Weisheitslehrer« bekannt zu machen. Einen »echten« Weisen wie Sokrates erkennt man also nicht unbedingt daran, dass er kluge Bücher geschrieben hat oder überhaupt als Intellektueller bekannt ist. Nichts Äußerliches weist bei Sokrates auf seine Weisheit hin. Barfuß durchstreift er die Straßen von Athen und macht sich meist schon frühmorgens auf den Weg zum Gymnasium, wo er seinen Körper trainiert. Trotz aller Leibesertüchtigung ist er hässlich. Statuen zeigen einen kräftigen Mann mit breiter Nase, wulstigen Lippen und zotteligem Bart und Haar. Manch einer vergleicht ihn mit einem Silenen, einem rohen Wesen, das in Wäldern leben soll und lediglich seinen Instinkten folgt. Ein Silen ist die Verneinung jeglicher Kultur und Zivilisation. So ein Aussehen passt also so gar nicht zu einem großen Weisen. Doch Sokrates versteckt seine Weisheit, und da kommt ihm sein wenig attraktives Aussehen sogar gelegen. Es ist beinah wie eine Maske, die ihm die Natur gegeben hat. Und auch im Gespräch mit seinen Schülern schlüpft Sokrates immer wieder in eine Rolle – und das ist niemals die des Weisen. Sein Schüler Alkibiades schreibt: »Er (...) verstellt sich nur gegen die Menschen und treibt Scherz mit ihnen sein Leben lang.« Aber die sokratische Ironie, für die der antike Weise so berühmt ist, dient immer nur einem Zweck: seine Gesprächspartner ein klein wenig weiser zu machen. Das ist es letztlich, was eine Begegnung mit diesem Mann so verlockend macht.

Meine Zeitmaschine würde ich so programmieren, dass sie auf dem Marktplatz von Athen landet. Denn dort verbringt Sokrates wohl die meiste Zeit des Tages. Die Agora, wie die Griechen diesen Ort nennen, ist mehr als nur das Einkaufszentrum der Athener. Sie ist vor allem ein Versammlungsort. Hier geben die Bürger der Polis ihre Stimmen ab, und in Kriegszeiten sammelt sich das Heer auf der Agora. Aber auch außerhalb solcher besonderen Anlässe ist auf dem Marktplatz immer viel los. Hier bekommt man die aktuellen Informationen über die Geschehnisse innerhalb und außerhalb des hellenischen Reiches genauso zu hören wie den neuesten Klatsch und Tratsch. Vermutlich hätte ich es nicht ganz leicht, Sokrates in dem Gewimmel überhaupt ausfindig zu machen.

In jedem Fall wäre er aber gern bereit, sich mit mir zu unterhalten. Denn nur um mit den unterschiedlichsten Menschen zu reden, kommt Sokrates auf die Agora. Hier kann er einfache Handwerker genauso treffen wie junge Adlige, die über ausreichend finanzielle Mittel verfügen, um ihr ganzes Leben dem Studium zu widmen. Anstatt philosophische Vorträge zu halten, verwickelt er seine Schüler oder auch irgendeinen Passanten in ein Gespräch. Meist ist er es, der die anderen ausfragt. »Unergründlich bin ich, und ich bringe es dahin, dass die anderen nicht mehr weiterwissen«, sagt er von sich selbst. Sokrates macht es einem nicht gerade leicht, zu ergründen, woran man einen Weisen erkennt. Und doch glaube ich nicht, dass ich nach einem Gespräch mit Sokrates enttäuscht wäre oder das Gefühl hätte, nichts gelernt zu haben. Denn obwohl er seine Gesprächspartner ratlos zurücklässt und ihnen selbst auch kaum eine Antwort bieten kann, hat er etliche treue Schüler, darunter einige der vielversprechendsten jungen Männer Athens. Sie sind es schließlich auch, die seine Lehren aufschreiben und über sein Leben berichten, allen voran Platon, der selbst ein berühmter Philosoph wurde, aber auch der schriftstellernde Feldherr Xenophon rühmte Sokrates.

Was wir über sein Leben wissen, haben wir also den Berichten seiner Schüler und Freunde zu verdanken. Das bedeutet nichts anderes, als dass zumindest sie ihn als einen Weisen erkannt haben. Was wirklich dran war an dieser seltsamen Gestalt der Antike, ist heute schwer zu ergründen. Sicher ist, dass ihm das Philosophieren nicht in die Wiege gelegt wurde. Sokrates stammt aus einer Familie von Steinmetzen und hat dieses Handwerk wohl auch selbst eine Weile ausgeübt. Den Luxus der Weisheitssuche können sich zu dieser Zeit eigentlich nur die reichen Aristokraten leisten, und die sind auch bereit, für den Unterricht zu bezahlen. Sokrates aber will mit der Philosophie kein Geld verdienen, und das, obwohl er seinen erlernten Beruf schon längst an den Nagel gehängt hat.

Alles, was er tut, ist, sich auf dem Athener Marktplatz

in Wortgefechten zu üben. Und doch gab es bereits damals einen unumstößlichen Beweis für seine Weisheit. Und den lieferte Chairephon, ein alter Jugendfreund von Sokrates. Er kann es sich leisten, sich ganz dem Studium zu widmen. Auch für eine Reise nach Delphi findet sich Zeit und Geld. Für die Athener ist dieser Ort eine Art Nationalheiligtum, und die Aussagen der Orakelpriesterin werden von niemandem in Zweifel gezogen. Die Menschen der Antike glaubten, Zeus selbst habe jeweils einen Adler von Osten und Westen ausgesandt. Weil die beiden Vögel sich in Delphi getroffen haben sollen, galt es als Mittelpunkt der Welt. Lange soll dort die hellseherische geflügelte Schlange Python, Sohn der Erdmutter Gaia, gelebt haben. Wie so oft in der griechischen Mythologie fingen die Götter des Olymps an, Intrigen zu spinnen, die schließlich dazu führten, dass Python von Apollon getötet wurde. Mit dem Blut des Python soll sich seine Weisheit über den Ort ergossen haben. Die Kontrolle über Delphi hatte von nun an Apollon, der dort mit einem prächtigen Tempel geehrt wurde.

Chairephon besucht nun diesen Tempel, um der Orakelpriesterin eine wichtige Frage zu stellen. »Ist irgendjemand weiser als Sokrates?«, will er von ihr wissen. Die Priesterin begibt sich schließlich zum Altar der Hestia, wo aus einer Erdspalte Dämpfe emporsteigen.

Heute ist bekannt, dass der Tempel des Apollon über einer Störungszone der Erdkruste steht, die von vielen Rissen durchzogen ist. Die Gase, die durch diese Risse zur Priesterin, der »Pythia«, emporstiegen, waren vermutlich Methan, Ethan und Kohlendioxid sowie einige aromatische Kohlenwasserstoffe, die für den süßlichen Geruch der Dämpfe verantwortlich waren. Das Einatmen dieses Gasgemischs verursachte bei der Priesterin einen Sauerstoffmangel, was zu Halluzinationen führen kann. Auch wenn sich der vielbeschriebene »Wahnsinn« der Pythia heute naturwissenschaftlich erklären lässt, in der Antike zweifelte niemand an der Wahrheit ihrer in Trance hervorgebrachten Orakelsprüche, denn zu oft hatte sie genau richtiggelegen. Auf die Frage Chairephons antwortet sie: »Nein, niemand ist weiser als Sokrates.«

Das Urteil der Pythia war in der Antike unangreifbar und die Weisheit des Sokrates damit belegt. Doch heute haben wir den Glauben an Orakel verloren, die uns über die Weisheit eines Menschen Aufschluss geben könnten. Um zu begreifen, warum Sokrates weise war, müssen wir uns seine Philosophie anschauen. Glücklicherweise erfahren wir einiges über sie, wenn wir einfach weiterverfolgen, wie Sokrates auf den Orakelspruch der Pythia reagiert.

Zunächst scheint er ziemlich verwirrt zu sein. »Was meint doch der Gott, und was will er etwa andeuten?«, fragt er sich. »Ich bin mir doch bewusst darüber, dass ich weder viel noch wenig weise bin. Was meint er also mit der Behauptung, ich sei der Weiseste?« Sokrates selbst hält sich also keineswegs für einen Weisen. Dass der Gott Apollon, der durch die Orakelpriesterin gesprochen hatte, unrecht haben könnte, war für einen Athener allerdings ebenfalls undenkbar. Und doch macht er sich auf, einen Menschen zu finden, der weiser ist als er. Er beginnt ein Gespräch mit einem als besonders weise geltenden Staatsmann. Worüber die beiden im Einzelnen sprachen, ist nicht bekannt, lediglich Sokrates' abschließendes Urteil ist überliefert: »Im Gespräch mit ihm erschien mir dieser Mann zwar vielen anderen Menschen und am meisten sich selbst sehr weise vorzukommen, es zu sein aber nicht. Darauf nun versuchte ich ihm zu zeigen, er glaube zwar, weise zu sein, wäre es aber nicht; wodurch ich dann ihm selbst verhasst ward und vielen der Anwesenden. Indem ich also fortging, gedachte ich bei mir selbst, als dieser Mann bin ich nun freilich weiser. Denn es mag wohl eben keiner von uns beiden etwas Tüchtiges oder Sonderliches wissen; allein dieser meint etwas zu wissen, obwohl er nicht weiß, ich aber, wie ich eben nicht weiß, so meine ich es auch nicht. Ich scheine also um dieses wenige doch weiser zu sein als er, dass ich, was ich nicht weiß, auch nicht glaube zu wissen.«

Die Weisheit, die Sokrates schließlich sich selbst attestiert, besteht also lediglich darin, dass er sich seiner selbst als Nichtwissender bewusst ist. Das erscheint auf den ersten Blick beinahe zu profan. Erkennt man einen weisen Menschen daran, dass er sich über die Begrenztheit seines Wissens klar ist? Halten sich deswegen viele Weise selbst gar nicht für weise?

Sokrates jedenfalls gibt so schnell nicht auf, und bei seiner Suche nach einem, der weiser ist als er selbst, lernen wir noch mehr über seine Vorstellung von Weisheit. Er sucht die Weisheit bei Dichtern und bei einigen Handwerkern. Die Reihenfolge – Staatsmänner, Dichter, Handwerker – wählte er nicht ohne Grund. Er bewegte sich damit in der Athener Gesellschaft von oben nach unten. Die politische Tätigkeit besaß die höchste gesellschaftliche Anerkennung. Sie konnte allerdings nur von Aristokraten oder besonders wohlhabenden Bürgern ausgeführt werden, da die Diäten damals nicht so hoch waren, dass man davon hätte leben können. Die Staatsmänner hatten ihr Amt also nicht in erster Linie ihren herausragenden Fähigkeiten zu verdanken, sondern vor allem ihrem Reichtum. Und der gründete sich damals auf der Ausbeutung von Sklaven. Kein Wunder also, dass in der Antike ähnlich viel über das Niveau der Politiker gejammert wurde wie heute.

Die Dichtkunst genoss im antiken Griechenland ebenfalls ein hohes Ansehen, allerdings diente sie primär der Unterhaltung und stand unter der politischen Tätigkeit, die dem Allgemeinwohl zugutekam. Von allen Bürgern Athens brachte man den Handwerkern die geringste gesellschaftliche Wertschätzung entgegen. Sie mussten für ihren Unterhalt arbeiten, weswegen ihnen kaum Zeit blieb, sich aktiv an der Politik zu beteiligen. Rein rechtlich wäre ihnen das in der damaligen Demokratie allerdings erlaubt gewesen.

Viel besser als die Staatsmänner schnitten die Dichter und Handwerker bei Sokrates allerdings auch nicht ab. Den Dichtern gesteht er immerhin zu, »viel Schönes« zu sagen, dies aber nicht aufgrund eines besonderen Wissens, sondern vielmehr durch ihre »natürliche Begabung« und »göttliche Inspiration«. Bei den Befragungen der Handwerker stellt er fest, dass sie einiges wissen, was er nicht weiß, insofern seien sie also »weiser« als er selbst. Es ist erstaunlich, dass er an dieser Stelle tatsächlich das altgriechische Wort für Weisheit verwendet – *sophoterôi,* also das Adjektiv, um genau zu sein. Er hätte auch sagen können, sie seien klüger oder wissender. Üblicherweise wurde das handwerkliche Können mit *techné* – »Kunstfertigkeit« – beschrieben. *Techné* bezeichnet das Wissen, das benötigt wird, um etwas herzustellen, wobei die Griechen da keinen Unterschied zwischen der Herstellung eines Schuhs und eines Kunstwerks – etwa einer Statue – machten. Für Sokrates hat die *techné* für die Weisheit offenbar einen gewissen Nutzen. Nicht ohne Grund führt er in den Gesprächen mit seinen Schülern immer wieder Handwerker als Beispiel an, wie die Arbeit eines Schusters, als er erläutert, dass die Seele etwas vom Leib Verschiedenes sein muss. Auf Baumeister und Schiffsbauer greift er zurück, wenn es um das Werk der Götter geht.

Weisheit war für Sokrates nichts Theoretisches, sondern etwas, das sich in der konkreten Lebensgestaltung und vor allem im Engagement für den Stadtstaat zeigte. Und da sah er eben immer wieder Parallelen zur gestalterischen Arbeit von Künstlern und Handwerkern. Die »Torheit« der Handwerker bestand nach Sokrates' Auffassung darin, dass sie sich über die geringe Reichweite ihres Wissens nicht klar waren. Für ihn bedeutete Weisheit, sich des eigenen Nichtwissens bewusst zu sein. Und wenn er auf der Agora andere in ein Gespräch verwickelte, endete das letztendlich immer damit, dass er sie des Nichtwissens überführte. So machte Sokrates das mit jedem, mit Eselstreibern, Generälen, Adligen und berühmten Gelehrten.

Einen Weisen wie Sokrates kann man offenbar daran erkennen, dass er einem die Fehler im eigenen Denken aufzeigt, die falschen Konzepte, die einen begrenzen und verblenden. Und genau deswegen würde ich Sokrates gern treffen. Auch wenn es sicherlich nicht nur angenehm wäre, wenn er mein Scheinwissen entlarven würde.

Einen anderen Menschen von seinem Scheinwissen zu befreien ist nur im direkten Gespräch möglich. Deswegen ist Sokrates gar nicht auf die Idee gekommen, seine Lehren aufzuschreiben. Sie lassen sich eben nicht in einfache Lehrsätze fassen, die ein Schüler auswendig lernen kann. Die Weisheit des Sokrates vermittelt sich nur von Mensch zu Mensch. Sie passt sich der jeweiligen Situation und dem Charakter des Gegenübers an. Für Platon gab es nur einen

Weg, über diese Philosophie zu berichten. Er musste die Gespräche aufschreiben. Aus ihnen spricht noch heute die Weisheit des Sokrates.

Andere Lehrende wie beispielsweise Buddha und Jesus mögen ähnliche Gründe gehabt haben, nichts Schriftliches zu hinterlassen. Sie wussten, dass ein geschriebenes Wort starr ist und niemals so direkt auf den Leser wirken kann, wie es ein menschliches Gegenüber mit gesprochenen Worten tun könnte. Wie wenig das schriftliche Wort auf dem Weisheitsweg nützt, musste auch Marpa erfahren, der im 11. Jahrhundert ein wichtiger Lehrer des tibetischen Buddhismus war. Er war nach Indien gereist, um dort wichtige Lehren zu sammeln, die er übersetzen wollte. Auf der Rückreise schmiss ein Reisegefährte Marpas wertvolle Manuskripte ins Wasser. Erst nach einiger Zeit begriff Marpa, dass seine Schriften selbst dann nutzlos gewesen wären, wenn er sie hätte retten können. Die Teile der Lehre, die Bestandteil seiner eigenen Erfahrung waren, hatte er gar nicht erst niedergeschrieben, und nur sie konnte er später auch an seine Schüler weitergeben. Diese Weisheiten waren untrennbar mit ihm verbunden. Weisheit treffen wir nur in Menschen an, die sie selbst leben.

Wie Sokrates seine Weisheit vermittelt, zeigt das Beispiel des Sophisten Hippias. Dem berühmten Mann gegenüber stellt er sich dumm. Wie er es eigentlich immer tut, verbirgt er seine Weisheit. Ob dieser ihm vielleicht erklären könne, was das Schöne sei. Hippias hält die Frage für zu einfach, schließlich gilt er als der beste Rhetoriker seiner Zeit. Die Redekunst war damals eine olympische Disziplin, und Hippias hatte bei diesen Wettbewerben immer gewonnen. Die Frage nach der Schönheit tut er ab, indem er feststellt, dass ein Mädchen schön sei. Sokrates gibt sich nicht zufrieden, er versteht angeblich nicht. Ein schön gearbeiteter Krug könne auch schön sein; neben dem Mädchen sei er freilich hässlich, genauso wie das Mädchen neben einer Göttin hässlich sei. Zuvor aber hat Hippias der Definition zugestimmt, dass das Schöne nicht gleichzeitig hässlich sein kann.

Wenn Sokrates von »dem Schönen« redet, dann abstrahiert er. Durch den Verzicht des Konkreten werden die Unterschiede zwischen einem Mädchen und einem Krug bezüglich des Wesens der Schönheit bedeutungslos. Mit dieser Art zu denken hat er die moderne Philosophie überhaupt erst begründet. Sophisten wie Hippias war diese Denkweise nicht vertraut.

Wenn Sokrates Hippias dazu bringt, sich selbst zu widerlegen, geht es ihm nicht darum, ihn zu erniedrigen oder vorzuführen. Fragen wie: »Was ist Gerechtigkeit?«, »Was ist das Schöne?«, »Was ist Tapferkeit?« dienen ihm vor allem als Mittel, um seine Gesprächspartner die Fehler in ihrem eigenen Denken erkennen zu lassen. Zum »rechten Denken« gelangt ein Mensch nach Sokrates nur über die Selbsterkenntnis. Erst wenn ich weiß, was ich bin, weiß ich auch, was ich soll. Und die Selbsterkenntnis führt bei Sokrates immer zum Bewusstsein über das eigene »Nichtwissen«. Ausgehend von dieser Erkenntnis, beginnt die eigentliche Suche nach Wahrheit. Wer »recht denkt«, hinterfragt das Offensichtliche, will den Kern der Dinge ergründen und stellt am meisten sich selbst und das eigene Leben in Frage. Nur dieses »rechte Denken« führt nach Sokrates auch zum rechten Handeln. Wer also einmal mit dem Bazillus des Wissens um das eigene Nichtwissen infiziert wurde, hat es fortan nicht gerade leicht.

Diese leidvolle Erfahrung musste auch Sokrates' Schüler Alkibiades machen: »Er zwingt mich einzugestehen, dass mir noch vieles fehlt und dass ich überdies mich selber vernachlässige, indem ich die Sache der Athener betreibe. Mit Gewalt halte ich mir die Ohren zu wie vor den Sirenen und schicke mich an zu fliehen, damit ich nicht bei ihm sitzen bleibe, bis ich alt bin. Bei ihm allein von allen Menschen ist mir widerfahren, was wohl keiner in mir suchen würde, dass ich mich vor irgendjemandem schäme; ich schäme mich aber allein vor ihm. Denn ich bin mir bewusst, dass ich ihm nicht entgegnen kann, man müsse nicht tun, wozu er auffordert.«

So verstörend Sokrates auch auf die jungen Männer wirkt, Alkibiades und viele andere bleiben ihm treu ergeben. Denn was er von ihnen fordert, lebt er selbst konsequent vor. Seine Überzeugungen verkündet er in aller Öffentlichkeit, und wenn er es für nötig hält, zieht er für sie auch in den Krieg. Gemeinsam mit Alkibiades kämpft er in einigen Schlachten. Der Hunger und die Kälte, denen das Heer dabei oft ausgesetzt ist, scheinen ihm weniger auszumachen als allen anderen. Barfuß geht er sogar übers Eis. Aber er kämpft auch tapfer und soll dafür sogar ausgezeichnet werden. Die Auszeichnung gibt er jedoch an Alkibiades weiter, der dies später freimütig zugibt. Titel, Ehren, Geld – all das interessiert Sokrates nicht, einzig die Wahrheit, das rechte Denken, scheint ihn immer zu beschäftigen. Das Nachdenken unterlässt er auch während des Krieges nicht, wie Alkibiades beobachten konnte:

»Damals auf dem Feldzug (…) stand er, in irgendeinen Gedanken vertieft, vom Morgen an auf demselben Fleck und überlegte, und als es ihm nicht gelingen wollte, gab er nicht nach, sondern blieb nachsinnend stehen. Inzwischen war es Mittag geworden; da bemerkten es die Leute, und verwundert erzählte es einer dem anderen, dass Sokrates schon seit dem Morgen dastehe und über etwas nachdenke. Schließlich, als es schon Abend war, trugen einige von den Ioniern, als sie gegessen hatten, ihre Schlafpolster hinaus; so schliefen sie in der Kühle und konnten gleichzeitig beobachten, ob er auch in der Nacht dort stehen bleibe. Und wirklich, er blieb stehen, bis es Morgen wurde und die Sonne aufging! Dann verrichtete er sein Gebet an die Sonne und ging weg.«

Langsam bekommen wir eine Vorstellung davon, warum Sokrates ein Weiser war und warum er auch für all seine Zeitgenossen als solcher deutlich zu erkennen war. Für diesen Mann gab es offenbar kein anderes Lebensziel als die Weisheitssuche. Die Erkenntnisse, zu denen er dabei gelangte, lebte er konsequent vor und vermittelte sie auch seinen Schülern. Hätte er lediglich Vorträge gehalten wie die Sophisten, wäre er womöglich genau wie die meisten von ihnen in Vergessenheit geraten. Weil ihn Äußerlichkeiten nicht interessierten, er keinerlei Respekt vor dem gesellschaftlichen Status einer Person hatte und immer und überall nach der Wahrheit suchte und sich nicht scheute, sie laut zu verkünden, konnte Sokrates so viele Menschen seiner Zeit beeindrucken. In einer Welt, in der jeder stets darum bemüht war, »etwas darzustellen«, Ruhm und Ehre zu erwerben, musste einer, der das Nichtwissen predigte, auffallen. Und deswegen wurde er – obwohl er niemals danach gestrebt hat – schon zu seiner Zeit ein über die Stadtgrenze Athens hinaus bekannter Weiser.

Anders ist das natürlich bei den Alltagsweisen wie meiner Oma Hilde. Ihre Weisheit wird nicht über die Jahrtausende ausstrahlen wie die des Sokrates, und doch halte ich fest an meiner Überzeugung, dass sie ebenfalls weise war.

Und genau solche Weisen des Alltags wollen die psychologischen Weisheitsforscher finden. Die erste Psychologin, die sich daranmachte, Weisheit an lebenden Menschen zu erforschen, war Vivian Clayton. Sie hatte einen besonderen Grund, sich genau dieses Thema vorzunehmen. Bereits als junges Mädchen waren ihr zwei Menschen in ihrer Umgebung besonders aufgefallen: ihr Vater und ihre Großmutter mütterlicherseits. Beide erschienen der jungen Vivian unerschütterlich, sie behielten auch in Krisenzeiten stets die Ruhe, wenn alle anderen zu verzweifeln schienen. Die Großmutter, die über keine höhere Schulbildung verfügte, war die Matriarchin einer weitverzweigten Familie. Obwohl ihr Leben nicht immer einfach war, strahlte sie stets Seelenruhe und Zufriedenheit aus. Über ihren Vater erzählte mir die Amerikanerin in einem Telefongespräch: »Mein Vater hatte den Zweiten Weltkrieg noch in London erlebt, wo er während des Luftalarms bei seiner kranken Mutter blieb, die sich weigerte, Schutz zu suchen. Sie lebten im East End in der Nähe der Docks und wurden praktisch jedes Mal bombardiert. Er saß also mit ihr da, während um sie herum die Bomben fielen, und wenn es dann vorbei war, pflegte sie zu sagen: ›Nun können wir den Tee einnehmen.‹ Mein Vater war sehr bescheiden und sich stets seiner Grenzen bewusst, aber irgendwie war er immer in der Lage, die Dinge abzuwägen und Entscheidungen zu treffen, die gut für die Familie waren. Er wusste immer, wann es angebracht war, schnell zu reagieren, oder wann es sich lohnte, erst noch über eine Sache nachzudenken.«

Vivian Clayton will herausfinden, was dieses besondere

Etwas ausmacht, das ihren Vater so sehr von anderen Menschen unterscheidet. Sie ist überzeugt, dass es sich dabei um Weisheit handelt. Und deswegen beginnt sie ihre Forschungen damit, die klassische Weisheitsliteratur zu studieren. Im Tanach, der hebräischen Bibel, sucht sie nach Hinweisen zu weisem Verhalten. Die Geschichten von Hiob und König Salomon faszinieren sie. Schließlich findet sie heraus, dass das hebräische Wort für Weisheit – *chochmah* –, die Fähigkeit beschreibt, Herz und Verstand gleichermaßen für eine Entscheidung zu nutzen. Die Verbindung von Gefühl und Denkfähigkeit wird schließlich zum Kern ihrer Weisheitsdefinition. »Weisheit kann viele verschiedene Dinge bedeuten. Aber sie war immer mit Wissen assoziiert, das häufig in gesellschaftlichen Zusammenhängen angewandt wurde, sie beinhaltete Urteilsfähigkeit und Reflexionsvermögen, war aber fast immer eingebettet in eine Komponente des Mitgefühls.«

Letztlich unterscheiden sich die Ergebnisse von Vivian Claytons Recherchen in der klassischen Weisheitsliteratur also gar nicht so sehr von denen, zu denen Judith Glück bei ihren Umfragen gekommen ist. Nachdem sie einzelne Fähigkeiten oder Persönlichkeitseigenschaften herausgefiltert hatte, die zur Weisheit beitragen, ging die amerikanische Psychologin dazu über, diese mit einer ganzen Batterie von herkömmlichen Tests zu überprüfen. Bei der Auswahl ihrer Versuchspersonen ließ sie sich wieder von der Bibel inspirieren. Dort hatten ihr die weisen Urteile von König Salomon imponiert. Sie überlegte, dass jemand, der ständig Recht sprechen muss oder sich zumindest mit dem Recht auskennt, womöglich einen besonderen Zugang zur Weisheit hat. Also untersuchte Vivian Clayton Jura-Professoren, ältere Anwälte und Jura-Studenten. Dabei maß ein Teil ihrer Tests die intellektuellen Komponenten der Weisheit, andere Tests untersuchten die emotionale Stabilität, Toleranz, Flexibilität und Problemlösungsfähigkeiten der Versuchspersonen. Dabei war sich Vivian Clayton allerdings selbst noch ziemlich unsicher, ob ihre Testergebnisse tatsächlich den Grad der Weisheit einer Person abbildeten. Betrachtete man die einzelnen Testergebnisse, schnitt mal die eine, mal die andere Gruppe besser ab. Die älteren Richter beispielsweise zeigten die größte intellektuelle Kapazität, schnitten aber schlecht bei den Tests zur Flexibilität ab. Dort waren die Jura-Studenten relativ gut. Vivian Clayton kommt allmählich zu dem Schluss, dass Weisheit mehr ist als die bloße Summe verschiedener menschlicher Fähigkeiten.

Ihre Ergebnisse stoßen auf reges Interesse, als sie sie Ende der 1970er Jahre auf Tagungen und Konferenzen vorstellt. Da reift in ihr aber schon langsam der Gedanke, dass Weisheit mit den Mitteln der Wissenschaft nicht wirklich fassbar ist. Der bereits von Heraklit etablierte Gegensatz von Wissen und Weisheit war für Vivian Clayton unüberwindlich. Bei all den Daten, die sie erhoben hatte, konnte sie Weisheit letztlich nicht nachweisen. Aber dennoch hatte die wissenschaftliche Beschäftigung mit dem Thema Einfluss auf ihren eigenen Weisheitsweg. Schließlich ist Weisheit, so wie Sokrates sie verstand, das Wissen um das eigene Nichtwissen. Diesen entscheidenden Schritt hat die Psychologin vollzogen. Sie erkennt, dass der Versuch, Weisheit zu messen, letztlich nur Scheinwissen liefert. Deshalb verlässt sie die Wissenschaft und arbeitet fortan mit älteren Menschen, von denen viele bereits dement sind. Das heißt aber nicht, dass das Thema Weisheit sie nicht mehr interessiert. Sie sucht sie fortan lediglich dort, wo sie sich deutlicher zeigt: im alltäglichen Leben. Sokrates hat das genau gewusst und ging auch deswegen auf die Agora. Auf dem Marktplatz war das Athener Leben am dichtesten, und nur dort konnte er die Inspiration für seine Philosophie finden. Dort konnte er beispielsweise die Handwerker beobachten, die ihm immer wieder die Beispiele lieferten, mit denen er seine Gesprächspartner des Scheinwissens überführen wollte.

Mit Vivian Claytons Abschied von der Wissenschaft war die psychologische Weisheitsforschung allerdings noch nicht am Ende. Ein deutscher Psychologe hatte sich ihrer angenommen. Paul Baltes war seit 1980 Direktor des Max-Planck-Instituts für Bildungsforschung in Berlin. Er hatte zuvor jahrelang an mehreren amerikanischen Universitäten geforscht und während dieser Zeit auch Vivian Clayton kennengelernt. Am MPI in Berlin hatte er nun die Mittel und die Mitarbeiter, um die Weisheitsforschung voranzutreiben. Dabei war eines von Anfang an klar: Anders als die amerikanische Psychologin wollte Paul Baltes Weisheit nicht mit herkömmlichen psychologischen Tests erfassen, die letztlich nur eine Reihe von einzelnen Fähigkeiten messen konnten. Er entwickelte einen eigenen Weisheitstest. Dieser Test sollte da ansetzen, wo Weisheit sich wirklich bewährt: beim Umgang mit schwierigen Lebensproblemen.

Natürlich können die Psychologen schlecht neben einer Testperson sitzen, die das Leben gerade in eine solche Situation geworfen hat. Auch für das Ausfüllen von postalisch eingesandten Fragebogen bleibt angesichts schwieriger Lebensprobleme kaum die Möglichkeit. Letztlich blieb den Berliner Weisheitsforschern nichts anderes übrig, als die schwierigen Lebensprobleme in ihr Labor zu verfrachten.

Zunächst bringen sie ihren Versuchspersonen bei, laut zu denken. Und schon mit diesem ersten Schritt haben sie etwas ganz Grundsätzliches richtig gemacht. Das laute Denken ist viel direkter und unmittelbarer, als es das Ausfüllen eines Fragebogens jemals sein könnte. Es kann manchmal sogar so etwas wie ein Dialog mit sich selbst sein, durch den ein Erkenntnisprozess erst nachvollziehbar wird. Müssten die Testpersonen ihre Gedanken schriftlich fixieren, würden sie über jede einzelne Formulierung nachdenken. Am Ende stünde vermutlich nur das Ergebnis ihrer Überlegungen auf dem Papier. Wie sie dorthin gelangt sind, welche Gedanken sie verworfen haben und welche sie wirklich inspirierten, wäre so nicht mehr nachvollziehbar. Aber genau dafür interessierten sich die Berliner Psychologen, wenn sie ihren Versuchspersonen Vignetten mit schwierigen Lebensproblemen vorlegten. Hier ein Beispiel für eine solche Vignette: »Jemand erhält einen Telefonanruf von einem guten Freund. Dieser sagt, er könne nicht mehr weiter, er werde sich das Leben nehmen. Was könnte man oder die Person in einer derartigen Situation bedenken oder tun?«

Das laute Nachdenken der Versuchsperson über dieses Lebensproblem nehmen die Weisheitsforscher auf Tonband auf und fertigen hinterher eine Abschrift an. Die Tonbandaufnahme gibt die Gedankengänge völlig ungefiltert wieder. Der folgende Text ist ein Auszug aus einem solchen Denkprotokoll, den die Forscher 1998 in einer Fachzeitschrift veröffentlichten.

»Wenn so ein guter Freund anruft und sagt, dass er nicht mehr weitermachen kann, sich das Leben nehmen möchte, dann müssten bei dem, der angerufen wird, alle Alarmlampen auf Rot gehen, denn ich denke, dass der Schritt vom Sagen zum Tun unter Umständen nicht weit ist. Ich denke, dass es auch egal ist, ob er es wirklich tut, auf jeden Fall ist das ein unglaubliches Zeichen von Isolation und innerlicher Vereinsamung. Weiß ich, ob dieser gute Freund nicht depressiv ist oder krank ist? Also, zunächst mal, meine ich, wäre es wichtig, bei diesem Telefonat immer wieder zu fragen: Warum? Wieso? Was ist los? Ist es schon öfter gewesen, dass du solche Gedanken hast? Aber ich glaube, dass es bei so einem ersten Signal noch gar nicht mal geht, jetzt da unbedingt in die Tiefe zu gehen, das kann man da sowieso nicht, sondern ich denke einfach, dass es schon mal wichtig wäre, sich viel Zeit am Telefon zu nehmen, um den anderen sprechen zu lassen. Das weiß man ja auch nicht, ob das jetzt einfach so ein Lebensüberdruss ist oder Signal, natürlich ganz ernst gemeint ist, aber die Tat noch so klar vor Augen steht. Aber wenn das der Fall wäre, dass der wirklich sich das Leben nimmt, dann glaube ich, dass man nicht ohne Hilfe anderer auskommt und dann auch versuchen müsste, den Freund dazu zu überreden und dafür zu gewinnen, einen Fachmann aufzusuchen. Ich würde wohl meinen, dass der Freund dem Freund so lange helfen muss und zur Verfügung stehen muss, bis diese Gefahr gebannt ist (…) unendlich lange versuchen, mit ihm zu sprechen und hin und her zu überlegen. (…) Aber ich kenne auch Menschen (…) dass ich eigentlich manchmal schon im Geheimen der Überzeugung gewesen bin, dass dieses Leben sich wirklich nicht lohnt, weiterzuführen, und auch manchen Selbstmord selber schon als eine Erlösung für dieses total verfahrene Leben zu empfinden oder für ganz schlimme Erkrankungen, habe ich auch schon erlebt, obwohl ich es wünsche, dass Menschen das natürlich durchhalten. Es geht natürlich um die Sinnfrage – auch nach dem Sinn des Leidens. Wenn die Sinnfrage gekoppelt ist mit ganz konkretem Leid, also wenn jemand querschnittsgelähmt oder schwer krebskrank ist oder auch ganz schwer schizophren ist, stellt sich diese Frage natürlich anders. Dann muss ich dem anderen zugestehen und würde es ihm auch sagen, dass diese Teile, die das Leben unmöglich machen, da wünsche auch ich, dass die sterben, dass die aufhören zu leben, dass das irgendwie in der Versenkung verschwindet, also dass dieses Leben, was der führen muss, stirbt. Aber ich hoffe dann doch, dass ein anderes Leben entsteht, ein sinnvolleres Leben.«

Mein Eindruck beim Lesen dieses Protokolls war, dass dort ein ziemlich weiser Mensch laut gedacht hat. Aber natürlich können sich Weisheitsforscher mit einer so subjektiven Einschätzung zur Bewertung von Weisheit nicht zufriedengeben. Sie mussten einen Weg finden, die Denkprotokolle nach klaren Kriterien zu bewerten – und zwar so, dass mehrere unterschiedliche Beurteiler zu demselben Ergebnis kommen.

Und eines der wichtigsten Kriterien, nach denen die Protokolle beurteilt werden, könnte von Sokrates stammen. Die Forscher nennen es allerdings nicht »Nichtwissen«, sondern »Ungewissheit«. Die Beurteiler überprüfen, ob die Denkprotokolle erkennen lassen, dass eine Versuchsperson die Ungewissheit des Lebens erkennt und mit ihr umgehen kann. Wer sich dessen bewusst ist, weiß, dass er nicht alles wissen kann. Dahinter steckt letztlich eine Haltung zum Leben, die sich auf das gesamte Denken und Handeln einer Person auswirkt. Tatsächlich findet sich eine ähnliche Botschaft auch in vielen anderen Weisheitslehren. Vivian Clayton ist ihr bei ihren Forschungen in alten jüdischen Texten mit Sicherheit auch begegnet. »Wer die Weisheit sucht, ist weise, wer meint, sie gefunden zu haben, ein Narr«, besagt ein Sprichwort. Und bei ihrem weisen Vater war der Psychologin schließlich auch aufgefallen, dass er sich stets seiner Grenzen bewusst war.

Ursula Staudinger war jahrelang eine der engsten Mitarbeiterinnen von Paul Baltes, der 2006 starb. Inzwischen lehrt und forscht sie in Bremen an der Jacobs-Universität. Sie hat die Qualitätsmerkmale mit ausgesucht, auf die hin die Denkprotokolle der Versuchspersonen überprüft werden. »Erkennen von und Umgehen mit Ungewissheit« hält sie für eines der wichtigsten: »Damit meinen wir, dass jemand, der weise über so ein Lebensproblem nachdenkt, deutlich werden lässt, dass im Leben die Dinge nicht perfekt planbar oder in der Gegenwart nicht perfekt erklärbar sind, weil uns häufig bestimmte Informationen fehlen. Je weiter fortgeschritten jemand auf diesem Weisheitsweg ist, desto leichter wird es dieser Person fallen, immer relativ bestmögliche Lösungen zu finden, sich aber immer klar zu sein, kriege ich neue Informationen, dann muss ich die Größe haben zu sagen, also da habe ich einen Fehler gemacht, und ich muss jetzt eine andere Entscheidung treffen.«

Die Ungewissheit des Lebens zu erkennen und sie vor allem auch auszuhalten gehört zum Schwierigsten, was auf dem Weisheitsweg errungen werden muss. Es ist Bestandteil der Natur des Menschen, dass wir uns nach Stabilität und Sicherheit sehnen. Ungewissheit aber birgt Gefahr, Zweifel, Risiko. Nichts davon wollen wir wirklich in unserem Leben haben. Also verdrängen die meisten Menschen diese Ungewissheit. Es sind wenige Weise, die ihr mutig ins Auge blicken und es immer wieder schaffen, in ihrem Angesicht richtige Entscheidungen zu treffen.

Wenn jemand in den Labors der Weisheitsforscher laut über ein Lebensproblem nachdenkt und dabei die Ungewissheit des Lebens außer Acht lässt, erhält er in der Kategorie »Erkennen und Umgehen mit Ungewissheit« keine hohe Punktzahl. Aber darin gut abzuschneiden reicht allein noch nicht aus, um als weise zu gelten. Ein weiteres Kriterium für die Bewertung der Protokolle ist der »Wert-Relativismus«. Jemand, der weise über ein Lebensproblem nachdenkt, berücksichtigt, dass Menschen unterschiedliche Werte und Lebensziele haben können, die nicht unbedingt mit den eigenen übereinstimmen müssen. Weise sind tolerant und akzeptieren das. Sie kennen aber auch eine kleine Anzahl universeller Werte, die unter keinen Umständen an Gültigkeit verlieren dürfen. Beispielsweise sollte niemand sein eigenes Wohl über das anderer Menschen stellen, was auch die im ersten Kapitel erwähnte »goldene Regel« der Weisheitsliteratur sagt.

Das dritte Weisheitskriterium ist der sogenannte Lebensspannen-Kontextualismus. Das klingt kompliziert, ist es aber eigentlich nicht. Bei diesem Kriterium geht es darum, dass ein Weiser beim Nachdenken über ein Lebensproblem die Situation, den Kontext, berücksichtigen muss, in den ein Leben eingebunden ist. Er muss das konkrete Problem auch entlang einer zeitlichen Entwicklungsachse betrachten. Wie ist dieses Problem entstanden? Wie beeinträchtigt es die zukünftige Entwicklung des Betroffenen? Welchen Einfluss hat es auf andere Menschen in seiner Umgebung? Beim Lebensspannen-Kontextualismus müssen weise Denker erkennen, dass Personen unterschiedliche Prioritäten haben, die von ihrem Alter, ihrer Kultur oder anderen Lebensumständen abhängen können.

Neben diesen drei Weisheitskriterien bewerten die Psychologen zwei Formen von Wissen, die quasi die Voraussetzungen für das Hervorbringen von Weisheit darstellen. Jemand, der weise über ein Lebensproblem nachdenkt, muss sich mit dem Leben und der Natur des Menschen auskennen, er braucht Faktenwissen über grundlegende Fragen des Lebens. Er weiß beispielsweise viel über die Entwicklung, die ein Mensch im Lauf seines Lebens nehmen kann, und auch über soziale Beziehungen. Vielleicht hat er dieses Wissen durch eigene Erfahrungen erworben oder durch die Beobachtung anderer Menschen. Dieses Faktenwissen allein reicht aber noch nicht aus. Ein Weiser muss auch wissen, welche Strategien in grundlegenden Fragen des Lebens angezeigt sind. Welche Mittel sind für das Erreichen des konkreten Ziels tatsächlich angemessen? Wann ist der richtige Zeitpunkt, um einen Rat zu geben, und wann ist eher Zurückhaltung gefordert?

1. Erkennen und Umgehen mit Ungewissheit

»Weiß ich, ob dieser gute Freund nicht depressiv ist oder krank ist? Also, zunächst mal, meine ich, wäre es wichtig, bei diesem Telefonat immer wieder zu fragen: Warum? Wieso? Was ist los? Ist es schon öfter gewesen, dass du solche Gedanken hast? Aber ich glaube, dass es bei so einem ersten Signal noch gar nicht mal darum geht, jetzt da unbedingt in die Tiefe zu gehen, das kann man da sowieso nicht; sondern ich denke einfach, dass es schon mal wichtig wäre, sich viel Zeit am Telefon zu nehmen, um den anderen sprechen zu lassen. Das weiß man ja auch nicht, ob das jetzt einfach so ein Lebensüberdruss ist oder Signal, natürlich ganz ernst gemeint ist, aber die Tat noch nicht so klar vor Augen steht.«

Dieser Mensch erkennt ganz deutlich, dass er möglicherweise nicht alles über den Freund mit den Selbstmordabsichten weiß. Trotzdem überlegt er sich eine Strategie, die in der Situation angebracht ist. Gleichzeitig ist er sich aber auch darüber klar, dass seine Möglichkeiten, in einem ersten Gespräch Einfluss zu nehmen, begrenzt sind.

2. Wert-Relativismus

»Aber ich kenne auch Menschen (...) dass ich eigentlich manchmal schon im Geheimen der Überzeugung gewesen bin, dass dieses Leben sich wirklich nicht lohnt weiterzuführen, und auch manchen Selbstmord selber schon als eine Erlösung für dieses total verfahrene Leben zu empfinden oder für ganz schlimme Erkrankungen, habe ich auch schon erlebt, obwohl ich es wünsche, dass Menschen das natürlich durchhalten.«

Es wird deutlich, dass ein Suizid seinem eigenen Wertesystem nicht entspricht, gleichzeitig kann er sich aber Umstände vorstellen, unter denen so eine Tat nachvollziehbar wäre, vielleicht sogar ein berechtigter Ausweg sein könnte.

3. Lebensspannen-Kontextualismus

»Wenn die Sinnfrage gekoppelt ist mit ganz konkretem Leid, also wenn jemand querschnittsgelähmt oder schwer krebskrank ist oder auch ganz schwer schizophren ist, stellt sich diese Frage natürlich anders.«

Wer auch immer da laut gedacht hat, ist sich offensichtlich darüber bewusst, dass konkrete Lebensumstände, wie beispielsweise eine Krankheit, das Verhalten eines Menschen mitbestimmen.

4. und 5. Faktenwissen und Strategiewissen über grundlegende Fragen des Lebens

»Ich denke, dass es auch egal ist, ob er es wirklich tut, auf jeden Fall ist das ein unglaubliches Zeichen von Isolation und innerlicher Vereinsamung. (...) Aber wenn das der Fall wäre, dass der wirklich sich das Leben nimmt, dann glaube ich, dass man nicht ohne Hilfe anderer auskommt und dann auch versuchen müsste, den Freund dazu zu überreden und dafür zu gewinnen, einen Fachmann aufzusuchen. Ich würde wohl meinen, dass der Freund dem Freund so lange helfen muss und zur Verfügung stehen muss, bis diese Gefahr gebannt ist (...) unendlich lange versuchen, mit ihm zu sprechen und hin und her zu überlegen.«

Dieser Abschnitt und auch einige andere Passagen in dem Denkprotokoll zeigen deutlich, dass dieser Mensch tiefes Verständnis für grundlegende Lebensprobleme hat und vermutlich nicht zum ersten Mal über sie nachdenkt. Außerdem kennt er Strategien, die in solch schwierigen Situationen angebracht sind.

Nicht immer sind die fünf Weisheitskriterien so einfach zu erkennen wie in der zitierten weisen Antwort. Aber die »Rater«, wie die Weisheitsforscher die Beurteiler der Denkprotokolle nennen, sind darin trainiert – allerdings jeder nur für ein Kriterium. Insgesamt bewerten jeweils zehn speziell geschulte Rater unabhängig voneinander die Denkprotokolle. Jedes Kriterium wird von zwei Ratern bewertet, die nichts über das Urteil des anderen wissen. Es spricht für den Test, dass ihre Bewertungen in aller Regel sehr nah beieinanderliegen.

Den endgültigen Beweis, dass ihr Test tatsächlich so etwas wie Weisheit bei einem Menschen nachweisen kann, lieferte eine weitere Studie der Berliner Weisheitsforscher. Sie baten Journalisten darum, Personen aus dem öffentlichen Leben Berlins zu benennen, die sie für weise hielten. Nur wenn alle Befragten übereinstimmten, wurde eine Person als »weise« nominiert. So erhielten die Psychologen die Namen von knapp zwanzig Menschen, die sich dann dem Weisheitstest unterziehen mussten. Tatsächlich schnitten alle Nominierten überdurchschnittlich gut ab. Wenn die Journalisten mit ihrer Einschätzung richtiggelegen hatten, dann konnte der Weisheitstest der Berliner Psychologen Weisheit tatsächlich messen.

Es bleibt allerdings die Frage, wie die Journalisten die Weisheit erkennen konnten, genauso wie immer noch nicht klar ist, warum ich Oma Hilde für eine Weise halte. Dass sich die Journalisten bei ihren Nominierungen einig waren, obwohl sie sich nicht untereinander abgesprochen hatten, spricht dafür, dass Menschen über so etwas wie ein »inneres Weisheitsradar« verfügen. Wir erkennen, wenn uns jemand Weises begegnet. Ich bin auch nicht die Einzige, der die Weisheit von Oma Hilde aufgefallen ist.

Letztlich entzieht sich das Erkennen von Weisheit der Analyse. Wir können sie in einer Person erspüren oder »erschmecken«, aber eindeutige, objektive Kriterien zu benennen, warum dieser oder jener Mensch weise ist, ist schwer, wenn nicht gar unmöglich. Vielleicht fallen uns Handlungen oder Entscheidungen ein, die so etwas wie Weisheit erkennen lassen. Aber Kritiker könnten einwenden, es handle sich dabei lediglich um eine Person, die temporär kluge Entscheidungen treffe, keinesfalls um einen Weisen. Das ließe sich sicherlich auch über manche der dargestellten Personen in diesem Buch sagen. Bei einigen, denen ich persönlich begegnet bin, ist mein »Weisheitsradar« angesprungen, bei anderen bin ich mir sicher, dass sie zumindest ein großes Stück auf dem Weisheitsweg zurückgelegt haben. Persönlichkeiten der Geschichte – wie Sokrates – wurden von ihren Zeitgenossen für weise gehalten. Über innere Weisheitsradars haben Menschen zu allen Zeiten verfügt.

Mit der Nominierungsstudie haben die Berliner Psychologen beweisen können, dass ihr Test zumindest die Ergebnisse des menschlichen Weisheitsradars nachzuzeichnen vermag. Dadurch erhielten sie die Chance, das Phänomen Weisheit nach wissenschaftlichen Kriterien zu untersuchen. Ob der Test allerdings in weiteren, größer angelegten Studien auch falsche positive Ergebnisse geliefert hat, ist bislang nicht überprüft worden. Eine wichtige Kritik: Der Test kann nicht überprüfen, ob sich die von einer Person an theoretischen Lebensproblemen belegte Weisheit auch im praktischen Leben, im konkreten Handeln zeigt.

Das innere Weisheitsradar springt erst an, wenn wir einen Menschen direkt erleben. Weil seine Art zu leben sie beeindruckt – und nicht wegen des Orakelspruchs aus Delphi –, halten viele seiner Zeitgenossen Sokrates für weise. Dabei ist es ihm selbst egal, was andere von ihm denken. Er ist auch ein Beispiel dafür, wie unbequem Weisheit sein kann. Die Massen interessieren ihn nicht, einzig sein jeweiliges Gegenüber und das Philosophieren. Sokrates macht keinen Unterschied zwischen einem Gerber und einem General. Durch seine bohrenden Fragen zieht er die herrschenden gesellschaftlichen Normen und geltendes Wissen in Zweifel. Viele, die ihn gar nicht kennen, verspotten ihn, schimpfen ihn einen »weltverbessernden Schwätzer«, einen »Naserümpfer« oder »Flausenmacher«. Sokrates interessiert das alles nicht:

»Ganz und gar nicht haben wir das zu bedenken, was die vielen über uns sagen, sondern das, was der sagt, der sich auf das Gerechte und das Ungerechte versteht: der eine und die Wahrheit selbst.«

Sokrates mag die Massen ignorieren, aber sie ertragen *ihn* irgendwann nicht mehr. Sein Philosophieren ist für sie einfach zu radikal. Denn Philosophieren bedeutet nichts anderes, als das Bestehende zu hinterfragen. Er tut dies auch noch in aller Öffentlichkeit auf der Agora und wird immer bekannter. Sein Ruhm reicht weit über die Stadt Athen hinaus. Dazu hat mit Sicherheit auch der Orakelspruch aus Delphi beigetragen. Sokrates zieht mehr und mehr Schüler an. Die meisten stammen aus wohlhabenden Familien und sollen eigentlich die bestehende Ordnung verteidigen. Stattdessen üben sie sich nun ebenfalls im nervenden Fragen.

Sokrates ist ein Weiser, der keine Antworten liefert, sondern nichts als das Fragen lehrt. Die Konsequenz, mit der er das Fragen betreibt, wird ihm schließlich zum Verhängnis. Weil er die Jugend verderbe und gottlos sei, klagt man ihn an. Von fünfhundert per Los zusammengewürfelten Geschworenen fordern die Ankläger Sokrates' Tod. Anstatt sich zu verteidigen, provoziert dieser das Gericht nur noch mehr. Als die Anklage ihm seine Fragerei vorwirft, behauptet er, dies alles geschehe im Auftrag des Gottes Apollon, in dessen Tempel der Orakelspruch der Pythia ihm seine Weisheit auch attestiert habe. »Wenn ihr mich tötet, werdet ihr nicht leicht einen anderen von dieser Art finden, der – mag es auch lächerlich klingen – geradezu der Stadt von dem Gotte beigegeben ist wie einem großen und edlen Ross, das aber eben seiner Größe wegen eher träge ist und zu seiner Aufmunterung des Sporns bedarf. So, scheint mir, hat mich der Gott der Stadt beigegeben, als einen, der nicht aufhört, jeden Einzelnen unter euch aufzuwecken, zu überreden und zu schelten.«

Den Geschworenen bleibt schließlich kaum eine Wahl, als den fast Siebzigjährigen zum Tode zu verurteilen. Das Angebot, ins Exil zu gehen, lehnt er ab. »Wo einer sich selbst auf einen Posten stellt in der Überzeugung, das sei das Beste, da muss er, wie mir scheint, auf alle Gefahr hin ausharren und weder den Tod noch irgendetwas anderes bedenken, außer der Schande. Ich nun würde seltsam handeln, ihr Männer von Athen, wenn ich da, wo mich (...) wie ich glaube und annehme, der Gott hingestellt hat, damit ich philosophierend lebe und mich und die anderen prüfe, aus Furcht vor dem Tode oder vor irgendetwas anderem meinen Posten verließe.«

Die letzte Nacht verbringen die Freunde gemeinsam mit ihm. Den Giftbecher trinkt er in einem Zug leer. Angst vor dem Tod scheint er nicht zu haben. »Solange ich noch atme und es vermag, werde ich nicht aufhören, nach Weisheit zu suchen und euch zu ermahnen und zurechtzuweisen, wen von euch ich antreffe, mit meinen gewohnten Reden, wie: Bester Mann, als ein Athener aus der größten und für Weisheit und Macht berühmtesten Stadt, schämst du dich nicht, für Geld zwar zu sorgen, wie du dessen aufs meiste erlangest, und für Ruhm und Ehre; für Einsicht aber und Wahrheit und für deine Seele, dass sie sich aufs Beste befinde, sorgst du nicht.«

Sokrates' Philosophie wäre vielleicht in Vergessenheit geraten, wenn er sie nicht auch bis zur letzten Konsequenz gelebt hätte. Das ist der Grund, warum er immer noch als einer der Weisesten aller Zeiten gilt. Er, der so viel über das Scheinwissen, das Nichtwissen, die Ungewissheit gelehrt hat, besaß eine Gewissheit: die unbedingte Verpflichtung zum rechten Handeln. Ihr unterstellt er letztlich sein ganzes Tun. Aber woher wusste Sokrates, was in einer konkreten Situation gutes und rechtes Handeln war? Er selbst hat gesagt, dass er seinem »Daimonion« folge. Das Daimonion war in der Antike eine Art Schutzgeist, der aber als Teil des Ichs angesehen wurde. Wenn wir heute sagen, dass wir einer »inneren Stimme« folgen, hätten die Athener vor über zweitausend Jahren eben vom Daimonion gesprochen. Für Sokrates bildete es ein Gegengewicht zum Logos, dem Verstand. Sein Daimonion konnte Gefahren erkennen, die dem Logos verborgen blieben, und ihn so rechtzeitig vor einer gefährlichen Tat warnen. Für Sokrates war das Daimonion ein Mittler zwischen der göttlichen und menschlichen Welt.

Die moderne Psychologie würde weniger mystisch eher von »Intuition« oder dem »Gewissen« sprechen. Egal, wie wir es benennen, letztlich ist es das Daimonion, mit dessen Hilfe ein Mensch Weisheit hervorbringen kann. Auch das innere Weisheitsradar hat seinen Sitz im Daimonion. Es ist der Teil der menschlichen Erkenntnisfähigkeit, der die Welt erspürt und sie eben nicht mittels verstandesmäßiger Analyse zerlegt. Weil Sokrates der inneren Stimme seines Daimonions nie ausgewichen ist, gilt er heute immer noch vielen als Vorbild. Aber ist nicht auch die Verstörung, die das radikale Fragen dieses Mannes in seiner Umwelt auslöste, heute noch nachvollziehbar? Der in Rostock Philosophie lehrende Michael Großheim schreibt in *Spiegel Special* »Götter, Helden, Denker«: »Unser eigenes Verhältnis zu Sokrates erinnert an die Haltung, mit der man im Museum ein Dinosaurierskelett anstaunt: einerseits beeindruckt davon, dass so etwas Gewaltiges einmal gelebt hat, aber andererseits voller Erleichterung, dass es eben nicht mehr unter uns weilt.«

Die, die Sokrates getötet haben, verfügten ebenfalls über ein inneres Weisheitsradar. Sie erkannten die Weisheit in dem unscheinbaren Mann, und nur deswegen war er eine Bedrohung für sie. Was wäre, wenn Sokrates heute leben würde? Er würde auch uns mit seinen Fragen bloßstellen. Die Demokratie und die Verfassung, die politischen Verhältnisse insgesamt sind sicher stabiler geworden als zu Sokrates' Zeiten. Im heutigen Griechenland würde ihm kein Todesurteil mehr drohen. Aber wer würde ihm noch zuhören wollen, diesem Mann, der barfuß und mit zerzaustem Haar durch die Stadt streift? Anders als die Agora dienen die Einkaufszentren moderner Städte ausschließlich dem Konsum, niemand geht dorthin, um zu diskutieren oder sich im Philosophieren zu üben, und den zotteligen Sokrates würden die Wachmänner vermutlich einfach rausschmeißen. Weil er nicht für Geld arbeitet, wäre er auf Sozialhilfe angewiesen. Aber würde er sie annehmen? Begäbe er sich damit nicht auch in eine Form der Abhängigkeit, nämlich in die eines Staates, der – trotz aller seit der Antike erreichten Fortschritte – immer noch genug Ansatzpunkte für Kritik bietet? Die politischen Verhältnisse sind stabiler geworden, aber auch weniger transparent, und für Weisheit interessiert sich keine Regierung dieser Welt.

Die Kinder wohlhabender Eltern werden nicht mehr bei echten oder angeblichen Weisen in die Lehre geschickt. Wenn alles gut läuft, machen sie ihren MBA an einer amerikanischen Elite-Uni. Wollen sie rebellieren, landen sie bei MTV oder auf Koh Samui. Einer wie Sokrates wäre ihnen vermutlich viel zu anstrengend. Die Antike hat durch ihn

Platon hervorgebracht, wir haben Paris Hilton. Heute ist es sehr leicht, bekannt zu werden. Vor rund 2450 Jahren schafften das nur wenige. Die, denen es gelang, mussten andere Menschen im direkten Gespräch beeindrucken, damit diese über sie berichteten. Ich fürchte, Sokrates hätte es heute noch schwerer als zu seiner Zeit. Mit etwas Glück bekäme er einen Internetzugang. In einem Chat-Room könnte er mit all jenen reden, die bereit wären, seine entlarvenden Fragen auszuhalten. Aber wie ein sokratisches Gespräch führen, ohne einander in die Augen zu sehen? Wenn die Fragerei zu unangenehm wird, Sokrates einen auf das eigene Nichtwissen stößt, reicht ein Klick, um aus dem anonymen virtuellen Raum zu entkommen. Auch Alkibiades wollte am liebsten vor Sokrates fliehen. Er tat es nur deswegen nicht, weil er ihn persönlich so gut kannte und liebte.

Und das ist auch notwendig, um einen Weisen zu erkennen. Wir müssen ihn erleben, seiner Stimme zuhören und sein Leben begleiten. Aus der Ferne ist es schwer zu beurteilen, ob einer nur klug redet oder tatsächlich weise lebt. Deswegen ist es auch eher unwahrscheinlich, dass Sokrates in der heutigen Zeit eine große Masse beeindrucken würde. Ob das innere Weisheitsradar der Menschen übers Fernsehen funktioniert? Die Vorstellung, dass die breite Öffentlichkeit ihn heute womöglich einfach übersehen würde, ist erschreckend. Zu sagen hätte er immer noch genug: »Schämst du dich nicht, für Geld zwar zu sorgen, wie du dessen aufs meiste erlangest, und für Ruhm und Ehre; für Einsicht aber und Wahrheit und für deine Seele sorgst du nicht.«

Noch stärker als zu Sokrates' Zeiten verlassen wir uns heute auf unser Wissen. Dass auch dieses Wissen oft nur Scheinwissen ist, weil es einem nicht wirklich dabei hilft, mit der

Ungewissheit des Lebens umzugehen, ignorieren wir. Aber erst, wenn wir es wirklich wagten, uns zur Ungewissheit des Lebens und zum Nichtwissen zu bekennen, würden wir damit beginnen, Sokrates' Forderung, für »Wahrheit« und »Einsicht« zu sorgen, zu erfüllen. Aber natürlich ist es viel leichter, nach materiellen Werten zu streben, als ein Leben nach dem Vorbild von Sokrates zu führen. Die ewige Suche nach Wahrheit, dem rechten Denken und dem rechten Handeln ist anstrengend. Viele, die es probieren, scheitern.

Die meisten versuchen es aber gar nicht erst. Das belegen mittlerweile auch die Ergebnisse der psychologischen Weisheitsforscher. Ursula Staudinger unterscheidet zwei Lebenswege: den harten und beschwerlichen Weisheitsweg und den vergleichsweise leichten Wohlergehensweg. Wer den Wohlergehensweg gewählt hat, erreicht in ihrem Test meistens keine sonderlich hohe Punktzahl. Das sind fast alle Testpersonen. Weise begegnen auch der Wissenschaftlerin nur höchst selten. Ein Weisheitsgigant wie Sokrates war erst recht noch nicht darunter. So jemand taucht alle paar Jahrhunderte ein Mal auf – wenn überhaupt. Was er wohl zu dem Test der Psychologen sagen würde? Ob er bereit wäre, an den Studien der Forscher teilzunehmen? Ihm würde beim lauten Nachdenken über ein Lebensproblem vermutlich ein Gegenüber fehlen, seine Stärke war schließlich der Dialog. Die Fortschritte der Wissenschaftler würde Sokrates aber mit Sicherheit mit großem Interesse verfolgen und wäre offen genug, um andere Herangehensweisen an ein und dasselbe Thema zu akzeptieren – freilich nicht, ohne sie zu hinterfragen.

Das machen allerdings auch andere. Die Berliner Arbeitsgruppe gibt es nicht mehr. Ursula Staudinger, die enge Mitarbeiterin des 2006 verstorbenen Leiters der Gruppe, Paul

Baltes, betreibt ihre Weisheitsforschungen, wie erwähnt, nun in Bremen. Andere aus der Berliner Forschergruppe sind nach Leipzig und Klagenfurt gewechselt. Alle beschäftigen sich auch weiter mit dem Thema Weisheit. Sie haben allerdings Konkurrenz aus den USA bekommen. Dort hat Monika Ardelt an der Universität Florida einen eigenen Weisheitstest entwickelt. Ihr kommt die emotionale Komponente in dem Berliner Weisheitstest zu kurz. Zu den Lebensproblemen, die die Testpersonen bearbeiten müssen, haben sie keinen emotionalen Bezug. Es wird auch gar nicht erfasst, ob sie so etwas wie Mitgefühl entwickeln und wie sich ihre Antworten ändern würden, wenn sie emotional beteiligt wären. Dadurch würde es natürlich deutlich schwerer fallen, die Distanz zu entwickeln, die für das Hervorbringen einer weisen Antwort so wichtig ist.

Der von Monika Ardelt entwickelte Test arbeitet deswegen gar nicht mit theoretischen Lebensproblemen. Er ist im Wesentlichen eine Selbstauskunft und deswegen auch lange nicht so aufwendig wie das Berliner Weisheitsparadigma. Die Versuchspersonen füllen einfach einen Fragebogen aus. Dort sind eine Reihe von Aussagen aufgelistet, beispielsweise: »Wenn ich hilfsbedürftige Menschen sehe, versuche ich, ihnen in irgendeiner Weise zu helfen.« Die Versuchspersonen, die diese Fragebogen ausfüllen, müssen schließlich selbst ankreuzen, wie sehr diese Aussage auf sie zutrifft. Die Zeitschrift *Geo* hat den Weisheitstest aus Florida ins Internet gestellt: *http://www.geo.de/GEO/interaktiv/wissens tests/50033.html.*

Wer sich die Mühe macht und die neununddreißig Fragen beantwortet, merkt schnell, wie leicht es ist, einen hohen »Weisheits-Score« zu erreichen. Das System lässt sich leicht austricksen, denn es ist allzu offensichtlich, was dort von einem erwartet wird. Weise sind aber selbstkritisch, sie würden vermutlich nicht schummeln und ehrlich antworten. Die Einwände von Monika Ardelt gegen das Berliner Weisheitsparadigma sind berechtigt, allerdings kann sie zurzeit noch nicht mit einer besseren Lösung für das »Messen« von Weisheit aufwarten. Ihre Kollegen in Deutschland und Österreich haben inzwischen neue Studien vorgelegt, die viele Kritikpunkte entkräften.

Vivian Clayton, die als erste Psychologin das Thema Weisheit ernsthaft bearbeitet hat, bereut nicht, dass sie an den regen Diskussionen in dem Forschungsfeld, das sie schon vor langer Zeit verlassen hat, nicht mehr teilnehmen kann. Sie würde einen Sokrates erkennen, wenn er ihr begegnete. Vor ihm in die Knie gehen würde sie aber nicht. »Ein Mensch ist nie ständig weise, sondern immer nur in dem Moment, wo er gerade eine weise Handlung ausführt«, meint sie. Und deswegen hätte sie auch keine Skrupel, den zerzausten Jahrtausendweisen auf einen Tee in ihren Garten einzuladen. Dort könnten sie sich austauschen – über Weisheit, das rechte Denken und die Schwierigkeiten mit dem rechten Handeln. Und natürlich würde der weise Grieche alles hinterfragen, was sie sagt. Und wenn ihr das zu sehr auf die Nerven ginge, könnte Vivian Clayton ihm die Bienen zeigen, die sie im Garten züchtet. »Wenn ich mit so einem Bienenstock arbeite, kann ich spüren, dass der Puls des Universums in den Genen der Bienen codiert ist. Ich habe das Gefühl, mit dem Konzept der Weisheit ist das ganz genauso. Ähnlich wie die Bienen sind wir programmiert zu verstehen, wenn jemand weise ist. Aber was Weisheit ist und wie jemand lernt, weise zu sein, ist immer noch ein Mysterium.«

Das Glück der Weisen

Aristoteles und der Salsatänzer

Sokrates ging für die Weisheit in den Tod, Oma Hilde musste zwei Weltkriege, Vertreibung und Flucht durchleben, und der Dalai Lama verlor seine Heimat. Und auch das Leben einiger anderer Weiser, von denen in diesem Buch die Rede ist, ist von Schicksalsschlägen gezeichnet. »Der Weisheitsweg ist ein schwerer Weg«, meint die Weisheitsforscherin Ursula Staudinger. Wenn Schmerz, Verlust und sogar Tod die Suche nach Weisheit begleiten, ist es vielleicht doch besser, sich auf den bequemen Wohlergehensweg zu begeben. Denn letztlich wollen wir alle doch vor allem eines: glücklich sein. Um herauszufinden, ob der Weisheitsweg tatsächlich auch zum persönlichen Glück führt, muss ich also jemanden befragen, der sich gerade auf ihm befindet. Oma Hilde habe ich nie nach ihrer Lebenszufriedenheit gefragt. Ich kann mich allerdings auch nicht erinnern, dass sie einmal sichtbar unglücklich war. Der Dalai Lama steht mir für ein persönliches Gespräch zum Thema Glück und Weisheit leider nicht zur Verfügung. Immerhin hat er sich schon verschiedentlich dazu geäußert. »Ich denke, dass der Sinn des Lebens darin besteht, glücklich zu sein«, schreibt er in seinem Buch *Der Weg zum Glück*. Aber das ist letztlich alles nur blanke Theorie. Mich interessiert das gelebte Glück der Weisen. Wie fühlt es sich an, auf dem Weisheitsweg zu sein?

Meine Suche gestaltet sich allerdings schwieriger als erwartet. Weise Menschen sind eben selten und solche, die etwas über das Glück sagen können, anscheinend noch seltener. Von Freunden bekomme ich den Tipp, nach einem »Downgrader« zu suchen. »Downgrading« ist nämlich in. Wer bislang versucht hat, sein Glück durch beruflichen Erfolg und ein hohes Gehalt zu erlangen, merkt – zum Beispiel nach dem krisenbedingten Jobverlust – schnell, dass sein Leben noch ganz andere Vorzüge hat. Mehr Zeit für Familie, Freunde und Hobbys gleicht den Verzicht auf Luxusgüter locker aus. Downgrader senken notgedrungen ihren Lebensstandard und werden dadurch nicht unglücklicher, sondern nicht selten sogar zufriedener. Der wohl bekannteste Vertreter der »Generation Ex« ist Achim Schwarze, der durch das Dotcom-Debakel seinen Job als Kreativ- und Marketing-Chef eines Multimedia-Unternehmens verlor und über seine Erfahrungen als Downgrader gleich ein ganzes Buch geschrieben hat: *Kleine Brötchen. Von den Vorzügen ohne feste Anstellung zu sein.*

Der typische Downgrader ist hoch qualifiziert und wendet sich nach dem Jobverlust einer freiberuflichen Tätigkeit zu, die ihm ein kleines Einkommen sichert. Die verbliebene Zeit widmet er seinen neuen Hobbys oder seinen sozialen Kontakten. Letztlich geht ein typischer Downgrader also doch eher den Wohlergehensweg und führt ein ziemlich genussorientiertes Leben. Statt eines Karibikurlaubs im 5-Sterne-Hotel genießt er sonnige Nachmittage im Stadtpark. Langwierige Geschäftsbesprechungen weichen unterhaltsamen Treffen mit Freunden. Was Spaß macht und Entspannung bringt, muss nicht unbedingt viel kosten, so die zentrale Erkenntnis hinter dem Downgrading-Konzept. Das hat mit Weisheit allerdings herzlich wenig zu tun. Zumal die meisten Downgrader nicht freiwillig ihre berufliche Karriere aufgeben, sondern Opfer der Wirtschaftskrise geworden sind. Sie gehen auch nach dem Jobverlust weiterhin ihren Wohlergehensweg – nur eben mit anderen Mitteln.

Meinen glücklichen Weisen unter den Downgradern zu finden, halte ich für nicht besonders aussichtsreich. Allerdings bringen mich die Recherchen zur »Generation Ex« letztlich auf die richtige Fährte. Mir kommt nämlich in den Sinn, dass ich vor vielen Jahren jemanden getroffen habe, der völlig ohne Not seinen Job aufgegeben hat. Und das war damals eine Entscheidung, die mir ziemlich imponiert hat. Sicher bin ich mir allerdings nicht, ob ich Bernd deswegen schon für weise halte. Allerdings ist er ganz eindeutig jemand, der sich auf dem Weisheitsweg befindet. Ich traf Bernd vor vierzehn Jahren, als ich mich bei ihm um ein WG-Zimmer bewarb. Trotz eines Altersunterschieds von zwanzig Jahren verstanden wir uns gut, und er erzählte mir strahlend, dass er gerade seine Tätigkeit als Unternehmensberater aufgegeben habe. Ich fand das damals ungeheuerlich, stand ich doch am Ende meines Studiums und konnte es gar nicht erwarten, mit meinem Beruf endlich richtig Geld zu verdienen.

Bernd jedenfalls hatte andere Prioritäten. Nach einer Lehre als Starkstromelektriker hatte er über den zweiten Bildungsweg sein Abitur gemacht und dann Betriebswirtschaftslehre studiert. Danach lag sein monatliches Einkommen drei Jahre lang im fünfstelligen DM-Bereich. Er war kein Millionär, aber es ging ihm ziemlich gut. Und am Ende seiner Zeit als Unternehmensberater konnte er sich den Kauf eines Altbaus in der Nähe des Kölner Volksgartens leisten. In diesem Haus lebte er, als ich ihn zum ersten Mal traf. Die anderen Wohnungen im Haus hatte er vermietet. Weil Bernd aber ein ziemlich sozialer Vermieter war und nur vergleichsweise niedrige Mieten verlangte, sicherten sie ihm nur eine bescheidene Existenz. Sein ganzes Engagement galt damals einem Obdachlosenprojekt, und das schien ihn ziemlich glücklich zu machen.

Ich hätte gern mit Bernd in einer WG gewohnt, aber er entschied sich anders. Eine Venezolanerin, die gerade nach Deutschland gekommen war, brauchte das Zimmer dringender als ich. Außerdem erhoffte er sich von ihr Anregungen für eine weitere Leidenschaft von ihm: das Salsatanzen. Immerhin blieb mir das Gespräch mit Bernd so deutlich in Erinnerung, dass ich vierzehn Jahre später bei den Recherchen zum Thema »Weisheit und Glück« an ihn denken musste. Weil er immer noch in dem Haus am Volksgarten lebt, war es gar nicht schwer, ihn ausfindig zu machen. Als ich ihn anrufe und von meinem Vorhaben berichte, meint er nur: »Das hat doch mit Weisheit nichts zu tun, ich habe doch einfach nur Glück gehabt.« Da bin ich mir ganz sicher, dass ich den richtigen Gesprächspartner für dieses Kapitel gefunden habe.

Bernd wird mir also von seinen persönlichen Erfahrungen und Gefühlen auf dem Weisheitsweg berichten. Außerdem haben Wissenschaftler und Philosophen untersucht, ob die Weisheitssuche glücklich macht. Einer der ersten Glücksforscher überhaupt lebte vor etwa 2400 Jahren in Athen. Aristoteles war ein Schüler Platons, der das Philosophieren wiederum bei Sokrates gelernt hatte. Ob Aristoteles ebenso weise war wie der Held des vorangegangenen Kapitels, wage ich allerdings nicht zu behaupten. Das Orakel von Delphi ist diesbezüglich nicht befragt worden. Sicher ist, dass Aristoteles einen hervorragenden Ruf als Intellektueller genoss. Das macht ihn natürlich noch lange nicht zum Weisen. Von Sokrates unterscheidet er sich auch dadurch, dass er enorm viel geschrieben hat. Diogenes Laertios, der allerlei Klatsch über die Philosophen der Antike zusammengetragen hat, berichtet, das Werk von Aristoteles umfasse 445 270 Zeilen. Auch wenn Weisheitsgiganten wie Sokrates, Buddha oder Jesus auf mündliche Überlieferung ihrer Lehren setzten, wäre es falsch, jeden, der seine Gedanken aufschreibt, von der Weisheit auszuschließen. Auch der Dalai Lama hat schließlich etliche Bücher geschrieben. Aristoteles jedenfalls konnte zu seiner Zeit viele Schüler für seine Lehren begeistern, und ihr Weisheitsradar schlug in seiner Gegenwart aus.

Was zudem dafürspricht, dass Aristoteles ein ordentliches Stück auf dem Wahrheitsweg zurückgelegt hat, sind seine Schriften über das menschliche Handeln. Letztlich zeigt sich Weisheit erst im Handeln, und man könnte beinahe meinen, Aristoteles hätte eine Anleitung für das richtige Handeln auf dem Weisheitsweg verfasst.

Sein eigener Lebensweg war alles andere als geradlinig. Er war ein Provinzler, stammte er doch aus der völlig unbedeutenden Stadt Stageira in der Nähe der makedonischen Grenze, also aus dem nördlichen Teil des heutigen Griechenland. Mit siebzehn kam er nach Athen, um an Platons Akademie Philosophie zu studieren. Diese erste Philosophenschule überhaupt war von Platon nach Sokrates' Tod gegründet worden. Zu diesem Zweck kaufte er in Athen ein Grundstück, auf dem sich der Hain Akademeia befand, benannt nach dem mythischen Helden Akademos. Später übertrugen die Athener diesen Namen auch auf die Schüler der Philosophenschule und nannten sie Akademiker. Die Ausbildung an der platonischen Akademie erstreckte sich nicht nur auf die Philosophie Platons. Die Mathematik nahm ebenfalls viel Raum ein, genau wie Astronomie, Rhetorik und Dichtkunst. Die Philosophenschule war aber viel mehr als nur eine Ausbildungsstätte, Schüler und Lehrer verstanden sich als Lebensgemeinschaft. Die Einheit von Lehre und Forschung ist wohl nie wieder so perfekt umgesetzt worden. Aristoteles durfte an Platons Akademie schon bald eigene Vorlesungen halten und war für seine humorvollen Darstellungen bekannt. Wann er anfing, über das menschliche Glück nachzudenken, wissen wir nicht.

Den Ausgangspunkt all seiner Überlegungen hat er aber selbst immer wieder dargestellt: Alles strebt nach etwas. Das gilt in Aristoteles' Weltbild für die Sterne genauso wie für Pflanzen, Ameisen oder Menschen. In der *Nikomachischen Ethik* untersucht er das menschliche Streben genauer. Und schon mit den ersten Zeilen macht er deutlich, worum es ihm geht – um das Ziel allen Strebens: »Jede Kunst und jede Lehre, desgleichen jede Handlung und jeder Entschluss scheint ein Gut zu erstreben, weshalb man das Gute treffend als dasjenige bezeichnet hat, wonach alles strebt. Doch zeigt sich ein Unterschied der Ziele. Die einen sind Tätigkeiten, die anderen noch gewisse Werke oder Dinge außer ihnen. Wo bestimmte Ziele außer den Handlungen bestehen, da sind die Dinge ihrer Natur nach besser als die Tätigkeiten.«

Aristoteles will herausfinden, was das Ziel aller Handlungen ist. Deswegen untersucht er die Tätigkeiten genauer und stellt fest, dass die meisten der Herstellung von etwas dienen. Das Kleinschneiden von Tomaten, Paprika und Gurken soll einen schmackhaften Salat ergeben. Der Salat, das Endprodukt, ist wichtiger als das Kleinschneiden von Gemüse – die Tätigkeit. Mit Herstellen sind natürlich nicht nur Tätigkeiten gemeint, die ein greifbares Produkt wie etwa einen Salat liefern. Auch geistige Tätigkeiten können einen herstellenden Charakter haben, wenn sie einem praktischen Ziel dienen. Wenn ich für eine Führerscheinprüfung lerne, dann dient das Lernen dem Bestehen dieser Prüfung. Manchmal lassen sich ganze Reihen von übergeordneten Zielen finden. Das Bestehen der Führerscheinprüfung dient schließlich dazu, Auto fahren zu dürfen. Diese Fähigkeit wird vielleicht benötigt, um zur Arbeitsstelle zu kommen. Das Ziel der Arbeit wiederum ist das Geldverdienen. Für all diese Ziele interessiert Aristoteles sich aber nicht wirklich. Er sucht nach dem höchsten Ziel, denn ohne ein solches Ziel wäre doch alles Streben sinnlos. »Da der Ziele zweifellos viele sind und wir derer manche nur wegen anderer Ziele wollen, so leuchtet ein, dass sie nicht alle Endziele sind, während doch das höchste Gut ein Endziel und etwas Vollendetes sein muss.«

Das höchste Gut muss etwas sein, das nur um seiner selbst willen angestrebt wird. Ein solches Gut ist die Eudaimonia. Der Begriff lässt sich nicht so ohne weiteres aus dem Altgriechischen ins Deutsche übertragen. Wörtlich übersetzt bedeutet er: »einen guten Dämon habend«. Eudaimonia ist wahrscheinlich die höchste Form von Glück, die ein Sterblicher erlangen kann. Insofern ist das Wort »Glück« vielleicht zu klein. Jemand, der über Eudaimonia verfügt, braucht nichts anderes mehr, denn sein Leben ist bereits perfekt, es kann nicht dadurch besser werden, dass die betreffende Person noch tausend Drachmen mehr oder einen Porsche bekommt. Weil Eudaimonia so ein wunderbarer Begriff ist, für den es in den modernen Sprachen kaum angemessene Entsprechungen gibt, benutzen ihn die Glücksforscher unserer Zeit immer noch gern. In vielen ihrer wissenschaftlichen Veröffentlichungen findet sich spätestens in der Literaturliste ein Verweis auf die *Nikomachische Ethik*. Meistens kommen die Wissenschaftler nicht umhin, Aristoteles schon in der Einleitung zu erwähnen.

Einer, der sich ganz sicher immer wieder von Aristoteles hat inspirieren lassen und den Ausdruck Eudaimonia regelmäßig benutzt, ist der Amerikaner Martin Seligman. Er ist Professor an der University of Pennsylvania. Wenn er über sein Forschungsfeld spricht, überrascht er seine Zuhörer meist ganz zu Anfang mit dem schlichten Satz: »Glück hat nichts mit positiven Gefühlen zu tun.« Bevor irgendjemand protestieren kann, hat der Psychologe etliche Studien aufgezählt, die belegen sollen, was er da gerade behauptet hat. Beispielsweise ist die Fähigkeit, ein vergnügtes Leben zu führen, offenbar größtenteils angeboren. Das haben Studien an eineiigen Zwillingen gezeigt. Nicht die äußeren Umstände entscheiden darüber, wie frohgemut jemand durchs Leben geht, sondern zu einem großen Teil die genetische Ausstattung. Selbst ein Lottogewinn beeinflusst nur für etwa ein Jahr lang die allgemeine Zufriedenheit des Gewinners. Die üblichen Verdächtigen wie Alter, Gesundheit, Rasse, Einkommen, Wohnort oder Bildungsniveau haben ebenfalls keinen sehr großen Einfluss auf das persönliche Lebensglück. Nur Menschen, die unterhalb eines Existenzminimums leben, sind deutlich unglücklicher. Sobald sie aber genug Geld für ausreichend Nahrung, Kleidung und Unterkunft haben, sind sie ähnlich glücklich oder unglücklich wie jeder durchschnittliche Mercedes-Benz-Fahrer. Alles Geld, das wir über das Lebensnotwendige hinaus verdienen, macht uns offenbar nicht deutlich zufriedener.

Was moderne Glücksforscher wie Martin Seligman in jahrelanger Forschungsarbeit mit aufwendigen internationalen Studien zeigen konnten, hat Aristoteles in seiner *Nikomachischen Ethik* schon vor rund 2400 Jahren niedergelegt: Das Genussleben taugt nicht zur Erlangung der Glückseligkeit. Es ist »sklavisch«, denn der Mensch folgt damit wie das »Vieh« nur seinen flüchtigen Gelüsten. Dabei hätte Aristoteles selbst jederzeit seinen Gelüsten frönen können. Denn die Tätigkeit seines Vaters als Leibarzt des makedonischen Königs hatte die Familie wohlhabend gemacht und sicherte Aristoteles ein sorgenfreies Studium.

Weise Menschen streben nicht nach oberflächlichen Vergnügungen und materiellem Gewinn. Sokrates hat nach Wahrheit gesucht, Oma Hilde bemühte sich um Frieden in ihrer Umgebung, und der Dalai Lama setzt sich für die Freiheit seines Volkes ein. Die Ziele von weisen Menschen liegen also nicht in den Bereichen, in denen viele Menschen irrtümlich nach glückverheißenden Empfindungen suchen. Wenn die Forschung also gezeigt hat, dass materielle Ziele für echte Lebenszufriedenheit nicht taugen, haben die Weisen vielleicht gar keine so schlechten Karten, zum wahren Glück, der Eudaimonia, zu finden. Zumindest unterliegen sie nicht der trügerischen Hoffnung, ihr Lebensglück in Vergnügungen zu suchen.

Bernd ist als Salsatänzer und DJ Vergnügungen gegenüber alles andere als abgeneigt, aber er jagt den schönen Gefühlen nicht hinterher. Er hat gar nicht erst die Erwartung, dass ihn das Tanzen oder eine ähnliche Tätigkeit dauerhaft glücklich macht. Eigentlich denkt er gar nicht groß darüber nach, was er für sein Glück braucht. Das unterscheidet ihn von den meisten anderen Menschen, die sich beispielsweise eine Beförderung wünschen, damit endlich eine größere Wohnung gemietet werden kann. Oft sind es noch nicht einmal materielle Wünsche. Ich habe Freunde, die unbedingt ein Kind haben wollen. Sie sind der festen Überzeugung, dass sie erst dann wirklich glücklich werden, wenn sie endlich zu dritt sind. Das Glück scheint immer da zu sein, wo wir nicht sind. Wenn das Ersehnte irgendwann eintrifft, sind wir deswegen aber noch lange nicht glücklich. Dann fehlt eben irgendetwas anderes zum großen Glück. Wenn meine Freunde endlich ein Kind bekommen, werden sie sich vielleicht schon bald nach mehr Schlaf und mehr Zeit füreinander sehnen.

Jeder von uns hat schon einmal die Erfahrung gemacht, dass sich ein erfüllter Wunsch auf Dauer doch gar nicht so gut anfühlt wie vorher erträumt. Erfolgserlebnisse können eine ähnlich berauschende Wirkung haben wie Drogen. Doch nach kurzer Zeit lässt die Wirkung nach, und dann muss die Dosis erhöht werden, um ein ähnlich schönes Gefühl noch einmal zu erleben. Obwohl wir alle schon einmal solche Erfahrungen gemacht haben, werfen wir immer wieder gern einen Blick in eine imaginäre Kristallkugel und malen uns aus, wie glücklich wir sein werden, wenn erst dies oder das eintritt. Glück ist dabei so etwas wie die Währung, in der wir unsere Zukunft messen. Wird ein bestimmtes Ereignis uns glücklich oder unglücklich machen? Was muss geschehen, damit wir glücklich oder unglücklich sind? Die Zukunft strahlt uns hell entgegen oder erscheint uns wie ein dunkler Abgrund, in den wir unweigerlich fallen werden. Und die Werbung nutzt diese menschliche Schwäche gnadenlos aus. Sie verspricht uns, attraktiver und damit glücklicher zu machen, wenn wir bestimmte Kosmetika benutzen, oder vor Unglück gefeit zu sein, wenn wir eine Versicherung erwerben.

Dabei ist mittlerweile wissenschaftlich eindeutig erwiesen, dass wir meist falschliegen, wenn wir voraussagen wollen, wie wir uns fühlen werden, wenn ein bestimmtes Ereignis eintritt. Das belegen Studien von Tim Wilson und Daniel Gilbert. Die beiden amerikanischen Psychologen haben eine ihrer Studien im Wahljahr 2000 durchgeführt, als George W. Bush und Al Gore gegeneinander antraten. Vor der Wahl befragten sie Bush- und Gore-Anhänger, wie sehr es sie glücklich machen würde, wenn ihr Kandidat gewinnen würde, und wie unglücklich sie wären, wenn er verlieren würde. Die meisten gaben an, in dem einen Fall sehr glücklich und im anderen sehr unglücklich zu sein. Als die Psychologen nach der Wahl testeten, wie sich die Lebenszufriedenheit der Befragten durch das Wahlergebnis verändert hatte, stellten sie fest, dass im Grunde gar nicht viel passiert war. Die Gore-Anhänger waren nicht annähernd so unglücklich und die Bush-Anhänger nicht annähernd so glücklich, wie sie es selbst für diesen Wahlausgang vorausgesagt hatten.

Ich bin sicher, dass eine Studie zur Wahl Barack Obamas ganz genauso ausfallen würde. Wahlen beeinflussen das Leben der meisten Menschen eben nur sehr indirekt. Die Freude, wenn der Wunschkandidat gewinnt, hält in aller Regel nicht annähernd so lange an, wie man vor der Wahl erwartet. Ähnliche Ergebnisse erzielten die Forscher auch, als sie Universitätsdozenten baten, einzuschätzen, wie sie reagieren würden, wenn ihr Antrag auf Festanstellung bewilligt beziehungsweise abgelehnt werden würde. Für die meisten war das eine enorm wichtige Angelegenheit, und sie erwarteten sich von einer solchen Festanstellung einen Zuwachs an Lebenszufriedenheit. Obwohl dies das Leben der Befragten viel direkter beeinflussen würde, als es eine Wahl tut, machte sie eine Zusage nicht dauerhaft glücklicher und eine Absage nicht sonderlich lange unglücklich.

Wir neigen dazu, zu vergessen, wie viele Faktoren unser Leben beeinflussen. Bei Vorhersagen über unsere Zukunft konzentrieren wir uns meist auf Einzelheiten und verlieren das Gesamtbild aus den Augen. Das Glück eines Menschen ist eben nicht nur von der Bewilligung einer Festanstellung abhängig, sondern auch davon, wie gut es zum Beispiel um Freunde und Familie steht. Wie viele verschiedene Dinge unser Lebensglück zumindest für eine begrenzte Zeit beeinflussen, ignorieren wir. Dahinter steckt vermutlich die Angst der meisten Menschen vor der Ungewissheit. Denn die Zukunft *ist* ungewiss. Sie besteht eben nicht nur aus Zusagen oder Absagen, gewonnenen oder verlorenen Wahlen. Die meisten Ereignisse, die unsere Lebenszufriedenheit beeinflussen, können wir nicht vorhersagen, also konzentrieren wir uns bei unserem Blick in die Kristallkugel auf die wenigen Dinge, die in der einen oder anderen Form tatsächlich eintreten werden. Dadurch wird das Bild zwar klarer, aber unser Blick auch immer enger. Wenn Sokrates und die Weisheitsforscher recht haben, dann tun weise Menschen eben genau das nicht. Weil sie wissen, wie begrenzt ihr eigenes Wissen ist – sie wissen, dass sie nicht wissen –, malen sie sich die Zukunft gar nicht erst in der einen oder anderen Farbe aus. Sie ertragen die Ungewissheit und blicken ihr mutig ins Auge. Und womöglich macht sie das auch zufriedener.

Bernd hat sich nie viele Gedanken über die Zukunft oder sein Lebensglück gemacht. Als ich ihn frage, was für ihn Glück bedeutet, muss er trotzdem nicht lange grübeln: »Als ich heute Morgen mit dem Fahrrad durch die Südstadt fuhr, hat der Schnee in der Sonne so schön geglitzert.« Er erzählt weiter, wie er an einem Mann vorbeifuhr, der sich lautstark über die winterlichen Witterungsverhältnisse beschwerte. »Dem habe ich dann gesagt, wie schön das ist, dass wir in Köln schon seit einer Woche Schnee und Sonne haben.« Bernd ist es tatsächlich gelungen, den unbekannten Passanten aufzuheitern. Das war vielleicht noch besser als der Schnee und die Sonne. Dabei hatte der Mann gar nicht so unrecht. Mit einer Woche Schnee und nächtlichen Temperaturen bis zu siebzehn Grad minus waren wir in Köln im Winter 2008/2009 tatsächlich alle überfordert. Lediglich die Hauptstraßen wurden geräumt, die meisten anderen Straßen waren tagelang vereist, Busse und Bahnen fielen ständig aus und nicht wenige Heizungsanlagen ebenfalls. Aber natürlich war es wunderschön, durch die verschneiten Parks der Stadt zu laufen.

Letztlich sind es nie die äußeren Umstände, die einen Menschen zufrieden oder unzufrieden machen. Ob jemand den Schnee genießt oder das damit verbundene Verkehrschaos hasst, liegt letztlich an der Person selbst. Das Glück finden wir nicht in der Welt, sondern in uns selbst. Ähnliche Aussagen hat vermutlich jeder schon einmal gehört oder gelesen. Aber wenn im Grunde auch jeder die Wahrheit dahinter spürt, können nur die wenigsten diese Erkenntnisse in ihrem Alltag umsetzen. Weisheiten sind selten kompliziert, aber eben doch schwer zu leben. Wem das gelingt, der kann durchaus auch Fortschritte machen, wenn es um sein ganz persönliches Lebensglück geht. Aber reicht das tatsächlich als Ausgleich für all die Beschwernisse, die ein Mensch auf sich nehmen muss, um zu solchen weisen Erkenntnissen zu gelangen? Ich jedenfalls kann mir einen ständig fröhlichen, gutgelaunten Weisen nur schwer vorstellen.

Aber vielleicht ist das auch ein völlig falsches Bild von Glück. Es ist jedenfalls nicht diese Art von Glücklichsein, um die es Aristoteles ging. Und auch den modernen Glücksforschern schwebt etwas anderes vor. Das, worum es ihnen geht, nennt sich im Englischen *happiness,* und dieser Ausdruck ist mit »Glück« nur sehr unzureichend übersetzt. Den deutschsprachigen Psychologen, die auf diesem Feld arbeiten, ist die Übersetzung »Lebenszufriedenheit« jedenfalls deutlich lieber. Mittlerweile haben sie auch einige Wege ausgemacht, durch die ein Mensch zu mehr Lebenszufriedenheit gelangen kann. Und natürlich bewegen sie sich auch da wieder in der Tradition von Aristoteles. Für ihn führt der Weg zur Eudaimonia über die richtigen Handlungen. Lebenszufriedenheit ist vielleicht noch nicht ganz so perfekt wie Eudaimonia, aber sie kommt ihr schon näher als das eher flüchtige »Glück«. Handlungen, die um ihrer selbst willen ausgeführt werden, führen Aristoteles zur Eudaimonia. Denn bei solchen Tätigkeiten erübrigen sich alle Gedanken an die Zukunft – etwa an ein Handlungsziel –, und man kann ganz im gegenwärtigen Moment sein.

Bei Aristoteles kommen da nur ganz bestimmte Tätigkeiten in Frage. Buddhisten haben allerdings Techniken entwickelt, durch die sich praktisch jede Handlung selbst genügt. Sie praktizieren »Achtsamkeit«, und damit wird bei jeder Tätigkeit der Weg zum Ziel. Wer achtsam ist, ist sich jeden Moment vollkommen bewusst, wo er ist und was er gerade tut. Der Geist schweift nicht ab und schon gar nicht in die Zukunft. Er ist bei den Händen, die gerade einen

Apfel schälen, und im Gaumen, wenn wir das frische Stück Apfel hinunterschlucken. Durch Achtsamkeit kann man das Glück im Hier und Jetzt finden. Achtsamkeit lässt sich erlernen. Und weil die Lebenszufriedenheit dadurch tatsächlich steigt, setzen mittlerweile auch Psychiater diese mehr als zweitausend Jahre alten Techniken ein. Manager bauen durch Achtsamkeitsübungen ihren Stress ab, und Opfern von Missbrauch und Gewalt hilft Achtsamkeit dabei, ihre Posttraumatische Belastungsstörung zu bewältigen.

Aristoteles, der schätzungsweise hundert Jahre nach Buddha lebte, weiß vermutlich noch nichts von diesen Techniken, erkennt aber das Glückspotenzial der richtigen Handlungen. Er selbst empfindet das höchste Glück beim Philosophieren. »… wenn dagegen die Tätigkeit der Vernunft, die denkende, ebenso wohl an Ernst und Würde hervorragt, als sie keinen anderen Zweck hat, als sich selbst, auch eine eigentümliche Lust und Seligkeit in sich schließt, die die Tätigkeit steigert, so sieht man klar, dass in dieser Tätigkeit, soweit es menschenmöglich ist, sich die Genügsamkeit, die Muße, die Freiheit von Ermüdung und alles, was man sonst noch dem Glückseligen beilegt, finden muss.«

»Lust«, »Seligkeit«, »Freiheit von Ermüdung« – das, wovon Aristoteles hier spricht, ähnelt in mancher Hinsicht dem, was moderne Psychologen als »Flow« bezeichnen. Im Deutschen wird dieses Phänomen am ehesten mit dem Wort »Schaffensrausch« beschrieben, allerdings ist der englische Ausdruck »Flow« mittlerweile auch hierzulande populär. Er wurde von dem aus Ungarn stammenden amerikanischen Psychologen Mihaly Csikszentmihalyi geprägt. Anfang der 1960er Jahre verfasste er seine Doktorarbeit und beobachtete dafür junge Kunststudenten am Chicago Art Institute. Ihm fiel auf, dass sie, während sie malten, in eine Art Trance verfielen. Sie schienen nichts um sich herum wahrzunehmen. War das Bild fertig, beachteten sie es nicht weiter und fingen ein neues an. Dieses Phänomen wollte Mihaly Csikszentmihalyi untersuchen. Er befragte Schachspieler, Bergsteiger, Chirurgen und Basketballspieler. Seltsamerweise berichteten alle dasselbe. Sie waren hoch konzentriert bei ihrer jeweiligen Tätigkeit, die für sie eine große Herausforderung darstellte. Gleichzeitig hatten sie aber das Gefühl, niemals die Kontrolle zu verlieren, weil diese Tätigkeit von Augenblick zu Augenblick den eigenen Fähigkeiten zwar das Äußerste abverlangte, aber eben niemals zu viel. Dabei vergaßen sie sich selbst und fühlten sich als Teil ihrer Umgebung.

Inzwischen haben Kollegen von Mihaly Cszikszentmihalyi Menschen auf der ganzen Welt befragt, Tuchweberinnen auf Borneo genauso wie katholische Dominikanermönche. Flow scheint ein universelles Phänomen zu sein, und die dabei erlebte Harmonie lässt sich sogar messen: als perfekte Synchronisation von Atmung, Herzschlag und Blutdruck. Flow kann sich bei den unterschiedlichsten Tätigkeiten einstellen. Aber immer fällt das Handlungsziel mit dem Handlungsvollzug zusammen. Nur Handlungen, die um ihrer selbst willen ausgeführt werden, führen zum Flow. Zwar geht es beispielsweise beim Malen auch um die Herstellung eines schönen Bildes. Die Tätigkeit des Malens steht für die meisten Künstler aber im Vordergrund. Wer dagegen nur malt, um am Ende ein hübsches Geburtstagsgeschenk für die Großmutter zu haben, kommt gar nicht erst in den Flow. Welche Tätigkeit Flow auslöst, kann von Person zu Person unterschiedlich sein.

Mein Bekannter Bernd erlebt Flow, wenn er als Salsa-

DJ auflegt. Als er vor vielen Jahren bei einem Urlaub auf Gomera einen alten Mann Salsa tanzen sah, war für ihn klar, dass er das auch lernen würde. Inzwischen besitzt er über sechstausend CDs und hat in Köln etliche Salsapartys organisiert, einige davon sogar auf einem Rheindampfer. Zeitweise legte er dreimal die Woche auf. Dabei wurde er dann eins mit der Musik und der tanzenden Menge. Ähnlich ergeht es ihm, wenn er selbst tanzt. Aber die Salsaszene hat sich verändert: »Vielen geht es beim Tanzen nur noch um Leistung oder sogar Wettbewerb.« Wenn Bernd heute eine Frau auffordert, wird er nicht selten gefragt, auf welchem Level er tanzt. Das war vor vierzehn Jahren, als er mit dem Salsa anfing, noch anders. »Die Leute tanzen nicht mehr nur aus reiner Freude.« Unter Leistungsdruck stellt sich aber kein Flow-Erlebnis ein.

Was der Salsa für Bernd ist, ist das Studieren für Aristoteles. An Platons Akademie hat er schnell den Spitznamen »der Leser« weg. Er studiert Lyrik und Medizinische Abhandlung genauso wie die verschiedenen damals bekannten Verfassungen. Auch vor den von anderen Akademiemitgliedern so verpönten Texten der Sophisten macht sein Wissenshunger nicht halt. Lesen und Nachdenken brachten Aristoteles in den Flow. Und im Gegensatz zu Sokrates liebte er es, seine Gedanken auf Papyrus darzulegen. Ohne diese Freude am Studium und die Begeisterung für die unterschiedlichsten Themen wäre Aristoteles wohl nie zu dem überragenden Denker geworden, den man später den »göttlichen Aristoteles« nennen sollte.

Mihaly Csikszentmihalyi glaubt, dass die menschliche Fähigkeit, Flow zu empfinden, ein wichtiger Motor der kulturellen Evolution war: »Er gibt uns den Ansporn, die

Motivation und den Lohn für unser Hinausgehen über bereits Erreichtes.« Aristoteles ist sicherlich ein gutes Beispiel dafür, wie weit der Flow einen klugen Geist tragen kann, und womöglich trägt der Flow auch zum Entstehen von Weisheit bei.

Manche Gesellschaften fördern den Flow, indem sie ihren Mitgliedern Regeln und Herausforderungen auferlegen, die diese gerade noch bewältigen können. Mihaly Csikszentmihalyi glaubt, dass das auch für die Athener Polis gilt. Ihre Bürger sind ständig gefordert, an wichtigen Entscheidungen per Abstimmung teilzunehmen oder sogar selbst politisch aktiv zu werden. Außerdem müssen sie bei den vielen kriegerischen Auseinandersetzungen mit den Nachbarn Wehrdienste absolvieren. Alles in allem ist das ein deutlich anstrengenderes Leben als in modernen demokratischen Staaten, in denen die Anforderungen an die Bürger niedriger sind und die soziale Absicherung besser ist. Zumindest bei ihrer Elite verstärkt die Struktur der Athener Polis das Gefühl, eins zu sein mit ihrem Staat. Heutzutage fühlen sich die meisten Deutschen sicherlich nicht als Teil des Staates. Der Bürger fragt sich eher, was der Staat für ihn tun kann, und übernimmt keine Verantwortung für die Handlungen der Politiker. Im Athen der Antike genossen Tätigkeiten mit enormem Flow-Potenzial zudem hohes gesellschaftliches Ansehen: Dazu zählen die Rhetorik, die Kriegs- und Staatskunst genauso wie das philosophische Studium. Möglicherweise hat die Struktur der Athener Polis aufgrund ihres höheren Flow-Potenzials einen Beitrag dazu geleistet, dass sich in einem so kurzen Zeitraum drei große Denker entfalten konnten. Irgendwie scheint es damals einen idealen Nährboden für Weisheit gegeben zu haben. Davon zeugt die

Wirkung, die Sokrates, Platon und Aristoteles heute immer noch haben.

In den meisten westlichen Demokratien herrscht heute allerdings ein ganz anderer Geist, und das führt dazu, dass viele Menschen ihr Flow-Potenzial nicht ausschöpfen. Das hohe Maß an Freizeit, über das wir heute verfügen, macht es paradoxerweise schwerer, in den Flow zu gelangen. Fernsehen beispielsweise ist eine überaus flowfeindliche Angelegenheit, denn es verdammt den Zuschauer zur Passivität, er hat keinerlei Kontrolle über das Geschehen, und eine Herausforderung beinhaltet das Sitzen vor der Glotze auch nicht. Darüber hinaus werden immer mehr Arbeitsprozesse so vereinfacht, dass der Mensch nur noch eine überwachende Funktion hat. Eine Zahlenkolonne im Kopf zu addieren kann Flow erzeugen, weil man sich dabei stark konzentrieren muss, um keinen Fehler zu machen. Sie dagegen in eine Excel-Tabelle einzugeben ist überaus langweilig. Der Geist kann abdriften und sich nebenbei damit beschäftigen, was für das Abendessen noch eingekauft werden muss. Sind solcherlei Ablenkungen möglich, ist der Flow blockiert. Mihaly Csikszentmihalyi empfiehlt deswegen, sich einen Arbeitsplatz mit einer Herausforderung zu suchen oder sich diese sogar selbst zu schaffen. In der Freizeit sollte der Fernseher ausgeschaltet bleiben und stattdessen ein Hobby ausgeübt werden. Am besten mit Freunden, denn soziale Kontakte sind nach derzeitigem Forschungsstand *der* äußere Faktor, der die Lebenszufriedenheit noch am ehesten beeinflusst.

Die Fähigkeit des Menschen, Flow zu empfinden, ist etwas Wunderbares, aber leider ist nicht alles, was Flow auslöst, auch unter moralischen Gesichtspunkten erstrebenswert. Auch dafür ist die Polis der Athener ein Beispiel. Der Wohlstand des Stadtstaates gründete sich auf die Ausbeutung von Sklaven, die einen Großteil der Bevölkerung ausmachten. Bürgerrechte besaßen nur die Männer der in Athen beheimateten freien Familien. Aristoteles war zwar frei, aber verfügte über keinerlei politischen Rechte, da er aus der Stadt Stageira stammte. Die Mehrheit der Bewohner Athens hatte kaum eine Chance auf Freiheit, eigene Meinungsäußerung oder gar ein philosophisches Studium. Das Glück des Flow gab es also auch im alten Athen nur für eine kleine Elite.

Ein weiteres Problem besteht darin, dass Flow auch durch völlig sinnlose Tätigkeiten ausgelöst werden kann, wie zum Beispiel beim Computerspielen. Das ist umso bedenklicher, weil Flow süchtig machen kann. Menschen werden abhängig von einer bestimmten Art der Herausforderung. Sie verbringen immer mehr Zeit damit und verzweifeln, wenn sie beispielsweise alle Levels eines Spiels bewältigt haben und es für sie keine Herausforderungen mehr gibt. Und auch Bernd, der beim Salsatanzen lange Zeit wunderbare Flow-Erlebnisse hatte, durchläuft, nachdem er sich aus der Szene zurückgezogen hat, gerade ein Tief. Ihm sind der Ehrgeiz und der Leistungsdruck vieler Tänzer zu sehr auf die Nerven gegangen. Aber ohne das regelmäßige Auflegen bei Salsapartys ist sein Leben plötzlich auch ein wenig trister geworden. »Ich fühle mich gerade ganz schön zerrissen«, gesteht er mir. Um ihn mache ich mir allerdings keine Sorgen. Ich bin mir ziemlich sicher, dass er auf seinem Weisheitsweg schon bald eine neue Tätigkeit findet, die sein Leben erfüllt.

In einen deutlich schlimmeren Zustand als Bernd geraten manche Schachgroßmeister, die zusammenbrechen, nachdem sie jeden potenziellen Gegner geschlagen haben. Und auch Kriegsheimkehrer berichten von dem tiefen Fall nach dem Flow. An der Front waren sie konzentriert, wussten genau, was sie im jeweiligen Moment tun mussten, vergaßen sich selbst und wurden eins mit ihrer Umgebung. Dagegen war ihr Leben nach dem Krieg fade. Flow wertet nicht, er beinhaltet keine Ethik. Man kann ihn durch ethisch fragwürdige Handlungen genauso gut erzeugen wie durch weises Handeln. Er ist also nicht exklusiv für Menschen auf dem Weisheitsweg reserviert. Für die Art von Lebenszufriedenheit, die sich durch Flow-Erlebnisse erreichen lässt, braucht sich also niemand auf die mühsame Weisheitssuche zu begeben. Womöglich überwiegen die Beschwerlichkeiten auf diesem Lebensweg doch.

Aristoteles jedenfalls ging es um mehr als nur Flow. Hätte der alte Grieche diesen Begriff bereits gekannt, hätte er es vermutlich als eine Begleiterscheinung betrachtet, die sich bei bestimmten Handlungen eben einstellt. Mit Eudaimonia aber haben die vergänglichen Flow-Erlebnisse wenig gemein. Aristoteles hat jedenfalls genau festgelegt, welche Handlungen zur Eudaimonia führen können, und natürlich befinden sich darunter keine ethisch fragwürdigen oder gar sinnlosen Tätigkeiten. Als Beispiel nennt er gerechtes oder tapferes Handeln. Derartige Handlungen werden ausgeführt, weil jemand gerecht oder tapfer sein will. Grund und Ziel sind dabei also in der Handlung selbst angelegt.

Zu den guten Handlungen führt nach Aristoteles' Auffassung vor allem ein Weg: Ein Mensch muss sich selbst verwirklichen, dann stellen sich die guten Handlungen mehr oder weniger von selbst ein. Sich selbst zu verwirklichen bedeutet bei Aristoteles aber, das Beste aus dem zu machen, was an Möglichkeiten in einem Wesen angelegt ist. Das Wesen einer Pflanze besteht darin, zu wachsen, Blüten und

Blätter auszubilden – eben eine Pflanze zu sein. Der Sinn in der Existenz einer Raupe besteht darin, sich in einen Schmetterling zu verwandeln, denn dieser Schmetterling ist in der unansehnlichen Raupe schon angelegt. Die gesamte Natur drängt nach Vervollkommnung. Die alles entscheidende Frage ist natürlich: Was ist im Menschen angelegt? Was ist das Wesen des Menschen? Wie verwirklicht ein Mensch am besten das, was er ist?

Das, was den Menschen nach Aristoteles von allen anderen Organismen unterscheidet, ist sein Logos. *Logos* wird häufig mit »Vernunft« oder »Verstand« übersetzt. Eine absolut zutreffende Übersetzung gibt es meiner Meinung nach nicht. Logos beinhaltet die Fähigkeit, die Welt zu erkennen, sie wahrzunehmen und richtig zu deuten. Aristoteles ging es um die pure Welterkenntnis, nicht die Welteroberung. Wenn ein Mensch zum wahren Menschen werden will, dann muss er seinen Logos verwirklichen. Letztlich kann er nur so sein wahres Glück finden. Der Gebrauch des Logos führt also zum richtigen Handeln und damit zum guten Leben – zur Eudaimonia.

Der Logos ist ein Teil der Seele. Nicht ohne Grund gilt Aristoteles als Begründer der Psychologie. Die Psyche oder »Seele« des Menschen unterteilt er in zwei Bereiche: Der eine besteht nur aus Emotionen und Begierden und findet sich auch bei den Tieren, der andere beinhaltet den Verstand, die Vernunft, eben den Logos, mit dessen Hilfe sich die Gelüste in Schach halten lassen. Aristoteles kommt nach solchen Überlegungen zu dem Schluss: »Das menschliche Gut ist der Tugend gemäße Tätigkeit der Seele, und gibt es mehrere Tugenden: der besten und vollkommensten Tugend gemäße Tätigkeit. Dazu muss aber noch kommen, dass dies ein volles Leben hindurch dauert; denn wie eine Schwalbe und ein Tag noch keinen Sommer macht, so macht auch ein Tag oder eine kurze Zeit noch niemanden glücklich und selig.«

Tugenden sind für Aristoteles Eigenschaften oder Haltungen, die jeder Mensch als Anlage besitzt, die sich aber durch Erfahrung und Erziehung erst ausbilden müssen. Er unterscheidet dabei zwei Formen: Die einen sind die »Verstandestugenden«. Dazu zählt er auch verschiedene Formen von Wissen, etwa das Wissen um die Herstellung von Gegenständen. Für das Handeln ist aber vor allem die Klugheit relevant. Die Klugheit sagt uns, wie wir in konkreten Entscheidungssituationen im Hinblick auf das gute Leben handeln müssen. Klugheit im Sinne von Aristoteles beinhaltet also auch Urteilsvermögen, ist folglich nicht gleichzusetzen mit dem, was wir heute als »Intelligenz« bezeichnen würden. Klug wird ein Mensch vor allem aus Erfahrung, und diese Erfahrung lehrt ihn schließlich, die richtige Mitte zu wählen. Nur durch das Wählen der richtigen Mitte gelangt jemand zu der anderen Gruppe von Tugenden: den »Charaktertugenden«. »Es ist mithin die Tugend ein Habitus des Wählens, der die nach uns bemessene Mitte hält und durch die Vernunft bestimmt wird, und zwar so, wie ein kluger Mann ihn zu bestimmen pflegt.«

Die »Mitte«, von der Aristoteles hier spricht, ist die zwischen zwei Extremen. Bei der Tugend der Tapferkeit sind es die Extreme Feigheit und Tollkühnheit. In Geldangelegenheiten ist die Freigebigkeit eine Tugend. Sie befindet sich in der Mitte zwischen Verschwendungssucht und Geiz. Mit »Mitte« meint Aristoteles aber nicht eine Art arithmetische Mitte zwischen den Extremen, denn die Freigebigkeit befindet sich durchaus näher an der Verschwendungssucht als am Geiz. Wie wir die rechte Mitte treffen, soll uns die Klugheit sagen. Andere Charaktertugenden sind beispielsweise Besonnenheit, Sanftmut und Feinfühligkeit. Natürlich alles Eigenschaften, die man auch einem Weisen zuschreiben würde.

Wenn Aristoteles mit seiner Philosophie halbwegs richtigliegt, dann kann jeder Mensch selbst entscheiden, ob er seinen Logos gebraucht, ihn wie einen Dirigenten einsetzt und die einzelnen Instrumente der Weisheit – seine Tugenden – zum Klingen bringt und damit letztlich zur Eudaimonia gelangt. In der altgriechischen Sprache wird nicht klar zwischen Wissen und Weisheit oder Klugheit und Weisheit unterschieden. Aber das, was Aristoteles über den Einsatz der menschlichen Tugenden schreibt, entspricht ziemlich genau dem, was wir unter Weisheit verstehen. Schließlich geht es bei der Weisheit genau darum, in schwierigen Lebenssituationen richtig zu handeln. Nicht ohne Grund beschrieb der Psychologe Paul Baltes Weisheit auch als »Orchestrierung von Verstand und Tugend«. Dabei hat er sicherlich auch an Aristoteles gedacht, bei dem der Logos über das Treffen der rechten Mitte den Weg zum tugendhaften Handeln weist.

Dass das Leben menschlicher Tugenden zu mehr Lebenszufriedenheit führt, ist inzwischen sogar wissenschaftlich belegt. Martin Seligman hat mit seinem Kollegen Chris Peterson von der University of Michigan sogar ein Handbuch zur Klassifikation von Charakterstärken und Tugenden herausgebracht. Mit Charakterstärken sind Fähigkeiten oder Eigenschaften gemeint, die es einer Person erst ermöglichen, eine Tugend zu leben. Welche Charakterstärken zu welcher Tugend gehören, ist in der folgenden Tabelle aufgelistet.

Tugend	Charakterstärken
Weisheit und Wissen	Kreativität Neugierde Geistige Aufgeschlossenheit (kritisches Denken, Urteilsvermögen) Liebe zum Lernen Weisheit/Weitsicht
Tapferkeit	Mut Ausdauer/Hartnäckigkeit/Beharrlichkeit/Fleiß Integrität/Authentizität Vitalität/Enthusiasmus/Tatendrang
Menschlichkeit	Bindungsfähigkeit/Fähigkeit zu lieben Freundlichkeit/Großzügigkeit Soziale Intelligenz und Kompetenz
Gerechtigkeit	Bürgerverantwortung Fairness Führungsvermögen
Mäßigung	Vergebungsbereitschaft Bescheidenheit Vorsicht/Besonnenheit/Umsicht Selbstregulation

Tugend	Charakterstärke
Transzendenz	Sinn für das Schöne Dankbarkeit Hoffnung/Optimismus Humor Spiritualität

Forscher sind in über siebzig Länder gereist und haben von Grönland bis Australien untersucht, ob diese sechs Leittugenden tatsächlich in allen Kulturen vorkommen. Das Ergebnis ist eindeutig. »Diese sechs Tugenden scheinen so sehr Teil der menschlichen Natur zu sein wie der aufrechte Gang«, meint Martin Seligman.

Eine Kritik möchte ich mir an dem Konzept der Psychologen allerdings erlauben: In ihrer Klassifikation ist Weisheit nur eine von sechs Tugenden. Die Glücksforscher gehen folglich von einer weniger umfassenden Definition von Weisheit aus als ihre Kollegen, die psychologischen Weisheitsforscher. Viele Charakterstärken, die Paul Baltes oder Vivian Clayton ebenfalls der Weisheit zugeordnet hätten, tauchen in ihrem Konzept bei anderen Tugenden auf. Sinn für Fairness, soziale Intelligenz und Integrität sind dafür nur einige Beispiele. Weisheit scheint in der Definition der psychologischen Glücksforscher auf Wissen und Fähigkeiten, sich Wissen anzueignen, begrenzt zu sein. Ob Versuchspersonen, die bei den Tests der Glücksforscher eine hohe Punktzahl in der »Tugend der Weisheit« erlangen, auch bei den viel aufwendigeren Tests, die die Arbeitsgruppe um Paul Baltes entwickelt hat, gut abschneiden würden, ist fraglich. Die Unterschiede im Umgang mit dem Begriff Weisheit sollte man also berücksichtigen, wenn man sich die Ergebnisse der Glücksforscher ansieht.

Die deutschsprachige Version des Tests zu den Charakterstärken und zur Lebenszufriedenheit hat Willibald Ruch, Professor an der Universität Zürich, erstellt. Der aus Österreich stammende Psychologe wollte genau wissen, ob dieser Test auch tatsächlich funktioniert. Deswegen befragten er und seine Mitarbeiter bei einer Gruppe von Versuchspersonen auch deren Freunde. Die Selbstauskunft und die Aussagen der Freunde stimmten erstaunlich gut überein. Wer eine halbe Stunde Zeit übrig hat, kann den Test auf der Website der Forschungsgruppe ausfüllen und so mehr über seine persönlichen Stärken erfahren: *http://www.charakterstaerken.org/*.

Tatendrang, Hoffnung, Liebe, Dankbarkeit und Neugierde machen in den USA die Menschen glücklich. In der Schweiz, dem im deutschsprachigen Raum in dieser Hinsicht am besten untersuchten Land, steht die Hoffnung an erster Stelle, gefolgt von Tatendrang, Ausdauer, Liebe und Neugierde. Beide Länder stimmen also in der Bewertung von vier von fünf Charakterstärken überein.

Bei den beiden Spitzenreitern Hoffnung und Tatendrang ist ziemlich eindeutig, warum sie zur Lebenszufriedenheit beitragen. Wer hoffnungsvoll in die Zukunft schaut, macht sich weniger Sorgen. So ein Mensch gibt angesichts von Schwierigkeiten nicht auf. Hoffnung kann also eine wichtige Motivation sein, Probleme anzugehen und sie womöglich tatsächlich zu lösen. Diese optimistische Sicht auf die Welt macht natürlich zufriedener. Hoffnungsvolle Menschen glauben an das Gute in der Welt. Das ist letztlich auch ein Inhalt vieler Weisheitslehren. Buddhisten beispielsweise glauben an das »grundlegende Gutsein«. »Gutsein« bedeutet dabei allerdings nicht das Gegenteil von »Schlechtsein«. Vielmehr ist gemeint, dass die Dinge – auch die unangenehmen – so, wie sie sind, richtig sind. Richtig im Sinne von angemessen.

Letztlich geht es bei der Charakterstärke Hoffnung um eine Haltung zum Leben und zur Welt, die beeinflusst, wie wir mit Problemen oder auch anderen Menschen umgehen. Es fällt nicht schwer, zu verstehen, wie diese Tugend einen Menschen zufriedener macht. Das gilt auch für den Tatendrang. Er fördert den Flow und damit ganz klar die Lebenszufriedenheit. Umgekehrt gibt es nichts, das Menschen unglücklicher macht, als Passivität.

Bei Bernd führt Tatendrang dazu, dass er immer wieder neue Projekte ins Leben ruft. Als er mit dem Salsatanzen anfing, gab es in Köln noch keine richtige Salsaszene und kaum Möglichkeiten zu tanzen. Damit wollte sich Bernd nicht abfinden und organisierte schließlich selbst Salsapartys. Es ist nicht das erste Projekt, das er erfolgreich an den Start gebracht hat. Schon während seines Studiums hatte er eine Bildagentur gegründet, die Aufnahmen aus der Sowjetunion verkaufte, später war er einer der Mitbegründer eines Obdachlosenprojekts, dem Kölner »Vringstreff«. Bernd hat nie nur zugeschaut, sondern die Dinge, die er ändern wollte, in die Hand genommen.

Aristoteles scheint auch niemand gewesen zu sein, der lange in den Himmel geschaut hätte, wenn Handeln angezeigt war. Wirklich ruhig waren nur die zwanzig Jahre, die er an Platons Akademie verbrachte. Danach musste er immer wieder schnell handeln, um sich aus brenzligen Situationen zu retten. Die Konflikte mit den Makedoniern spitzten sich zu, und Aristoteles galt als Freund der kriegerischen Nachbarn. Das Leben in Athen wurde für den nur geduldeten Aristoteles zunehmend gefährlicher, und er musste schließlich die Stadt verlassen. Es begannen zwölf »Wanderjahre«, in denen er so einiges erlebt haben dürfte. In dieser Zeit gründete er schließlich auch eine Familie.

Wie bereits erwähnt, sind es unter allen äußeren Faktoren die menschlichen Bindungen, die am meisten zur Lebenszufriedenheit beitragen. Kein Wunder also, dass »Liebe« oder »Liebesfähigkeit« beim Ranking der Charakterstärken, die zum persönlichen Glück beitragen, immer unter den Top 5 landet. Aber natürlich geht es bei dieser Stärke nicht nur um die Liebe zu einem Lebenspartner; auch Freundschaften oder andere Arten von sozialen Beziehungen profitieren davon, wenn Menschen liebevoll, warmherzig und mitfühlend miteinander umgehen.

Aristoteles galt bei seinen Zeitgenossen als ausgesprochener Menschenfreund. Als ihn jemand tadelte, weil er einem angeblich schlechten Menschen Geld gab, ließ er sich nicht beirren und erwiderte, seine Gabe habe nicht diesem Menschen, sondern »dem Menschlichen an sich« gegolten. Die *Nikomachische Ethik* enthält ein ganzes Buch über Freundschaft. Darin beschreibt Aristoteles ausführlich, wie sich der rechte Mann in so einer Freundschaft zu verhalten hat: »Auch Geld wird der rechtliche Mann opfern, damit seine Freunde dadurch mehr gewinnen; der Freund gewinnt dann Geld, er das sittlich Schöne, und so teilt er sich selbst das größere Gut zu. Ja, auch Handlungen kann er dem Freund überlassen, und es gibt Fälle, wo es schöner ist, den Freund eine Tat ausführen zu lassen, als sie selbst auszuführen. In diesem Sinne also soll man, wie gesagt, Selbstliebe haben, doch so wie der große Haufen darf man sie nicht haben.«

Bernd würde dem alten Griechen sicherlich zustimmen. Vielleicht mit der Einschränkung, dass es nicht unbedingt ein Freund sein muss, dem man Geld oder etwas anderes überlässt. Der »Vringstreff«, den er mitgegründet und in den er sehr viel Zeit und Arbeit investiert hat, ist eine Begegnungsstätte für Menschen mit und ohne Wohnung im Herzen der Kölner Südstadt. Dabei geht es nicht nur darum, Obdachlose oder andere Bedürftige mit dem Nötigsten zu versorgen; Ziel des Vereins ist Integration. Und so kann in dem dazugehörenden Restaurant jeder ein günstiges Mittagessen erhalten. Bei der Eröffnung erlebte Bernd einen der glücklichsten Momente seines Lebens. »Ein Obdachloser hat vor Freude weinend in meinen Armen gelegen. Ich war wahnsinnig glücklich und hatte überhaupt nicht das Gefühl, da irgendwas Selbstloses gemacht zu haben. Das habe ich für mich getan.«

Es gibt viele Wege zum Glück. In der beständigen Schweiz beispielsweise schreiben die Bewohner der Charakterstärke Ausdauer zu, sie zu mehr Lebenszufriedenheit zu führen. In den USA schafft es dagegen die Dankbarkeit unter die Top 5. Letztlich fördern alle Tugenden und die mit ihnen verbundenen Charakterstärken die Lebenszufriedenheit. Entscheidend ist, dass man seine eigenen Stärken erkennt und sie trainiert. Manchmal macht deren Entdeckung nicht nur glücklicher, sie kann sogar heilen. Dafür ist Elisabeth Layton ein gutes Beispiel. Die Amerikanerin musste eine Scheidung bewältigen und fünf Kinder weitestgehend allein großziehen. Darüber hinaus durchlebte sie immer wieder Phasen schwerer Depression. Selbstmord erschien ihr oft als einziger Ausweg. Medikamente und eine Elektroschocktherapie konnten sie nicht aus ihrem Tief herausholen, und es wurde alles noch schlimmer, als ihr jüngster Sohn starb. Glücklicherweise hatte ihre Schwester die rettende Idee: Auf ihre Initiative hin besuchte Elisabeth Layton 1977 einen Zeichenkurs. Da war sie bereits achtundsechzig Jahre alt. Schnell entdeckte der Lehrer das Talent der Seniorin. Obwohl viele ihrer Bilder von Tod, Trauer, Aids, Rassismus oder den Gefahren eines Nuklearkriegs handelten, verschwanden ihre Depressionen. Durch das Zeichnen konnte sie alles, was sie belastete, ausdrücken. Ihr vorher tristes und anstrengendes Leben hatte plötzlich wieder einen Sinn. Mit ihren Zeichnungen erregte sie landesweit Aufmerksamkeit. Museen stellten ihre Bilder aus, und das *New York Times Magazine* bezeichnete sie gar als Genie. Als Elisabeth Layton starb, konnte sie auf eine fünfzehnjährige Karriere als erfolgreiche Künstlerin zurückblicken. Traurig an dieser Geschichte ist eigentlich nur, dass sie ihre Stärke erst so spät entdeckte.

Über ein »Wunderkind« in Sachen Charakter berichtet dagegen Martin Seligman. Die soziale Intelligenz der betreffenden Frau war so ausgeprägt, dass sie bereits im Alter von zwölf Jahren die Eheprobleme ihrer Eltern lösen konnte. Sie hatte sich Bücher über Gesprächsführung besorgt und mit deren Hilfe eine neue Streitkultur in ihrer Familie eingeführt. Charakterlich Hochbegabte scheint es genauso zu geben wie musische oder sportliche Wunderkinder.

Für alle weniger Begabten besteht Hoffnung. Denn Charakterstärken lassen sich trainieren, die für die Lebenszufriedenheit so wichtige Dankbarkeit beispielsweise. Martin Seligman hat das in einer Studie an einigen hundert Menschen erprobt. Zunächst ließ er sie über die Frage nachdenken: Gibt es eine Person, die Ihr Leben in sehr positiver Weise beeinflusst hat? Wenn dieser Mensch noch am Leben war, mussten die Testpersonen in dreihundert Wörtern aufschreiben, was er für sie getan und wie sich das Leben dadurch zum Guten verändert hatte. Dann besuchten die Versuchsteilnehmer die Person, der sie so dankbar waren, und lasen ihr den Dankesbrief vor. Sogar noch ein Jahr nach diesem Besuch waren die Testpersonen dieser Studie zufriedener als die Kontrollgruppe. Mit Sicherheit haben sie dabei einiges über die Charakterstärke der Dankbarkeit gelernt, weise sind sie dadurch aber noch nicht geworden.

Was alles zum Entstehen von Weisheit beiträgt, haben die psychologischen Weisheitsforscher schon vor Jahren in einem Modell herausgearbeitet. Natürlich braucht ein weiser Mensch eine gewisse Denkfähigkeit, um zu weisen Einsichten zu gelangen. Außerdem natürlich eine Art von Abstraktionsvermögen, das es ihm ermöglicht, von einer Lebenslage zu abstrahieren und den gemeinsamen Nenner mit anderen Lebenslagen zu erkennen. Kreativität ist schließlich gefordert, wenn Weise über die gegenwärtige Problemlage hinausdenken und eine schöpferische Lösung finden wollen. Wichtig ist natürlich auch die soziale Intelligenz, ohne die sich viele Konflikte in existenziellen Grenzsituationen sicherlich nicht lösen lassen.

Ursula Staudinger hat bereits 1998 getestet, ob es bestimmte Merkmale an geistigen Fähigkeiten oder Persönlichkeitseigenschaften gibt, die eine Voraussage ermöglichen, ob jemand in einem ihrer Weisheitstests gut abschneidet. Neunzig Teilnehmer mussten eine ganze Batterie von Intelligenz- und Persönlichkeitstests absolvieren. Ein Teil der Versuchspersonen waren ausgebildete Psychologen. Die Wissenschaftlerin wollte herausfinden, ob so eine Ausbildung vielleicht dabei hilft, angesichts von existenziellen Lebensproblemen Weisheit zu entwickeln. Tatsächlich war diese Ausbildung ein kleiner Vorteil. Allerdings schien die Berufserfahrung eine eher geringe Rolle zu spielen. Denn die älteren Psychologen schnitten in den Weisheitstests nicht besser ab. Die Wissenschaftlerin erklärt das mit der zunehmenden Routine, die sich auch bei einem solchen Beruf mit den Jahren einschleicht, und die ist für die Entwicklung von Weisheit alles andere als förderlich. Der kleine Vorteil der Psychologen könnte auch auf bestimmte Persönlichkeitsmerkmale zurückzuführen sein, die sie der Studie zufolge überdurchschnittlich häufig aufwiesen. Die Testergebnisse zeigen jedenfalls, dass solche Merkmale für die Weisheit wichtiger sind als die Intelligenz. Ein Beispiel für so ein Persönlichkeitsmerkmal wäre »Offenheit für neue Erfahrungen«. Besonders offene Menschen haben der Studie gemäß eine größere Chance, beim Weisheitstest gut abzuschneiden.

Bei den Glücksforschern ist es wiederum die Neugier, die sehr geschätzt wird. Bei Bernd hat sie dazu geführt, dass er sich für so unterschiedliche Dinge wie das Salsatanzen, die Betriebswirtschaftslehre und ein soziales Projekt begeistern konnte. Im letzten Jahr hat ihn seine Neugier sogar zum Nordpol und zum Südpol getrieben. Aristoteles wäre ohne seine stete Neugier und Offenheit für neue Erfahrungen nie zu dem großen Philosophen geworden, den wir heute immer noch verehren. In seinen Wanderjahren beispielsweise sammelt er etliche Tiere und seziert sie, womit er schließlich seinen Ruf als Zoologe begründet. Seine Beschreibung der Augen eines Maulwurfs kann sich auch heute noch sehen lassen.

Letztlich ist es das Verdienst von Aristoteles, dass die

Biologie heute in Teilbereiche untergliedert ist: Verhaltensforschung, Anatomie und Physiologie hat er begründet. Seine Leistungen in der Naturforschung veranlassen viele Jahre später Charles Darwin zu der Äußerung, Aristoteles sei »einer der größten, wenn nicht der größte Beobachter, der je gelebt hat«. Das ändern auch seine teilweise skurrilen Schlussfolgerungen nicht. Zum Beispiel glaubte Aristoteles, dass Raben durch die Kälte weiß werden. Und das menschliche Gehirn hielt er für ein eher nebensächliches Organ, eine Art Kühlsystem für das Blut: »Es mäßigt die Wärme und das Aufwallen des Herzens.« Wissenschaftliche Neugier führt nicht notwendigerweise auch zu den richtigen Schlussfolgerungen. Trotz seiner Fehler war es Aristoteles, der erste Regeln für das Forschen aufstellte. An seine Forderung, erst einmal die Fakten zu sammeln und darauf aufbauend eine Theorie zu bilden, hält sich heute noch jeder seriöse Wissenschaftler.

Vielleicht ist es auch Aristoteles' Neugier zuzuschreiben, dass er während seiner Wanderjahre ein ungewöhnliches Angebot annimmt. König Phillip II. von Makedonien bittet ihn, seinen dreizehnjährigen Sohn zu unterrichten. Dieser Teenager wird später einmal als Alexander der Große in die Geschichte eingehen. Der zukünftig mächtigste Herrscher und der klügste Kopf jener Zeit sind für etwa zwei Jahre Schüler und Lehrer. Wie der Unterricht des Aristoteles genau ausgesehen hat, wissen wir nicht. Eigentlich ist darüber nur eines bekannt: Alexander erhielt von Aristoteles eine Abschrift von Homers *Ilias*, die er als »Proviant der kriegerischen Tüchtigkeit« sein ganzes Leben lang bei sich getragen haben soll. In einem Kästchen soll er sie zusammen mit einem Kurzschwert nachts unter sein Kopfkissen gelegt haben. Obwohl Aristoteles nur zwei Jahre sein Lehrer war, kann er nicht ohne Einfluss geblieben sein. Alexander sollte später Palästina, Persien, Ägypten, Afghanistan und Indien erobern. Dabei gründete er etliche Städte, allen voran Alexandria, das einige Jahre später die berühmteste Bibliothek des Altertums beheimatete. Diese Bibliothek war übrigens Bestandteil einer Lehranstalt, die nach dem Vorbild der athenischen Philosophenschulen errichtet worden war. Alexander hat die Verbreitung der griechischen Kultur also erst ermöglicht und damit auch die Lehren von Sokrates, Platon und Aristoteles in die Welt getragen.

Das Beispiel Alexanders des Großen macht eines deutlich: Charakterstärken wie Tatendrang, über den dieser Feldherr sicherlich verfügte, können auch dazu beitragen, Eroberungspläne umzusetzen. Zur Weisheit gehört eben mehr als nur *eine* Charakterstärke oder Leittugend. Schneidet jemand nur in einem Bereich gut ab – verfügt er beispielsweise über eine ausgeprägte soziale Intelligenz –, besteht immer die Gefahr, dass die Stärke missbraucht wird. Soziale Intelligenz lässt sich auch zur Manipulation der Mitmenschen einsetzen. Geschickte Betrüger verfügen in aller Regel über eine ausgeprägte soziale Intelligenz. Tritt sie allerdings gepaart mit Menschlichkeit, Mitgefühl und Hilfsbereitschaft auf, wird der betreffende Mensch sie zum Wohl aller einsetzen. Und das ist es, was wir von einem weisen Menschen erwarten.

Viele Charakterstärken zu haben wirkt sich den Forschungsergebnissen zufolge auch auf das Lebensglück durchaus positiv aus. Am glücklichsten sind offenbar Menschen, die bei mehr als einer Stärke besser sind als neunzig Prozent aller anderen Testteilnehmer in derselben Altersgruppe und desselben Geschlechts. Dann sprechen die Forscher von einem »erfüllten Leben«. Und das ist mehr als einfach nur ein zufriedenes Leben. Ein Weiser jagt nicht irgendwelchen Vergnügungen hinterher, sondern hat ein Ziel vor Augen, das sein Handeln leitet. Dass sich dabei tatsächlich Glück einstellen kann, zeigt das Beispiel von Bernd, der einen der glücklichsten Momente seines Lebens hatte, als ihn der Obdachlose im »Vringstreff« umarmte. All die Mühen, die der Aufbau des Projekts gekostet hatte, waren das wert. Auch seine riskante Entscheidung, die gutbezahlte Tätigkeit als Unternehmensberater aufzugeben, hat er nie bereut, denn erst dadurch gab es in seinem Leben genug Zeit und Raum für sinnvollere und erfüllendere Tätigkeiten. Solche Tätigkeiten bringen nicht nur immer wieder strahlende Glücksmomente, sondern vermitteln ein bleibendes Gefühl von Lebenszufriedenheit, das den Betreffenden auch durch etliche Schwierigkeiten hindurchtragen kann. Der Weisheitsweg ist für Bernd immer noch kein leichter Weg, aber sicherlich einer, der zu einem sinnvollen und erfüllten Leben führt. Und damit kommt er dem, was Aristoteles unter Eudaimonia verstand, schon ziemlich nahe.

Wann welche Stärken und Tugenden Weisheit hervorbringen, konnte bislang kein Forschungsprojekt abschließend klären. Ursula Staudinger kommt nach Abschluss ihrer Studie mit den Psychologen zu dem Ergebnis, dass zwar viele Fähigkeiten und Persönlichkeitsmerkmale zur Weisheit beitragen, sie letztlich aber eine unabhängige Eigenschaft ist. Es gibt kein Persönlichkeitsmerkmal und keine Fähigkeit, die eine Voraussage darüber erlauben, ob ein Mensch weise ist. Er kann beispielsweise über »Offenheit für neue Erfahrungen« verfügen, muss deswegen aber noch lange nicht weise sein. Seine Chancen, beim Weisheitstest gut abzuschneiden, sind etwas besser – mehr aber auch nicht. In dieser Angelegenheit verhält es sich so, wie Aristoteles schon vor 2400 Jahren formulierte: Das Ganze ist mehr als die Summe seiner Teile. Und deshalb nützt es wenig, das Phänomen Weisheit in einzelne Eigenschaften, Charakterstärken oder Leittugenden zu zerlegen.

Aristoteles jedenfalls hat trotz der unruhigen Zeiten, in denen sein Leben mehrmals bedroht war, die Suche nach Weisheit nie aufgegeben. Nach seinen zwölf Wanderjahren kehrt er endlich nach Athen zurück, wo er seine eigene Akademie gründet. Da ihm als Ausländer der Erwerb von Liegenschaften verboten ist, treffen sich die Mitglieder seiner Akademie in einer öffentlichen Wandelhalle. Sie erhalten deswegen den Spitznamen »Peripatetiker«, was so viel wie »Herumwandler« bedeutet.

Es müssen für die Philosophie jedenfalls glückliche Zeiten gewesen sein, damals vor gut 2300 Jahren in Athen, als Aristoteles mit seinen Schülern und Freunden philosophierend herumwandelte. Aber leider blieb es nicht dabei. Als sein ehemaliger Schüler Alexander der Große plötzlich verstarb, bröckelte auch die Macht der Makedonier in Athen, denn natürlich hatte Alexander auch die griechischen Stadtstaaten längst unterworfen. Nach seinem Tod war also abzusehen, dass der antimakedonischen Stimmung auch Aristoteles zum Opfer fallen würde, denn den Athenern galt er schließlich auch als Freund der Makedonier. Dabei hatte er mit seiner politischen Philosophie die Institution des Stadtstaates immer unterstützt und war mit Sicherheit kein Anhänger von Alexanders Welteroberungsplänen. Als er Athen zum zweiten Mal verließ, soll Aristoteles in Anspielung auf Sokrates gesagt haben, er wolle nicht, dass sich die Athener erneut an der Philosophie versündigten. Er zog sich in das Landhaus seiner Mutter nach Chalkis zurück, wo er kurz darauf im Alter von zweiundsechzig Jahren an einer Magenkrankheit starb.

Dem Schierlingsbecher, der ihm in Athen vermutlich überreicht worden wäre, ist er durch das Exil entgangen. Denn genau wie Sokrates hatten ihn die Athener wegen »Gottlosigkeit« angeklagt. Auch bei Aristoteles war dies pure Verleumdung. Das ewige Streben, das er in der Welt beobachtete, ist letztlich immer auf Vollkommenheit ausgerichtet. Das letzte Ziel muss somit das absolute Vollkommene sein – also das Göttliche. Später haben die Philosophen des Mittelalters Aristoteles aufgrund solcher Auffassungen als »Wegbereiter Christi im Felde des Natürlichen« angesehen, also als eine Art Urheber des christlichen Gottesbegriffs. Doch davon war er weit entfernt. An einen Schöpfergott, der quasi über der Welt steht, die er erschaffen hat, hat Aristoteles sicher nicht gedacht. Das Göttliche, wie er es versteht, ist Bestandteil der Welt. Am deutlichsten zeigt es sich im Logos des Menschen. Das, was der Mensch nur in Unvollkommenheit ist – nämlich ein Wesen mit Vernunft –, ist Gott in Vollkommenheit. Gott, wie Aristoteles ihn sieht, denkt. Bleibt natürlich die Frage, was Gott denkt. Bei Aristoteles ist Gott reines Denken, und dieses Denken befasst sich nicht mit der Welt, denn in dem Fall wäre Gott abhängig von der Welt. Gott ist reines Erkennen seiner selbst.

Wenn Menschen sich im Erkennen üben, wagen sie sich an die Grenzen dessen, was ihnen mit ihrem unvollkommenen Logos möglich ist. Das schreckt einen Aristoteles jedoch nicht ab: »Man darf aber nicht jener Mahnung Gehör geben, die uns anweist, unser Streben als Menschen auf

Menschliches und als Sterbliche auf Sterbliches zu beschränken, sondern wir sollen, soweit es möglich ist, uns bemühen, unsterblich zu sein, und alles zu dem Zweck tun, dem Besten, was in uns ist, nachzuleben. Denn wenn es auch klein ist an Umfang, so ist es doch an Kraft und Wert das bei weitem über alles Hervorragende. Ja, man darf sagen: Dieses Göttliche in uns ist unser wahres Selbst, wenn anders es unser vornehmster und bester Teil ist. Mithin wäre es ungereimt, wenn einer nicht sein eigenes Leben leben wollte, sondern das eines anderen.«

Wie Weisheit die Welt erfasst

Einstein und Gott

Für Aristoteles bestand der Weisheitsweg vor allem darin, nach Erkenntnis zu suchen. Die Welt zu verstehen, sie mit dem Logos quasi aufzuschließen, war für ihn beinahe so etwas wie die Verpflichtung eines jeden Menschen gegenüber dem Göttlichen, das in ihm ist. In diesem Streben hat der alte Grieche es ohne Frage ziemlich weit gebracht. Seine Deutung der Beschaffenheit der Welt prägte über tausend Jahre lang das Denken der Menschen im westlichen Kulturkreis. Und auch heute noch diskutieren Philosophen über das, was er niederschrieb. Weise wie er scheinen die Welt besser zu verstehen als wir anderen. Sie haben den Überblick und erkennen immer wieder allgemeine Gesetzmäßigkeiten, weil sie eben anders denken und vielleicht auch anders wahrnehmen. Dieses besondere »Weltverständnis« ermöglicht ihnen vielleicht sogar erst das weise Handeln.

Weise überschreiten die Grenzen, die ihnen das Wissen und der Glaube ihrer Zeit eigentlich setzen. Aristoteles hielt eben nicht am Gottesbegriff seiner Zeitgenossen fest. Für ihn waren die Planeten keine Verkörperungen der personifizierten Götter des Olymps. Gleichwohl erkannte auch er in der Welt das Wirken einer göttlichen Macht. Wenn er in den Nachthimmel blickte, sahen seine Augen die blinkenden Sterne, und sein Verstand erkannte darin die Vollkommenheit, zu der alles strebt. Die Welt, so wie Aristoteles sie sah, wurde vom Himmel aus gedacht. Angesichts der Vollkommenheit des Kosmos war alles Irdische unzulänglich. »Die Übel dieser Welt sind alle unter dem Mond, über dem Mond gibt es keine«, soll er gesagt haben. Die den Menschen umgebende unvollkommene und chaotische Sinnenwelt war für ihn winzig klein und unbedeutend gegenüber dem sich im Kosmos offenbarenden Göttlichen.

Heute haben Satelliten, Weltraumteleskope und Space-Shuttles sogar die Sterne entmystifiziert. Kein gebildeter Mensch kommt noch auf die Idee, Götter darin zu sehen. Doch alle Erkenntnisse der Wissenschaft haben ihnen ihren Zauber nicht nehmen können. Die Sterne am Firmament können heute von einem klugen Verstand und den entsprechenden Geräten vermessen und in Planeten, Monde und Fixsterne eingeteilt werden, aber sie lassen sich in einer sternklaren Nacht mit bloßem Auge auch immer noch »erfühlen«. Kein Messwert eines Weltraumteleskops sagt etwas über die Erhabenheit des Sternenhimmels, die die Menschen von der Erde aus wahrnehmen. Bernd, dem Salsatänzer, hat er bei seinen Reisen zum Nord- und Südpol Ehrfurcht eingeflößt. Auch Menschen, die eigentlich alles über das Weltall und die Sterne wissen müssten, machen ähnliche Erfahrungen. Astronauten beispielsweise spüren die Bedeutungslosigkeit ihres eigenen winzigen Lebens, wenn sie von einem Space-Shuttle aus zum ersten Mal die Erde erblicken. Der Amerikaner James Irwin spazierte 1971 als achter Mensch über die Mondoberfläche, als ihm am Rand der Hadley-Rille beim Anblick der blauen Erde im schwarzen All gar eine Art Erleuchtung ereilte. Die Bodenkontrolle in Houston hörte ihn plötzlich Bibelstellen zitieren. »Ich fühlte die Kraft

Gottes wie nie zuvor«, berichtete Irwin später über diese Erfahrung. Ein Jahr nach seinem Mondflug verließ er die Nasa und wurde Prediger.

Vordergründig scheint es nur zwei Wege zu geben, die Welt »aufzuschließen«. Das Vermessen, Berechnen, Analysieren und Klassifizieren der Wissenschaft und das, unabhängig vom Wissen, »Erspüren« der Welt. Letzteres scheint eher der Weg der Weisen zu sein, denn Weisheit ist nie analytisch, sie teilt die Welt nicht ein, sondern erfasst das, was sie zusammenhält. Aber reicht das als Erklärung für den besonderen Blick der Weisen auf die Welt aus? Wie wichtig ist Wissen für die Weltsicht der Weisen? Und wieso scheinen alle einen Gott in dieser Welt zu sehen?

Auch Sokrates fühlte sich vom Gott Apollon berufen, die Athener immer wieder auf ihre Fehler aufmerksam zu machen. Und mit Oma Hilde hätte ich eine Diskussion über die Existenz oder Nichtexistenz Gottes gar nicht erst anzufangen brauchen. Dass Gott existiert, stand für sie zweifelsfrei fest. Und deswegen vermied ich dieses Thema in Gesprächen mit ihr stets. Eine Zeitlang ging ich gern mit ihr in den Gottesdienst, wenn sie bei uns zu Besuch war. Ich war regelrecht fasziniert von allem, was mit Religion zu tun hatte. Dann fand ich die Antworten auf viele meiner Fragen aber ganz woanders. Ich dachte, wer Darwins Evolutionstheorie verstanden hat, kann auf Adam und Eva getrost verzichten. Mit dem Big Bang, dem Urknall, löste sich für mich auch die siebentägige Schöpfungsgeschichte in ein »Logikwölkchen« auf. Die Bibel blieb damit zwar ein überaus kluges Buch mit vielen wunderbaren Geschichten und einer hochinteressanten Ethik, aber von der Existenz Gottes konnte sie einen modern denkenden Menschen wie mich nun wirklich nicht überzeugen. Wenn man sich mit jeder neuen naturwissenschaftlichen Erkenntnis auch gleich eine Ausnahmeregelung oder Neudefinition von Gott überlegen musste, konnte man das Prinzip Gott auch gleich ad acta legen.

Es dauerte allerdings nicht lange, bis ich bemerkte, dass die Wissenschaft viele meiner Fragen über die Welt und den Platz des Menschen in dieser Welt nicht beantworten konnte und wahrscheinlich auch nie beantworten wird. Darwin verehre ich allerdings noch immer. Denn auch an seiner Person lässt sich zeigen, dass Glaube, Wissenschaft und Weisheit keine Feinde sein müssen. Er selbst hat sich nie als ein erklärter Feind der Theologie gesehen. Zu seiner Zeit gab es noch keine so strikte Trennung zwischen den einzelnen Wissensdisziplinen wie heute. Man studierte entweder an der juristischen, medizinischen oder theologisch-philosophischen Fakultät.

Zum Theologiestudium gehörten damals ganz selbstverständlich auch Lehrveranstaltungen in Zoologie, Botanik und Geologie. Und deswegen konnte Darwin bei seinem Theologiestudium in Cambridge auch die Botanikvorlesungen des naturforschenden Geistlichen John Stevens Henslow (1796–1861) verfolgen. Auf Henslows Empfehlung hin durfte er als Zweiundzwanzigjähriger nach Abschluss seines Studiums schließlich an einer fünf Jahre dauernden Expedition teilnehmen. Die Beobachtungen, die er dabei machte, bildeten letztlich die Grundlage für seine Evolutionstheorie über die Entstehung der Arten. »Ich sehe keinen Grund, warum die in diesem Werke entwickelten Ansichten irgendwie religiöse Gefühle verletzen sollten«, schrieb er über seine Veröffentlichung. Er berief sich dabei auf den Kirchenvater Augustinus, der an der Epochenschwelle zwischen Antike und Mittelalter bereits zwischen Primärursachen und Sekundärursachen unterschieden hatte. Für Augustinus war Gott die erste Ursache der Welt, der sich aber der weltlichen Sekundärursachen, also der Naturgesetze, bediene, um die Entwicklung der Dinge voranzutreiben.

Das Beispiel Darwins zeigt, dass Wissenschaft und Religion keine Gegensätze sein müssen. Und die Weisheit kann meiner Meinung nach von beiden profitieren. Alle Religionen wollen den Menschen zur Weisheit führen, aber in der Praxis wird den Gläubigen oft ein allzu starres Weltbild aufgezwungen. Da bleibt dann wenig Raum für die Weitsicht der Weisen, deren Welterkenntnis über die Grenzen des Religiösen hinausgeht. Warum sonst wurden Sokrates und Aristoteles wegen Gottlosigkeit angeklagt? Die Religionen beanspruchen die Weisheit für sich; indem sie sie aber in ein Korsett aus Glaubensdogmen zwängen, ersticken sie sie. Die Wissenschaft dagegen erlaubt das Hinterfragen. Weltbilder können sich ändern, wenn neue wissenschaftliche Fakten hinzukommen. Das einzige echte Dogma der Wissenschaft besteht darin, dass nur als wahr gilt, was durch empirische Forschung bewiesen worden ist. Und darin liegt auch die Begrenzung der Wissenschaft. Sie lässt nur gelten, was gemessen und analysiert werden kann. Weisheit geht über diese Grenzen hinaus. Und noch etwas fehlt der Wissenschaft: Sie liefert kein Ziel, kennt keine Ethik und keine Moral. Wissenschaft sagt dem Menschen nicht, wie er handeln soll. Bei der Weisheit dagegen geht es um das richtige Handeln.

Weder Wissenschaft noch Religion können die Welt vollständig erklären. Aber den großen Denkern, die unser Weltbild verändert haben, ist immer eine Verbindung zwischen beiden gelungen. Galileo Galilei zum Beispiel war ein tiefreligiöser Mensch. Ähnliches gilt auch für die großen Wissenschaftler des 20. Jahrhunderts, allen voran Albert Einstein. Er gilt einer Umfrage aus dem Jahr 2002 zufolge zumindest in Westdeutschland als der weiseste Mensch des letzten Jahrhunderts. Allerdings ist er sicherlich auch einer der umstrittensten Weisen in diesem Buch. Sein Ruf als Ehemann und Vater ist desolat. Außerdem hat er mit der Unterzeichnung eines Briefes an Franklin Roosevelt zum Bau der Atombomben aufgefordert, die später Hiroshima und Nagasaki zerstörten. Im Vergleich mit Sokrates und dem Dalai Lama erscheint Einstein wie ein ziemlich fehlerhafter Weiser. Aber auch wenn er an diese Weisheitsgiganten nicht heranreicht, hat er mit seinen Erkenntnissen und seinem unermüdlichen Engagement für den Weltfrieden doch ein hohes Maß an weisen Handlungen hervorgebracht. Für mich persönlich waren es *seine* Schriften, die die Wissenschaft mit dem Glauben an das Göttliche in der Welt wieder versöhnt haben.

Wann genau er selbst den Glauben entdeckte, ist nicht bekannt. Von seinen Eltern konnte er ihn kaum übernommen haben, denn sie waren nicht religiös. Sie förderten dagegen schon früh das naturwissenschaftliche Interesse ihres Sohnes. Trotzdem entwickelte der Gymnasiast unter dem Einfluss des Fachs »Israelitische Religionslehre« ein reges Interesse für das Judentum. Eine Zeitlang weigerte er sich sogar, Schweinefleisch zu essen. Seinen Wunsch, zu verstehen, wie die Welt beschaffen ist, hat er später auf frühe Kindheitserfahrungen zurückgeführt. Er war gerade einmal vier Jahre alt, als ihm sein Vater einen Kompass zeigte, und kam aus dem Staunen nicht mehr heraus, als er sah, wie sich die Nadel wie von selbst bewegte. Dieses kindliche Staunen über die Phänomene sollte sich Einstein ein Leben lang bewahren:

»Das Schönste, was wir erleben können, ist das Geheimnisvolle. Es ist das Grundgefühl, das an der Wiege von wahrer Kunst und Wissenschaft steht. Wer es nicht kennt und sich nicht mehr wundern, nicht mehr staunen kann, der ist sozusagen tot und sein Auge erloschen.«

Und natürlich will der junge Einstein das »Geheimnisvolle« ergründen. Dazu dienen ihm die Naturwissenschaften bald als Werkzeug. In seinen Lieblingsfächern Mathematik, Physik und Philosophie ist er schnell unterfordert. Im Selbststudium hat er sich schon als Vierzehnjähriger mehr angeeignet, als es der Lehrplan für die gesamte Schullaufbahn vorsieht. Seine Auseinandersetzung mit naturwissenschaftlicher Literatur verändert seine Haltung zur Religion. Die »angestrengte geistige Arbeit« und das »Anschauen von Gottes Natur« werden zu seinen »Engeln«, die ihn sicher durch alle »Wirrnisse dieses Lebens« führen sollen. Schon diese Ausdrucksweise zeigt, dass Einstein bei aller Begeisterung für die Naturwissenschaften dem »Göttlichen« – wie Aristoteles sagen würde – nicht ganz abgeschworen hat.

Seine wahren Interessen kann später auch sein Studium an der Polytechnischen Hochschule in Zürich nicht befriedigen. Die theoretische Physik wird dort kaum gelehrt. So fällt Einstein eher durch sein aufmüpfiges Verhalten als durch überragende Leistungen auf. Die »Wunderjahre« beginnen erst, als er nach einem mittelmäßigen Abschluss eine Stelle als technischer Experte 3. Klasse am Patentamt in Bern ergattert. In diesem »weltlichen Kloster« macht er sich auf, mit den Mitteln der theoretischen Physik die göttliche Ordnung im Universum zu verstehen. Im Grunde geht er damit das von Aristoteles verlangte Wagnis ein, durch den Gebrauch des Logos nach Unsterblichkeit zu streben.

Ich muss zugeben, dass ich lange überlegt habe, ob ich diese Aufforderung von Aristoteles in dieses Buch aufnehmen soll. Zur Weisheit gehört schließlich vor allem, sich der eigenen Begrenztheit, im sokratischen Sinne des eigenen Nichtwissens, bewusst zu werden. Das Streben nach Unsterblichkeit passt da irgendwie nicht ins Bild. Mittlerweile glaube ich aber, dass gerade das Überschreiten von Grenzen, die Suche nach Erkenntnissen jenseits der direkten menschlichen Erfahrung, den Weisen dazu führt, sich seiner Grenzen bewusst zu werden. Selbst »klassische Grenzüberschreiter« wie Astronauten oder Bergsteiger berichten immer wieder, wie sie insbesondere ihre extremen Erfahrungen Bescheidenheit gelehrt haben. Ähnliches gilt auch für Einsteins Suche nach einer naturwissenschaftlichen Erklärung für die göttliche Ordnung in der Welt.

Letztlich hat auch seine Arbeit dem Menschen neue Grenzen aufgezeigt. Das gilt natürlich vor allem für die Relativitätstheorie. Mit ihr gelang es dem Experten 3. Klasse nicht nur, ein Problem zu lösen, das den führenden Physikern seiner Zeit erhebliches Kopfzerbrechen bereitete, er hat auch die Stellung des Menschen im Universum neu definiert. Außerdem lässt sich daran veranschaulichen, wie ein Weiser zu seinen besonderen Erkenntnissen gelangt. Wir kommen also um ein Minimum an Physik nicht herum.

Eine Physikergeneration vor Einstein hatte James Clerk Maxwell die Elektrizität erklärt und gezeigt, dass ein elektrisches Feld immer von einem magnetischen Feld begleitet wird. Außerdem hatte er postuliert, dass sich Licht in elektromagnetischen Wellen mit einer konstanten Geschwindigkeit von 300 000 Kilometern pro Sekunde ausbreitet. Die Messungen der Lichtgeschwindigkeit passten aber nicht zu den von Isaac Newton entwickelten Gesetzen der Bewegung.

Newton hatte als Erster behauptet, dass auf der Erde dieselben Regeln gelten wie im Weltraum. Seinen Gesetzen zufolge summieren sich die Geschwindigkeiten zweier Objekte, wenn sie aufeinandertreffen. Wenn ein Auto, das mit 130 Stundenkilometern fährt, frontal mit einem anderen Wagen zusammenstößt, der nur siebzig fährt, dann beträgt die relative Geschwindigkeit der beiden zueinander 200 Stundenkilometer. Weil Newton in so einem Fall recht hat, verlaufen die meisten Frontalzusammenstöße auch bei niedrigeren Geschwindigkeiten tödlich – trotz Airbag.

Laut Newton hängt die Geschwindigkeit eines Objekts also vom Standpunkt und der eigenen Bewegung des Betrachters ab. Wenn die Newton'schen Gesetze auch auf das Licht zuträfen, würde man bei jemandem, der sich mit 1000 Kilometern pro Sekunde auf einen Lichtstrahl zubewegt, eine Lichtgeschwindigkeit von 301 000 Sekundenkilometern messen. Alle Experimente zeigten aber, dass sich das Licht nicht an die Newton'schen Bewegungsgesetze hielt. Egal, von wem und wie die Lichtgeschwindigkeit gemessen wurde: Sie blieb völlig unabhängig von der Geschwindigkeit ihres Betrachters immer gleich bei 300 000 Kilometern pro Sekunde.

Dieses Dilemma zu lösen, endlich wieder Ordnung in die Natur zu bringen, war das Ziel Albert Einsteins. Nur einem unangepassten und freien Geist wie dem seinen konnte es schließlich gelingen, das Newton-Maxwell-Dilemma zu lösen. Viele etablierte Physiker, die sich an der Lösung des Problems versucht hatten, hatten Maxwells Theorien angegriffen. An Newton wagte sich damals allerdings niemand heran. Und schon gar nicht stellte irgendjemand die Absolutheit von Zeit und Raum in Frage. So viel Chuzpe besaß nur ein technischer Experte 3. Klasse in Bern. Albert Einstein erkannte, dass sich das Problem der immer gleichen Geschwindigkeit des Lichts lösen lässt, wenn man davon ausgeht, dass Zeit und Raum nicht absolut und für alle Betrachter gleich sind. Laut Einsteins Relativitätstheorie hängen Raum und Zeit davon ab, wie schnell sich eine Person bewegt. Diese Besonderheit der Relativitätstheorie macht sich allerdings erst bei sehr hohen Geschwindigkeiten bemerkbar: Könnte ich eine Person beobachten, die sich mit annähernder Lichtgeschwindigkeit fortbewegt und dabei eine Uhr und einen Meterstab in der Hand hält, würde mir die Uhr verlangsamt und der Meterstab verkürzt erscheinen. Diese andere Person würde mich auf dieselbe Weise wahrnehmen, denn auch ich bewege mich in diesem Gedankenexperiment mit Lichtgeschwindigkeit. Raum- und Zeitangaben sind also in der Relativitätstheorie keine absoluten Größen. Sie hängen vom Bewegungszustand des Beobachters ab.

Einstein war mit seiner Arbeit aber noch nicht zufrieden. Denn bislang galt seine Theorie nur für Körper, die sich in einer konstanten gleichförmigen Bewegung befanden, nicht jedoch für beschleunigte oder abbremsende Körper. Die 1905 erstmals in den Annalen der Physik veröffentlichte Einstein'sche Theorie wird später aufgrund dieser Einschränkungen die »spezielle Relativitätstheorie« genannt. Zehn weitere Jahre sollte es dauern, bis Einstein mit Unterstützung einiger der führenden Mathematiker seiner Zeit die *allgemeine* Relativitätstheorie fertigstellen konnte. Selbst für begabte Physiker zählt sie zu den schwierigsten Dingen, die sie sich erarbeiten müssen. Deswegen will ich nur kurz erläutern, welche dramatischen Konsequenzen ihre Gleichungen beinhalten.

Die allgemeine Relativitätstheorie rückte den Platz, den der Mensch im kosmischen Gefüge einzunehmen meinte, gehörig zurecht. Und sie schaffte wieder Raum für Gott. Mit Hilfe von Einsteins Theorie konnte mittlerweile gezeigt werden, dass das Universum einen Anfang hat, den wir heute »Big Bang« oder »Urknall« nennen und der 13,7 Milliarden Jahre zurückliegt. Das konnten astronomische Beobachtungen belegen. Wenn es aber einen Punkt gab, an dem alles anfing, dann erschien auch ein göttlicher Schöpfer wieder möglich. Der Homo sapiens, der »weise Mensch«, tauchte jedoch erst vor etwa 200 000 Jahren in diesem Universum auf, während Adam und Eva in der biblischen Schöpfungsgeschichte schon am sechsten Tag erschaffen wurden. In der Zeitachse des relativistischen Universums ist der Mensch ein praktisch nicht wahrnehmbarer winziger Punkt, ein Sandkorn in einem Ozean, nichts weiter.

Die allgemeine Relativitätstheorie zeigte außerdem, dass das Universum dynamisch und keinesfalls statisch ist. Es dehnt sich bereits seit seiner Entstehung aus. Diese Expansion können Physiker sogar messen. Das ewige Streben des Aristoteles und das *panta rhei* – »Alles fließt« – des Heraklit finden sich also auch im Universum wieder. Selbst die Sterne und Planeten im Kosmos sind einem ständigen Wandel unterworfen. Und das ist der Grund, warum die Relativitätstheorie nicht einfach nur theoretische Physik ist. Sie beeinflusst immer noch die Art und Weise, wie wir die Welt wahrnehmen, und unsere Auffassung von der Stellung des Menschen in der Welt.

Wenn es so etwas wie eine göttliche Ordnung im Universum gibt, dann ist es Einstein mit seiner Relativitätstheorie tatsächlich gelungen, sie ein Stück weit zu ergründen. Die australische Physikerin und Wissenschaftsautorin Margaret Wertheim hat ihn nicht ohne Grund den »heiligen Physiker« genannt. Für Albert Einstein war die Wissenschaft eigentlich ein religiöses Streben: »Sie werden schwerlich einen tiefer schürfenden wissenschaftlichen Geist finden, dem nicht eine eigentümliche Religiosität eigen ist. (…) Der Forscher aber ist von der Kausalität allen Geschehens durchdrungen. (…) Seine Religiosität liegt im verzückten Staunen über die Harmonie der Naturgesetzlichkeit, in der sich eine so überlegene Vernunft offenbart, dass alles Sinnvolle menschlichen Denkens und Anordnens dagegen ein gänzlich nichtiger Abglanz ist. Dies Gefühl ist das Leitmotiv seines Lebens und Strebens, insoweit dieses sich über die Knechtschaft selbstischen Wünschens erheben kann. Unzweifelhaft ist dies Gefühl nahe verwandt demjenigen, das die religiös schöpferischen Naturen aller Zeiten erfüllt hat.«

Das, was Einstein hier den wirklich »tiefer schürfenden wissenschaftlichen Geist« attestiert, trifft meiner Meinung nach auch allgemein auf weise Menschen zu: Sie staunen über das Geheimnisvolle in der Welt und sehen darin das Göttliche, das sie ergründen wollen. Tatsächlich enthält diese Äußerung Einsteins sowohl die Forderung Aristoteles', nach Unsterblichkeit zu streben, als auch die zur Weisheit gehörende Bewusstheit über die eigene Begrenztheit. Der von der »Kausalität allen Geschehens durchdrungene« Forscher überwindet die Grenzen der Sterblichkeit, aber nur um festzustellen, dass »alles sinnvolle menschliche Denken und Anordnen« gegen die »Harmonie der Naturgesetzlichkeit« ein »gänzlich nichtiger Abglanz« ist. Einstein schreibt weiter: »Die religiösen Genies aller Zeiten waren durch diese kosmische Religiosität ausgezeichnet, die keine Dogmen und keinen Gott kennt, der nach dem Bild des Menschen gedacht wäre. Es kann daher auch keine Kirche geben, deren hauptsächlicher Lehrinhalt sich auf die kosmische Religiosität gründet. (...) Wie kann kosmische Religiosität von Mensch zu Mensch mitgeteilt werden, wenn sie doch zu keinem geformten Gottesbegriff und zu keiner Theologie führen kann? Es scheint mir, dass es die wichtigste Funktion der Kunst und der Wissenschaft ist, dies Gefühl unter den Empfänglichen zu erwecken und lebendig zu halten.«

Diese Texte von Einstein haben mir gezeigt, dass es möglich ist, klar und streng naturwissenschaftlich zu denken, ohne das Heilige in der Welt zu ignorieren. Auch hinsichtlich ihres Gottesbegriffs, der keineswegs den gängigen Vorstellungen ihrer Zeit entsprach, weisen Einstein und Aristoteles Ähnlichkeiten auf. Aristoteles' Darstellungen des »Göttlichen«, das nichts als reines Denken seiner selbst ist, hat nichts mit den von seinen Zeitgenossen verehrten Göttern des Olymps gemein. Und genauso fremd war Einstein der »geformte Gottesbegriff«, wie ihn die jüdischen, christlichen oder islamischen Religionen lehren. Und doch hat selten ein Wissenschaftler so häufig von Gott geredet wie er. Spöttisch sprach er von »dem Alten«. Vor einem personifizierten Gott konnte ein Nonkonformist wie Albert Einstein keinen Respekt haben. Autoritäten jeglicher Art – auch göttliche – waren ihm suspekt. Das, wovor einer wie Einstein tatsächlich in die Knie ging, war die Ordnung in der Natur. Sie war für ihn göttlichen Ursprungs, sie zu enträtseln Dienst an Gott.

Es bleibt allerdings die Frage, wie es weisen Menschen immer wieder gelingt, zumindest einen Teil der göttlichen

Ordnung in der Welt zu enthüllen, wie es beispielsweise Albert Einstein mit der Relativitätstheorie gelang. An seinem Beispiel lässt sich zeigen, wie wichtig dazu sein besonderer Umgang mit Wissen war. Man hätte ihn beinah der Vielwisserei bezichtigen können, so ausführlich hatte er sich mit philosophischen und physikalischen Theorien beschäftigt. Aber das, was Heraklit mit diesem Ausdruck eigentlich meinte, trifft auf Einstein sicherlich nicht zu. »Vielwisser« waren für Heraklit vor allem jene, die ohne Überblick Unmengen von (Detail-)Wissen ansammelten, ohne dadurch tatsächlich ein Verständnis für die Zusammenhänge in der Welt zu erlangen.

Einstein wusste ohne Frage sehr viel, aber all dieses Wissen diente ihm nur dazu, die göttliche Ordnung in der Welt besser zu verstehen. Interessant ist die Art und Weise, wie er mit diesem Wissen umging. Obwohl er Isaac Newton verehrte, scheute er sich nicht, seine Theorien in Frage zu stellen. Alles Wissen, das er sich angeeignet hatte, nahm er nicht als gegeben hin, sondern akzeptierte es erst, wenn eigene Überlegungen es bestätigten. Das machte eine entscheidende Komponente seiner Weisheit aus. Ähnlich wie Sokrates hinterfragte er alles Bestehende. Den besonderen Umgang der Weisen mit Wissen beschreibt der Soziologe Alois Hahn von der Universität Trier wie folgt: »Weisheit ist also ein Wissen, das aus vorhandenem Wissen nach Wichtigkeitskriterien auswählt und es unter Umständen unter diesen Kriterien auch ergänzt.«

Weise Menschen haben eine spezifische Haltung zum Wissen: Sie verwechseln gängiges Wissen nicht mit Wahrheit und sind sich bewusst, wie flüchtig Wissen über den Lauf der Zeiten ist. Für Aristoteles' Zeitgenossen waren die

Geschichten über die Götter des Olymps keine Mythen, sondern historisch weit zurückliegende Tatsachen. Aristoteles konnte sich von diesem scheinbaren »Wissen« seiner Zeit lösen und ging darüber hinaus. Dasselbe tat Sokrates mit dem »Wissen«, das die Sophisten vermittelten. Und Einstein setzte sich über die Lehrsätze Isaac Newtons hinweg. Weise Menschen blicken über die Wissensberge ihrer Zeit hinaus und erkennen, was dahinterliegt. Weisheit steht folglich nicht im direkten Gegensatz zum Wissen, sondern ist durch eine dem Wissen gegenüber unabhängige Position gekennzeichnet.

Das Beispiel Albert Einsteins ist in Bezug auf das Thema Weisheit auch deshalb so interessant, weil er selbst immer wieder dargelegt hat, wie er zu seinen Schlussfolgerungen, beispielsweise den Gesetzen der Relativitätstheorie, gekommen ist: »Zu diesen elementaren Gesetzen führt kein logischer Weg, sondern nur die auf Einfühlung in die Erfahrung sich stützende Intuition.« Seine Intuition machte er dafür verantwortlich, »das fundamental Wichtige, Grundlegende« vom Rest »der mehr oder weniger entbehrlichen Gelehrsamkeit« zu unterscheiden. Intuition könnte also das Instrument sein, das einen Weisen vor der Vielwisserei bewahrt. Sie ermöglicht es ihm, Ordnung in das angesammelte Wissen zu bringen.

Und die psychologische Forschung gibt Einstein recht. Je komplexer ein Problem, desto weniger lohnt sich intensives Nachdenken. Das konnte der niederländische Sozialwissenschaftler Ap Dijksterhuis in einem interessanten Experiment aus dem menschlichen Alltag beweisen. Er simulierte dafür die Situation eines Neuwagenkaufs, wobei drei Modelle zur Wahl standen. Eines hatte zu 75 Prozent positive Merkmale, das zweite zu 50 Prozent und das dritte zu 25 Prozent. Den Studienteilnehmern wurden jeweils zwölf Merkmale genannt. Alle hatten vier Minuten Zeit, um sich für ein Auto zu entscheiden. Die eine Hälfte wurde währenddessen mit Denksportaufgaben abgelenkt, konnte also nicht über ihre Wahl nachdenken. Am Ende entschieden sich jedoch mehr Personen dieser Gruppe für den besten Wagen. Obwohl die anderen innerhalb der vier Minuten intensiv über ihre Wahl nachgedacht hatten, war ihre Entscheidung am Ende nicht vorteilhaft.

Die Forscher um Dijksterhuis wiederholten das Experiment, wobei sie den Versuchspersonen statt zwölf nur vier Merkmale zu den einzelnen Wagen nannten. Diesmal schnitten diejenigen besser ab, die keine Denksportaufgaben erledigen mussten und folglich Zeit zum Nachdenken hatten.

Dieses Ergebnis lässt nur einen Schluss zu: Je mehr Wissen zu einem Problem vorhanden ist, desto nötiger brauchen wir unsere Intuition. Möglicherweise blockieren die bewussten Denkprozesse bei komplexen Entscheidungen zu viele Ressourcen unseres Gehirns.

Wie Intuition genau funktioniert, hat bis jetzt allerdings noch keine wissenschaftliche Studie klären können. Einstein sprach von der »auf Einfühlung in die Erfahrung sich stützenden Intuition«. Erfahrungen könnten tatsächlich die Basis sein, auf die sich intuitive Entscheidungen stützen. Aber welche Art von Erfahrung hatte Albert Einstein mit der Relativität von Raum und Zeit haben können? Im klassischen Sinne – quasi am eigenen Leib – erfahrbar ist sie nicht, da sie lediglich bei Lichtgeschwindigkeit eine Rolle spielt. Doch Einstein meinte wohl auch nicht diese – durch sinnliche Wahrnehmung vermittelte – Art von Erfahrung. Er hatte sich so intensiv mit theoretischer Physik beschäftigt, dass er ein Gespür dafür entwickelt hatte, wie eine physikalische Theorie beschaffen sein muss, um in sich stimmig und zielführend zu sein. Bei vielen Tätigkeiten gibt es ein allgemeines Muster, das wir irgendwie erkennen und spüren können, aber meist nicht in Worte zu fassen vermögen.

Im Falle Einsteins war es also der geistige Umgang mit physikalisch-mathematischen Theorien und Gesetzen, worin er sich jahrelang geübt und Erfahrungen gesammelt hatte. Auch seine Auseinandersetzung mit der Erkenntnistheorie und den Weltbildern verschiedener Philosophen dürfte für seine Intuition eine Rolle gespielt haben. Über die Erfahrung mit den bestehenden physikalischen Theorien hatte er sich ein Gespür dafür angeeignet, was in der Physik richtig und was falsch ist. Er selbst hat es sein »Richtungsgefühl« genannt. Und dieses »Richtungsgefühl« sagte ihm, dass bei Newtons Lichtgeschwindigkeit etwas nicht stimmen konnte und Maxwell höchstwahrscheinlich richtiglag. Als er schließlich seine eigene Theorie entwickelte, half ihm seine Intuition wiederum, Fehler zu erahnen und genau zu spüren, wo er auf dem richtigen Weg war. Wenn Erfahrungen mit einem Erkenntnisgewinn verknüpft sind, sprechen Psychologen von »Erfahrungswissen«. Dieses Erfahrungswissen könnte eine der Quellen sein, aus denen sich unsere Intuition speist.

Aber sicherlich ist Intuition nicht das einzige Instrument, womit Weise darangehen, die Welt zu entschlüsseln. Zum von Aristoteles so gepriesenen Logos gehört selbstverständlich auch das logische Denkvermögen. Auch Sokrates hat mit glasklarer Logik immer wieder die Fehler in den Denkgebäuden seines Gegenübers aufgedeckt. Wie logisches Denkvermögen vor Vorurteilen und Fehleinschätzungen bewahrt, lässt sich anschaulich an folgendem Beispiel zeigen:

Prämisse 1: Alle Lebewesen brauchen Wasser.

Prämisse 2: Rosen brauchen Wasser.

Schlussfolgerung: Rosen sind Lebewesen.

Wenn Sie diese Schlussfolgerung für korrekt halten, gehören Sie zur Mehrheit der Erwachsenen, die logisch untrainiert sind. 70 Prozent der Testpersonen einer Studie der Universität von Toronto hielten diese Schlussfolgerung für richtig. Sie hatten sich von ihrem Vorwissen beeinflussen lassen. Wir wissen natürlich, dass Rosen Lebewesen sind, aber sie sind dies nicht aufgrund der Tatsache, dass sie Wasser brauchen. Auch Wasserkraftwerke brauchen Wasser – oder Klimaanlagen oder Heizungen. Dass die Schlussfolgerung falsch ist, wird schnell deutlich, wenn wir dieselbe Operation mit anderen Begriffen durchführen.

Prämisse 1: Alle Al-Quaida-Attentäter glauben an Allah.

Prämisse 2: Alle Muslime glauben an Allah.

Schlussfolgerung: Alle Muslime sind Al-Quaida-Attentäter.

Es ist immer wieder die fehlerhafte Alltagslogik, die zu Vorurteilen und völlig falschen Schlüssen führt. Wer gelernt hat, korrekt logisch zu denken, hinterfragt solche vorschnellen Schlussfolgerungen und ist in der Lage, kritisch zu untersuchen, wie die eigenen Ansichten zustande gekommen sind, wie sicher das Wissen ist, über das wir zu verfügen meinen. Ein Weiser, der nicht auch logisch denken kann, ist nicht vorstellbar.

Aber Wissen, Intuition und logisches Denkvermögen reichen immer noch nicht aus, um die Welt in ihrer Komplexität zu erfassen. Das letzte Werkzeug, das uns noch fehlt, hat allerdings einen eher indirekten, wenngleich entscheidenden Anteil an einer weisen Welterkenntnis. Gefühle allein liefern zwar kaum faktische Informationen über die Welt, tragen aber entscheidend dazu bei, in welchem Licht wir sie sehen und wie wir bei schwierigen Lebensproblemen reagieren. Sie sind keineswegs bloßer Ballast, den es abzuwerfen gilt, will man hinter das Offensichtliche in der Welt blicken. Warum hätte die Evolution sich sonst den Luxus geleistet, uns Menschen so reichlich damit auszustatten? Mittlerweile ist klar, dass Emotionen unser Denken kontrollieren und bei all unseren Handlungen eine wichtige Rolle spielen. Angst sagt uns: »Gefahr, renn weg!« Liebe sagt: »Hab Vertrauen.« Gefühle haben eine Funktion: Sie ermöglichen es uns, schnell zu reagieren. Sie bewerten aber auch alle eingehenden Informationen. Und was durch den Gefühlsfilter hindurchfällt, bleibt eben nicht im Gedächtnis. Darum fällt es den meisten Menschen schwer, sich Telefonnummern oder Vokabeln zu merken. Sobald eine Brücke zum emotionalen Gedächtnis geschlagen wird – etwa zu einer erlebten, als angenehm empfundenen Situation –, wird das Erinnern einfacher.

Hätte Einstein nicht so viel Freude an der Physik gehabt, wäre die Relativitätstheorie wohl noch einige Jahre unentdeckt geblieben. Einstein selbst wusste, welchen Einfluss die Gefühle auf den Menschen haben: »Fühlen und Sehnen sind der Motor allen menschlichen Strebens.« Er selbst war alles andere als ein reiner Verstandesmensch. Seine Empfindsamkeit ging so weit, dass er manch poetischen Text nicht las, weil er ihn zu sehr mitnahm. Als ein Freund Gerhart Hauptmanns *Hanneles Himmelfahrt* vortrug, musste der zukünftige Nobelpreisträger sogar weinen, »halb selig, halb im Schmerz«. Angesichts solch starker Gefühlswallungen ist es verständlich, dass Einstein lieber philosophische Texte las, die vor allem seinen Verstand forderten. Offenbar lag ihm daran, sich nicht von seinen Gefühlen überwältigen zu lassen.

Werden Gefühle zu stark, können sie die Sicht auf die Welt verfälschen. Das zeigt sich beispielsweise bei Depressiven, die alles »schwarzsehen«, oder bei manischen Patienten, die sich im Überschwang ihrer Gefühle zu allerlei riskanten Handlungen hinreißen lassen.

Nur weil Albert Einstein in der Lage war, seine Gefühle und sein logisches Denkvermögen im Gleichgewicht zu halten, gelang es ihm, ein klein wenig am Geheimnis der Welt zu schnuppern. Er hat die Denkprozesse, die ihn zur Relativitätstheorie führten, selbst analysiert und mit dem Psychologen Max Wertheimer darauf aufbauend eine Theorie des produktiven Denkens entwickelt. Darin gehen Kognition und Emotion Hand in Hand. Denken heißt, bei emotionaler Anspannung eine Anzahl von Elementen (beispielsweise empirische Daten) so lange neu zu ordnen, bis ein klareres Bild entstanden ist, dessen Vollendung Freude hervorruft. Als Richtungsweiser dient dabei die Intuition. Auch in diesem Zusammenhang sprach Einstein von »Richtungsgefühl«, denn die Logik allein sei blind. »Das Abwägen von Argumenten in theoretischen Dingen bleibt (…) Sache der Intuition.«

Er wusste also selbst ziemlich genau, welche Werkzeuge man braucht, um die Welt aufzuschließen. Seine kosmische Religiosität hat ihn erst motiviert, den Geheimnissen der Welt auf den Grund zu gehen. Seine Freude an der Physik erlaubte es ihm, mit Ausdauer an diesen Problemen zu arbeiten. Sein logisches Denkvermögen ermöglichte es ihm, in dem Wissen, das er sich über die Theorien von Maxwell und Newton angeeignet hatte, die Fehler zu entdecken. Und seine Intuition wies ihm die (Denk-)Richtung, in der er die Lösung finden könnte.

Weisen wie Einstein gelingt es, das Göttliche in der Welt ein klein wenig zu enträtseln, indem sie Wissen, Intuition, logisches Denkvermögen und ihre Emotionen in perfekter Balance einsetzen. Aber auch große Entdeckungen wie die Relativitätstheorie haben ihre Grenzen. Sie hat zwar Einfluss auf unsere Sicht der Welt, aber sie sagt uns nicht, wie wir handeln sollen. Die Relativitätstheorie ist nur eine Wahrheit und keine Weisheit. Wie begrenzt der Nutzen von Wahrheit ist, wusste Einstein: »Die Erkenntnis der Wahrheit ist herrlich, aber als Führerin ist sie so ohnmächtig, dass sie nicht einmal die Berechtigung und den Wert unseres Strebens nach Wahrheit zu begründen vermag.« Wahrheiten wie die Relativitätstheorie vermitteln noch kein Ziel und keinen Sinn. Aber genau das leistet Weisheit. Sie liefert die Orientierung, die reines Wissen und selbst Wahrheit einem Menschen nicht aufzeigen können. So »herrlich« die Entdeckung der Relativitätstheorie für Einstein auch gewesen sein muss, sie hat seinem Leben noch keinen Sinn gegeben. Vielleicht suchte er noch stärker nach Weisheit als nach wissenschaftlichen Erkenntnissen.

Und in seiner Sinnsuche machte er auch vor sich selbst nicht halt. Die »reflexive Grundhaltung«, die die psychologischen Weisheitsforscher den Weisen zuschreiben, lässt sich auch bei Einstein beobachten. Er hat viel darüber nachgedacht, welche Rolle er als Mensch in der Welt einnehmen muss. Geprägt waren diese Überlegungen von einem Gefühl der Fremdheit gegenüber anderen Menschen. Zwischen ihm und den anderen schien es immer eine Glasscheibe zu geben. Weil er sich nie irgendwo zugehörig fühlte, keiner Nation und auch nicht wirklich der internationalen Gemeinschaft der Wissenschaftler, konnte er seine Ideen frei von allen Konzepten und Vorurteilen entwickeln. Diese extreme geistige Unabhängigkeit war ohne Frage eine der Quellen, aus denen sich sein Genie speiste. Für die, die ihm nahestanden, war sie jedoch oftmals extrem schmerzhaft. Nach dem Scheitern seiner ersten Ehe heiratete er seine Cousine Elsa, die allerdings auch immer wieder unter der Distanziertheit ihres Mannes zu leiden hatte. Als Familienmensch hat Einstein sicherlich keine große Weisheit bewiesen.

Seine Überlegungen gingen stets über den Bereich des nur Persönlichen hinaus. »Als ziemlich frühreifem jungen Menschen kam mir die Nichtigkeit des Hoffens und Strebens lebhaft zum Bewusstsein, das die meisten Menschen rastlos durchs Leben jagt.« Für jemanden, der das Göttliche in der Welt wahrnehmen kann, muss alles rein irdische Streben nichtig erscheinen. Erst die Macht der Transzendenz löst den Egoismus auf und gibt dem Leben einen höheren Sinn. Weise Menschen ordnen ihr Leben einer höheren Sache unter. »Der wahre Wert eines Menschen ist in erster Linie dadurch bestimmt, in welchem Grad und in welchem Sinn er zur Befreiung vom Ich gelangt ist.« Letztlich predigen alle Religionen eine Abkehr vom Egoismus. Am deutlichsten formuliert das aber der Buddhismus. Nur durch die »Befreiung vom Ich« kann ein Mensch zur Erleuchtung gelangen. In dem Kapitel »Der Weise« heißt es im Dhammapada: »Strebe nicht nach Kindern, Reichtum, Macht.«

Einstein hat tatsächlich nie nach Reichtum oder Macht

gestrebt, sondern sein Leben einem höheren Ziel untergeordnet. Sein Blick war dabei stets auf die ganze Welt gerichtet und weniger auf den einzelnen Menschen. Man könnte Einstein auch als einen »Weltweisen« bezeichnen, der im Privaten versagt hat. Sein forschender Blick auf die gesamte Welt wollte aber mehr als »nur« das Geheimnis der göttlichen Ordnung enthüllen. Weil er das »Heilige« in der Welt erkannte, wollte er diese auch schützen. Und vielleicht ist das der entscheidende Grund, warum Einstein heute noch als Weiser gilt. Hätte er lediglich die Relativitätstheorie entwickelt und ein beschauliches Leben als Wissenschaftler geführt, wäre er sicherlich nicht an die Spitze der weisen Menschen des 20. Jahrhunderts gewählt worden. Erst die Tatsache, dass er sich auf so einprägsame Weise für den Weltfrieden einsetzte, hat ihn dorthin geführt.

Im Jugendzimmer meines Bruders hing jahrelang das berühmte Bild mit der herausgestreckten Zunge als Poster. Darunter stand ein bekanntes Einsteinzitat: »Wenn einer mit Vergnügen in Reih und Glied zu einer Musik marschieren kann, dann verachte ich ihn schon; er hat sein großes Gehirn nur aus Irrtum bekommen, da für ihn das Rückenmark schon völlig genügen würde.« Diese und viele andere provokante Äußerungen haben sicherlich nicht nur meinen Bruder, sondern auch viele andere junge Menschen bei ihrer Wehrdienstverweigerung inspiriert. Aber Einstein verstand sich nicht nur gut darauf, seine politische Meinung in »knackige« Sätze zu fassen, sondern bewies bei seinem Engagement für den Weltfrieden schon früh die Weitsicht, die man von einem Weisen erwarten darf.

Als ganz Deutschland nach Krieg schreit, ruft er »Frieden«. Glühender Nationalismus, Militarismus und Kriegseuphorie – das ist es, was Einstein vorfindet, als er 1914 von Zürich nach Berlin kommt. Der Erste Weltkrieg steht kurz bevor. Und viele seiner Kollegen befürworten das. Darunter auch diejenigen, die Einsteins Ruf an die Preußische Akademie vorangetrieben haben, Max Planck etwa. Planck und zweiundneunzig andere Wissenschaftler unterschreiben den »Aufruf an die Kulturwelt«. Dieses Schriftstück verdammt jede Kritik an der Politik des Kaisers und rechtfertigt den Krieg gegen all jene, »die sich mit Russen und Serben verbünden und der Welt das schmachvolle Schauspiel bieten, Mongolen und Neger auf die weiße Rasse zu hetzen«.

Einstein kann das nicht einfach hinnehmen und verfasst mit nur drei anderen Wissenschaftlern den »Aufruf an die Europäer«: »Während Technik und Verkehr uns offensichtlich zur faktischen Anerkennung internationaler Beziehungen und damit zu einer allgemeinen Weltkultur drängen, hat noch nie ein Krieg die kulturelle Gemeinschaftlichkeit des Zusammenarbeitens so intensiv unterbrochen, wie der gegenwärtige.« Dieser Aufruf wird leider nie veröffentlicht. Es finden sich nicht genug Wissenschaftler, die ihn unterzeichnen wollen. Aber nach und nach wendet sich das Blatt. Immer weniger lassen sich Berichte von dem Leid der Frontsoldaten ignorieren. Und spätestens im »Steckrübenwinter« 1916/17 leidet bei zwanzig Grad unter null auch die gesamte Bevölkerung Berlins. Jetzt verdammen plötzlich auch andere den Krieg.

Immerhin veranlasst der Erste Weltkrieg die zweiunddreißig Siegermächte dazu, einen »Völkerbund« zu gründen, eine Art Vorläufer der UNO. Der Bund beruft Einstein als Vertreter Deutschlands in die »Kommission für geistige Zusammenarbeit«. Hier ist eines seiner Lieblingsthemen die »Friedenserziehung«: »Ich will lieber Frieden lehren als Hass, lieber Liebe als Krieg. Die Schulbücher müssen neu geschrieben werden.«

Die Frage, wie die Friedenserziehung aussehen könnte, diskutiert Albert Einstein in einem berühmt gewordenen Briefwechsel mit dem von ihm so bewunderten Sigmund Freud. Einstein schwebt eine Art Weltregierung vor: »Der Weg zur internationalen Sicherheit führt über den bedingungslosen Verzicht der Staaten auf einen Teil ihrer Handlungsfreiheit beziehungsweise Souveränität, und es dürfte unbezweifelbar sein, dass es einen anderen Weg zu dieser Sicherheit gibt.« Weil aber alle Bemühungen in dieser Richtung in den Jahren zuvor erfolglos geblieben sind, vermutet Einstein, dass »starke psychologische Kräfte am Werk sind, die diese Bemühungen paralysieren«. Er glaubt allerdings nicht, dass die Massen von sich aus aggressiv sind. Trotz seiner schrecklichen Kriegserfahrungen und dem Antisemitismus, der ihm immer wieder begegnete, hat er den Glauben an das Gute im Menschen noch nicht aufgegeben. Einstein glaubt, dass eine Minderheit die Bevölkerung zum Krieg verleitet. Und diese Minderheit habe vor allem materielle Interessen. Das Streben nach Besitz hat Einstein als eine der Hauptursachen für Kriege angeprangert. Geld bewirke nur Eigennutz und verführe unweigerlich zu Missbrauch. »Kann sich jemand Moses, Jesus oder Gandhi bewaffnet mit Carnegies Geldsack vorstellen?«

Am Ende seines leidenschaftlichen Briefes hat Einstein nur noch eine Frage an Freud: »Gibt es eine Möglichkeit, die psychische Entwicklung der Menschen so zu leiten, dass sie den Psychosen des Hasses und des Vernichtens gegenüber widerstandsfähiger werden?«

Leider hat Freud nicht wirklich eine Antwort auf diese Frage anzubieten. Der Begründer der Psychoanalyse ist weit weniger vom Guten im Menschen überzeugt als der Physiker. Einstein hat allerdings selbst viele konkrete Vorschläge zur Lösung der Kriegsproblematik gemacht. Er forderte beispielsweise eine internationale Organisation, die junge Menschen bei der Kriegsdienstverweigerung materiell und moralisch unterstützte. Außerdem setzte er sich für Abrüstung ein: »Ein Pazifismus, der die Aufrüstung der Staaten nicht aktiv bekämpft, ist und bleibt ohnmächtig.« Geistige Eliten sollten seiner Meinung nach internationale Gemeinschaften gründen, die Einfluss auf die jeweiligen politischen Führer nehmen sollten. Dabei maß er herausragenden Persönlichkeiten wie etwa Mahatma Gandhi oder Albert Schweitzer eine enorme Bedeutung bei. Man könnte fast meinen, Einstein wollte denen, die zu seiner Zeit als weise galten, mehr Einfluss verschaffen.

Als Einstein nach der Machtergreifung der Nationalsozialisten 1933 in die USA emigriert, verstärkt sich sein politisches Engagement eher noch. Inzwischen genießt er eine Popularität, wie sie sonst nur Filmstars zu eigen ist. Tausende Menschen erscheinen zu seinen Ansprachen, und diese Macht nutzt er dazu, sich einzumischen. Zunächst gilt sein Engagement vor allem den noch in Deutschland lebenden Juden. Dabei setzt er seinen guten Namen auch für jene ein, die er persönlich gar nicht kennt. Er bringt beispielsweise einen reichen Bankier dazu, für den Geiger Boris Schwarz zu bürgen, und gegen ein Autogramm von Einstein setzt sich der Dirigent Eugene Ormandy für den Musiker ein. Für die Rettung der deutschen Juden gibt Einstein auch einen großen Teil seines privaten Vermögens aus. Aber er engagiert sich nicht nur für seine eigenen Leute. Später wurde er zum Beispiel Mitglied des American Crusade Against Lynching, einer Organisation, die gegen die Lynchjustiz an schwarzen Amerikanern kämpfte.

Während der Zeit des Nationalsozialismus musste Einstein jedoch eine Enttäuschung hinnehmen, die ihn schließlich dazu brachte, seine pazifistischen Grundsätze neu zu überdenken. Keiner seiner deutschen Kollegen bot dem Faschismus die Stirn. Niemand wagte es, öffentlich gegen Hitler und die Nazis das Wort zu erheben. Als am 6. Januar 1939 Otto Hahn in der Zeitschrift *Die Naturwissenschaften* die erste Kernspaltung bekannt gab, befürchteten die aus Deutschland emigrierten Physiker Leo Szilard und Eugene Paul Wigener, deutsche Wissenschaftler könnten ihr Wissen nutzen, um eine Atombombe zu bauen. Am 2. August 1939 entwarfen Leo Szilard, Edward Teller und Albert Einstein einen Brief an Präsident Roosevelt, »in dem die Notwendigkeit betont wurde, Experimente im Großen anzustellen zur Untersuchung der Möglichkeit der Herstellung einer Atombombe. Ich war mir der furchtbaren Gefahr wohl bewusst, welche das Gelingen dieses Unternehmens für die Menschheit bedeutete. Aber die Wahrscheinlichkeit, dass die Deutschen an demselben Problem mit Aussicht auf Erfolg arbeiten dürften, hat mich zu diesem Schritt gezwungen. Es blieb mir nichts anderes übrig, obwohl ich stets ein überzeugter Pazifist gewesen bin.«

Die Geschichte hat gezeigt, dass Einstein mit seiner Einschätzung völlig falschlag. In Deutschland arbeitete niemand ernsthaft am Bau einer Atombombe. Aber ist dieser Irrtum ein Beweis dafür, dass Einstein vielleicht doch kein Weiser war? Wenn die psychologischen Weisheitsforscher recht haben, dann besteht ein wichtiger Teil von Weisheit darin, mit der Ungewissheit umzugehen. Ursula Staudinger meint dazu, dass weise Menschen sich bewusst sind, dass sie nicht immer alle benötigten Informationen zur Verfügung haben, aber trotzdem in der Lage sind, bestmögliche Entscheidungen zu treffen. Einstein wusste nicht, ob die Deutschen tatsächlich an einer Atombombe bauten. Sein Verdacht war nach Otto Hahns Veröffentlichung allerdings begründet, und so musste er in einer ungewissen Situation eine Entscheidung treffen. Dass er sich entgegen seiner pazifistischen Überzeugungen für die Atombombe aussprach, ließe sich auch als ein Anzeichen von Weisheit deuten. Ursula Staudinger zufolge müssen weise Menschen in der Lage sein, ihre Meinungen und Entscheidungen zu revidieren, wenn die Situation es erfordert. Angesichts der potenziellen Bedrohung, die von einer Atombombe in den Händen der Nazis ausgegangen wäre, war Einstein bereit, seine pazifistische Überzeugung einzuschränken. »Ich bin ein entschiedener, aber kein absoluter Pazifist, das heißt, dass ich der Anwendung von Gewalt unter irgendwelchen Umständen entgegentrete, ausgenommen, wenn ich mit einem Feind konfrontiert werde, der die Vernichtung von Leben als Ziel betreibt«, schreibt Einstein dazu.

Der Abwurf der Bomben auf Hiroshima und Nagasaki war sicherlich nicht von ihm gewollt. Letztlich sollten die Bomben aber einen letzten Beweis für die Relativitätstheorie liefern. Der legendären Formel $E = mc^2$ zufolge ist jedes Teilchen ein gigantisches Energiereservoir. Nirgendwo sonst hat sich die Äquivalenz von Masse und Energie so eindrücklich eingebrannt wie in den Mauern von Hiroshima und Nagasaki. 260 000 Menschen starben und 163 000 wurden verwundet. Die von Einstein in einer Situation der Ungewissheit getroffene Entscheidung, den Bau dieser Bomben zu unterstützen, hat sich damit eindeutig als Fehler erwiesen. Daran nicht zu verzweifeln und mit Hilfe von neuen Informationen weitere Entscheidungen zu treffen kann auch als Zeichen von Weisheit gedeutet werden. Sicher ist, dass Einstein kein unfehlbarer Weiser war. Er war ein Mensch und kein Heiliger. Ein Teil seiner Weisheit bestand darin, dass er selbst sich immer über seine eigenen Grenzen klar war, aber trotzdem nie aufgab, seine großen Ziele zu verfolgen. Nach dem Atombombenabwurf war sein wichtigstes Ziel die nukleare Abrüstung.

Noch eine Woche vor seinem Tod unterzeichnet er das Russell-Einstein-Manifest, das in die Geschichte eingehen sollte. »Alle sind gleichermaßen in Gefahr, und wenn die Gefahr verstanden wird, gibt es Hoffnung, dass wir sie zusammen abwenden können«, heißt es in dem Dokument, das von elf führenden Wissenschaftlern unterzeichnet wird. Es legt den Grundstein für die Pugwash-Konferenzen, bei denen sich Wissenschaftler treffen, um über Fragen der internationalen Sicherheit, der nuklearen Abrüstung und der Friedenssicherung zu sprechen. Deren Ergebnisse haben maßgeblich zu dem Atomteststopp-Abkommen von 1963 beigetragen sowie zum Atomwaffensperrvertrag von 1968 und dem Verbot chemischer und biologischer Waffen Anfang der siebziger Jahre. Diese Konferenzen sind ein Beweis dafür, wie viel Weisheit und Wissenschaft bewirken können, wenn sie in Union auftreten. Die an sich ziellose und wertfreie Wissenschaft hat durch das Engagement der beteiligten Forscher eine Richtung erhalten. Ihre wissenschaftliche Arbeit dient nicht mehr allein dazu, immer mehr

Informationen und Daten anzusammeln, sondern sie suchen bereits gezielt nach jenem Wissen, das helfen könnte, den Weltfrieden zu sichern. Die so gewonnenen Erkenntnisse haben es immer wieder geschafft, auch Politiker zu überzeugen, und werden es hoffentlich auch in Zukunft tun. Ein Wissenschaftsberater von Präsident Obama, John Holdren, war zehn Jahre lang Vorsitzender des Executive Commitees der Pugwash-Konferenzen.

Dass Wissenschaft und Forschung auch Verantwortung bedeuten, hat Einstein immer gewusst: »Ich betrachte mich nicht als Vater der Atomenergie. Mein Anteil war ein sehr indirekter. Aber: Wir Wissenschaftler, die wir diese ungeheure Kraft entfesselt haben, tragen eine außerordentlich große Verantwortung in diesem weltweiten Kampf um Leben und Tod – einem Kampf, der darauf abzielt, das Atom zum Segen und nicht zum Ruin der Menschheit zu nutzen.«

Der verantwortungsvolle Umgang mit Wissen zeichnet Albert Einstein aus. Er ist in der Lage, Wissen nach Wichtigkeit zu ordnen, und bleibt in seinem Denken stets unabhängig von irgendwelchem Vorwissen. Gleichzeitig erkennt er aber auch, dass Wissen häufig ethische Fragen aufwirft, die nach einer Klärung verlangen. Weil er nie müde wurde, diese ethischen Fragen in aller Öffentlichkeit zu diskutieren, verehren wir ihn heute immer noch als einen Weisen.

Aber genau wie Sokrates, Aristoteles und der Dalai Lama hatte auch Einstein Gegner, denen sein Engagement schlichtweg zu unbequem war. In seinen Jahren in Amerika wurde er immer mehr zu einem Enfant terrible, weil er nicht bereit war, schweigend hinzunehmen, was er als nicht gerecht erachtete. Anfang der fünfziger Jahre mischte er sich zum Beispiel in den Fall von Julius und Ethel Rosenberg ein. Die

Rosenbergs waren wegen Atomspionage zum Tode verurteilt worden. Einstein hielt sie zwar für schuldig, erachtete die Todesstrafe aber als nicht gerechtfertigt. Nach derartigen Interventionen musste er es sich gefallen lassen, als »Parasit und Feigling« beschimpft zu werden. Aber das kümmerte einen Einstein natürlich nicht. »Wenn der Amerikaner am Morgen bei Ham and Eggs das bekannte Gesicht in der Zeitung entdeckte, wusste er, dass sich Einstein wieder einmal persönlich eingeschaltet hatte, um den Bedrohten und Verfolgten beizustehen, gegen das Unrecht aufzutreten, in jeder Form und in jedem Land, oder Stellung zu beziehen gegen den Wahnsinn des Wettrüstens. Die Zeitgenossen haben es meist nicht eigens gesagt, aber gefühlt haben sie es alle, dass der Weltweise mit ein paar Gleichgesinnten – Albert Schweitzer, Bertrand Russell, Niels Bohr – dafür sorgte, dass die Mächtigen dieser Welt, vielleicht erst im letzten Augenblick, Vernunft annahmen«, schreibt sein Biograph Armin Hermann.

Wenn Einstein nicht gerade damit beschäftigt war, sich in politischen oder ethischen Fragen öffentlich zu äußern, widmete er sich nach wie vor mit großem Engagement seinen physikalischen Forschungen. Er hat einen wichtigen Beitrag zur Entwicklung der Quantenmechanik geleistet, die die Kräfte erklärt, die innerhalb eines Atoms wirken. Ein zentrales Element ist dabei die Heisenberg'sche Unschärferelation, die besagt, dass nicht gleichzeitig der Impuls und der Ort eines Teilchens bestimmt werden können. Das bedeutet, dass dem Beobachter immer eine wichtige Information fehlt. Die Ungewissheit ist somit ein zentrales Element der Quantenwelt und damit unserer Wirklichkeit. Mit anderen Worten: Die Welt ist nicht nur nicht mit absoluter Sicherheit bestimmbar, die Ungewissheit ist quasi ihre Natur.

Damit wollte sich Einstein aber nicht abfinden. »Raffiniert ist der Herrgott, aber boshaft ist er nicht!« Alles in der Quantenphysik widersprach Einsteins Intuition. Was wäre das für eine Ordnung in der Welt, die alles dem Zufall überlässt? Wo findet sich da noch das göttliche Prinzip, an das Einstein in seiner kosmischen Religiosität glaubte? In einem Brief an Max Born schrieb er: »Die Theorie liefert viel, aber dem Geheimnis des Alten bringt sie uns doch nicht näher. Jedenfalls bin ich überzeugt davon, dass der nicht würfelt.«

An eine »unordentliche«, zufällige Welt, die zudem nicht unabhängig von einem Beobachter existiert, wollte Einstein partout nicht glauben. Zu seinen Lebzeiten konnte er noch darauf verweisen, dass die Theorien der Quantenphysik lediglich die technische Unfähigkeit widerspiegelten, die Eigenschaften der kleinsten Teilchen auch tatsächlich zu messen. Ob Einstein seine Meinung geändert hätte, wenn er die in den 1980er Jahren durchgeführten Messungen gekannt hätte, die letztlich die Auffassung seiner Gegner bestätigten, werden wir nie erfahren. Immerhin hatte er in der Vergangenheit schon mehrfach bewiesen, dass er Fehler im eigenen Denken zugeben konnte. Erwies sich eine seiner zahlreichen Veröffentlichungen als fehlerhaft, widerrief er sie umgehend. Fünfunddreißig Jahre seines Forscherlebens verbrachte er mit dem Versuch, der göttlichen Ordnung in der Welt noch tiefer auf den Grund zu gehen. Er wollte eine Verbindung schaffen zwischen der Relativitätstheorie, die das Universum beschreibt, und der Quantenmechanik, die die Kräfte innerhalb der Atome erfasst. Seine Suche nach einer »einheitlichen Theorie von allem« wurde beinahe schon zur Besessenheit, die viele seiner Forscherkollegen mit kaum verhüllter Geringschätzung verfolgten. Wolfgang Pauli etwa attestierte Einstein den »Verlust von Dialogfähigkeit«. Von seinem unerschütterlichen Glauben, »dass – wie die alten Hebräer sagen – der Herr eins ist«, brachten ihn seine Kritiker jedoch nicht ab.

Letztlich ist er aber doch gescheitert – wie auch jeder andere Physiker seither. Eine allgemein anerkannte »Theorie von allem« oder TOE (Theory Of Everything), wie sie im Physikerjargon genannt wird, gibt es immer noch nicht. Ist dieses Scheitern aber ein Indiz dafür, dass Einsteins kosmische Religiosität, sein Glaube an ein göttliches Prinzip in der Welt, nur eine Art Wahn war, der seine wissenschaftliche Arbeit eher blockiert hat? Stellt sein Scheitern vielleicht auch seine Weisheit in Frage? Ist er nicht eindeutig jemand, dessen Denken am Ende doch zu starr war, um als weise angesehen zu werden?

Gerade seine kosmische Religiosität hat ihn zu Leistungen motiviert, wie sie keine Einzelperson jemals wieder in der Physik erbracht hat: Ihm gelang in mehr als einem Teilgebiet der Physik eine Revolution. Und selbst die Art, wie Einstein gescheitert ist, hat etwas Weises. Zu seinen eigenen Fehlern in der Physik und in politischen Fragen hat er immer gestanden. Auch die Bescheidenheit, mit der er die Anerkennung wahrnahm, die ihm zuteilwurde, ist kennzeichnend für einen Weisen: »… weshalb bin ich denn so berühmt? Verdiene ich das? Ich glaube nicht. Ich habe mein Leben lang probiert, *einen* Gedanken zu Ende zu denken. Das ist mir nicht ein einziges Mal gelungen. Was ich versucht habe, hätte doch jeder andere gekonnt.«

Jemand, der an ein göttliches Prinzip in der Welt glaubt, kann sich selbst gar nicht so wichtig nehmen. Und das machte für Einstein vielleicht auch sein Scheitern in den Fragen der

Physik erträglicher. Dass er seine kosmische Religiosität nicht aufgegeben hat, spricht auch aus einem Satz, den er drei Tage vor seinem Tod im Gedenken an einen verstorbenen Studienfreund schrieb: »Für uns gläubige Physiker hat die Scheidung zwischen Vergangenheit, Gegenwart und Zukunft nur die Bedeutung einer wenn auch hartnäckigen Illusion.«

Aller Unordnung zum Trotz, die die Quantenphysik in das physikalische Weltbild brachte, gibt es heute immer noch »gläubige Physiker«. Es besteht also Hoffnung, dass sich unter diesen Wissenschaftlern noch ein Weiser findet.

Anton Zeilinger von der Universität Wien ist weltweit einer der bekanntesten Quantenphysiker. Er empfing in seinem Labor sogar den Dalai Lama. Mit dem hatte er dann auch gleich eine fundamentale Meinungsverschiedenheit: Seine Heiligkeit wollte einfach nicht glauben, dass in der Quantenwelt Teilchen einfach so aus dem Nichts entstehen. Für jedes Ereignis gäbe es eine Ursache, die Physiker müssten eben genauer hinschauen. Tatsächlich hat die Quantenphysik das Kausalitätsprinzip außer Kraft gesetzt. Anton Zeilinger würde deswegen allerdings niemals die Lehren des Dalai Lama oder eines anderen religiösen Lehrers verdammen. »Ich sehe auch in diesen spirituellen Traditionen einen Weg des Wissens, parallel zur Naturwissenschaft, auf dem man etwas lernen kann über die Welt«, meint er dazu im März 2008 in einem Interview der Zeitschrift *Spektrum der Wissenschaft*. Jeder Konflikt zwischen Religion und Wissenschaft sei in seinen Augen ein Missverständnis. Zu seiner eigenen Haltung zu Gott befragt, bezieht sich Zeilinger auf sein berühmtes Vorbild Albert Einstein: »Mir gefällt die Einstein'sche Position, dass Gott dasjenige Prinzip ist, von dem die Naturgesetze kommen.«

Vielleicht hätte Einstein diesem Vertreter einer neuen Physikergeneration auch so etwas wie eine »kosmische Religiosität« attestiert. Anton Zeilinger hätte sicherlich nichts dagegen. Sein »Glaube« hat ihn vielleicht auch erst dazu motiviert, selbst ein neues Weltbild entwickeln zu wollen. Für ihn ist nicht Materie, sondern Information der Urstoff des Universums. »Wirklichkeit und Information sind dasselbe«, meint Anton Zeilinger. In den physischen Eigenschaften, die wir der Realität zuschreiben, sieht er nichts anderes als begrenzte Antworten auf unsere ebenso begrenzten Fragen. Mit jeder neuen Frage an die Natur öffnen wir eine neue Tür. Die Antwort, die wir erhalten, wird durch diesen Türspalt geformt. Letzten Endes bestimmen die Fragen, die wir stellen, unser Weltbild.

Auch in der Theorie von Anton Zeilinger findet sich also das Wissen um die Begrenztheit, die für Weisheit erforderlich ist. Außerdem fordert dieses auf Information basierende Weltbild dazu auf, die »richtigen« Fragen zu stellen, denn schon durch die Frage wird die Antwort bestimmt. Und das erinnert auch ein wenig an Sokrates, der versuchte, seine Zuhörer durch das richtige Fragen zur Weisheit zu bringen. Sicher ist: Bei den grundlegenden Theorien, die versuchen, die Welt zu erklären, verschwimmen die Grenzen zwischen Wissenschaft und Philosophie genauso wie zwischen Wissen und Wahrheit. Weisheit kann dabei helfen, den Überblick zu behalten, und natürlich verweist sie auch auf die Grenzen, die solche Theorien haben. Vor allem aber braucht es weise Wissenschaftler, die die richtigen Fragen stellen und sich ihrer Verantwortung bewusst sind.

Weisheit durch Mitgefühl

Die Ärztin und die Frauen

Es müssen nicht unbedingt die Grenzen von Raum und Zeit sein, die die Weisheit überwindet. Mindestens ebenso gewaltig sind die Grenzen, die sich zwischen mir und meinem Gegenüber auftun. Woher weiß ich, dass in dem anderen auch ein »Ich« steckt? Stellt sich die Welt für diesen anderen Menschen vielleicht ganz anders dar als für mich? Fühlt er oder sie ähnlich wie ich? Solche Fragen gehören zu den »letzten Fragen«, für die es vielleicht nie eine abschließende Antwort geben wird. Der Mensch ist ebenso unbestimmbar wie die Kräfte in einem Atom. Unbestimmbarkeit und Ungewissheit sind natürlich genau die Bereiche, in denen sich Weisheit erst wirklich zeigen und bewähren kann. Außerdem halten wir gerade die Menschen für weise, denen es gelingt, existenzielle Lebensprobleme zu lösen. An solchen Problemen sind nicht selten andere Menschen beteiligt. Mir erschien Oma Hilde so weise, weil sie so gut darin war, Konflikte zu lösen.

Die Weisheit, die sich auf Menschen bezieht, steht der Weisheit, die die Welt erfasst, also in nichts nach. Auf die eine oder andere Art und Weise begegnen wir beiden in jedem Weisen, wobei mal die eine, mal die andere Art stärker hervorsticht. Ein typischer Vertreter für die Weltweisheit ist natürlich Einstein. Seine Art von Weisheit würde ich eher dem Verstand zuordnen, bewundern wir ihn doch vor allem für seine intellektuellen Leistungen. Auch sein Engagement für den Weltfrieden zeugte vom Weitblick eines großen Denkers. Die psychologische Weisheitsforscherin Judith Glück glaubt, dass es mindestens zwei »Archetypen« von Weisen gibt: auf der einen Seite die großen Denker, auf der anderen die mitfühlenden, sanftmütigen Weisen. Für die Weisheit Letzterer wäre dann eher das Herz zuständig.

Ganz ohne Herz ging es aber auch beim »Kopfweisen« Einstein nicht. Dafür ist das Herz nach Auffassung aller Traditionen für die Weisheit viel zu wichtig. »Im guten Herzen des Menschen wohnt die Weisheit«, heißt es schon in der Bibel (Spr. XIV 22–31). Und auch in den östlichen Kulturkreisen kennt man die Weisheit des Herzens: »Genauso groß wie der Weltraum ist der Raum innerhalb des Herzens. In ihm ist Himmel und Erde, Feuer und Wind, Sonne und Mond, Blitze und Sterne, was (unter uns) ist und was nicht (unter uns) ist, alles ist darin enthalten.« Dieses Zitat aus einem alten philosophischen Text des Hinduismus veranschaulicht, warum das Herz als Sitz der Weisheit gilt. Die ganze Welt hat Platz im weiten Raum des Herzens, denn das Herz steht für die alles verbindende Qualität von Weisheit.

Ich würde allerdings nicht so weit gehen, die Weisheit *ausschließlich* dem Herzen zuzuschreiben. In weise Urteile oder Handlungen fließen immer auch Elemente ein, die für sich betrachtet durchaus analytisch sind, folglich also eher dem Verstand zugeordnet werden müssen. Weisheit verbindet nicht nur alle Objekte, mit denen sie sich befasst, sie selbst ist eine Synthese aus verschiedenen menschlichen Fähigkeiten und Tugenden. Letztlich verbinden sich die verschiedenen Anteile von Weisheit zu etwas, das unteilbar und daher größer ist als die Summe seiner Teile. Deswegen kann auch der Versuch, bestimmte Bereiche von Weisheit eher dem Kopf oder eher dem Herzen zuzuordnen, nur eine Annäherung an das eigentliche Phänomen sein. Dem Kern von Weisheit entspricht vielleicht am ehesten die Balance zwischen Kopf und Herz. Bei den jeweiligen Weisen pendelt sich das Gleichgewicht mal mehr in die eine, mal in die andere Richtung ein.

Was ganz sicher dem Herzen zugeordnet werden muss, ist die Weisheit des Mitgefühls. Erst die Fähigkeit, sich in andere hineinzuversetzen, macht den Menschen zu einem sozialen Wesen, und nicht etwa seine Intelligenz. Empathie und Mitgefühl gehören so sehr zur menschlichen Natur, dass sie schon beinahe zu gewöhnlich sind, um sie hier als einen Bestandteil von Weisheit zu behandeln. Aber Weise verfügen über mehr als das Maß an Einfühlungsvermögen, das jeder im Alltag ständig einsetzt, um mit seinen Mitmenschen klarzukommen.

Mitgefühl, wie weise Menschen es praktizieren, geht über bloße Empathie hinaus. Wer Mitgefühl zeigt, kann nicht nur das Leid des anderen nachempfinden, er will es auch beenden und handelt entsprechend. Zwar können auch weniger weise Menschen ein hohes Maß an Mitgefühl entwickeln. Weisheit ohne Mitgefühl ist allerdings nicht vorstellbar. Die vielen Fähigkeiten und Tugenden, über die weise Menschen verfügen – Weitsicht, gutes Urteilsvermögen und eine besondere Denkfähigkeit, beispielsweise –, könnten sie auch einsetzen, um sich selbst Vorteile zu verschaffen. Und natürlich gibt es Menschen, die das tun. Das müssen nicht unbedingt rücksichtslose, materialistisch orientierte Egoisten sein. Wer sich auf dem Wohlergehensweg befindet und über ähnliche Fähigkeiten wie manch Weiser verfügt, kann seine soziale Intelligenz zum Beispiel dazu nutzen, um sich aus Konflikten herauszuhalten und stattdessen angenehme Beziehungen zu seinen Mitmenschen zu pflegen. Die Weitsicht und Denkfähigkeit ist vielleicht auch der Karriere förderlich.

Auf dem Wohlergehensweg setzt man all seine Fähigkeiten nur dazu ein, sich selbst und vielleicht noch seinen engsten Freunden und Verwandten ein möglichst angenehmes Leben zu verschaffen. Der Weise aber transzendiert sein Selbst. Den Weisheitsweg zu gehen heißt immer auch, die Grenzen des eigenen Selbst zu überwinden. Nicht ohne Grund legte Einstein so viel Wert darauf, sich von der »Ich-Fessel« zu lösen. Der Dalai Lama hat sich dem tibetischen Buddhismus zufolge nur deswegen immer wieder für eine Wiedergeburt entschieden, weil er anderen Menschen auf dem Weg zur Erleuchtung helfen möchte. Kaum jemand fordert heutzutage so vehement zum Mitgefühl auf wie das Oberhaupt der Tibeter. Der buddhistischen Lehre nach besteht überhaupt kein Zweifel daran, dass Weisheit und Mitgefühl untrennbar miteinander verbunden sind.

Dass weise Menschen sich tatsächlich stärker für andere engagieren, beweist eine Studie, die die psychologische Weisheitsforscherin Ute Kunzmann an der Universität Leipzig durchgeführt hat. Sie hat Personen, die zuvor den Weisheitstest absolviert hatten, nach ihren Interessen und Werten befragt. Dazu gehörten beispielsweise Fragen wie: »Was würden Sie tun, wenn Sie eine Million Euro im Lotto gewonnen hätten?« Studienteilnehmer, die im Weisheitstest besonders gut abgeschnitten hatten, waren eher bereit, sich für das Wohl anderer einzusetzen und dabei auch selbst Opfer zu bringen. Sie gaben zum Beispiel an, einen Teil der im Lotto gewonnenen Million spenden zu wollen. Und auch bei anderen Fragen dieser Studie zeigte sich deutlich, dass die wenigen Weisen sich stärker für ihre Mitmenschen engagierten als die anderen Testpersonen.

Die Tatsache, dass sich viele Menschen und vor allem auch Weise freiwillig für andere engagieren, hat die Evolutionsbiologen lange vor ein Rätsel gestellt. Selbstloses Verhalten ist nach Darwins Evolutionslehre nicht vorgesehen. Ihr zufolge konkurrieren die einzelnen Individuen um Nahrung und andere Ressourcen. Nur die Stärksten überleben. Konkurrenz ist der Motor der Evolution. Und das macht den Menschen automatisch zu einem grenzenlosen Egoisten. Am deutlichsten haben diese Meinung vermutlich die Vertreter der Soziobiologie formuliert. Sie gehen davon aus, dass nahezu jedes menschliche Verhalten eine genetische Grundlage hat. Gleichzeitig diene alles, was Menschen tun, dazu, die eigenen Gene zu verbreiten. Wenn eine Mutter sich für ihr Kind aufopfert, dann tut sie das nur, um ihren eigenen Genen, die sich in dem Kind befinden, eine solide Zukunft zu sichern. In seinem Buch *Das egoistische Gen* schreibt Richard Dawkins: »Wir sind Überlebensmaschinen – Roboter, die blind darauf programmiert sind, diese egoistischen kleinen Moleküle zu erhalten, die gemeinhin als Gene bekannt sind.« Der Soziobiologe meint weiter, dass der Egoismus unserer Gene uns automatisch zu egoistischen Persönlichkeiten macht. Wenn Weise aus Mitgefühl die hartumkämpften Ressourcen mit anderen teilen, passt das also überhaupt nicht ins Konzept.

Wenn wir verstehen, wie Mitgefühl und Altruismus trotzdem entstehen konnten, fällt vielleicht auch etwas Licht auf den Ursprung der Weisheit. Ein Weg, um die »Evolution von Weisheit und Mitgefühl« nachzuvollziehen, besteht darin, sich anzuschauen, wie sie in einem einzelnen Menschen entstehen kann.

Jemand, der mir veranschaulicht hat, wie viel Mitgefühl und Hilfsbereitschaft bewirken können, ist Monika Hauser. Ich war dreiundzwanzig, als ich ein Interview in den Tagesthemen sah, das Sabine Christiansen anlässlich ihrer Ernennung zur Frau des Jahres 1993 mit ihr führte. Die Auszeichnung hatte sie erhalten, weil sie sich in Kriegsgebieten für Frauen einsetzte, die Opfer von sexualisierter Gewalt geworden waren. Mit ihrem Engagement und ihrem unverkrampften Feminismus war sie ein Vorbild für mich. Jemand, der etwas tut, wenn alle anderen betreten wegschauen. Sie hat sicherlich einen gewissen Anteil daran, dass ich später immer wieder in Entwicklungsländern gearbeitet habe, auch wenn meine Themen ganz andere waren als ihre.

Damals ahnte ich noch nicht, dass ich sie gut fünfzehn Jahre später im Büro ihrer Organisation Medica Mondiale interviewen würde. Erst bei dieser Gelegenheit meldete sich mein »Weisheitsradar« ziemlich deutlich. Dass sie eine engagierte Frau ist, war mir zwar vorher klar, dass ich in ihr aber eine Weise finden würde, hatte ich nicht erwartet. Es ist nicht immer einfach, zu benennen, warum wir jemanden für weise halten. Bei Monika Hauser kommt mir da vor allem die innere Balance in den Sinn, die sie ausstrahlt. Sie scheint das perfekte Gleichgewicht zwischen Kopf und Herz gefunden zu haben. Das ist umso erstaunlicher, wenn man bedenkt, mit wie viel Konflikten sie bei ihrer Arbeit zu tun hat.

Mittlerweile hat sie für ihr Engagement viele Preise bekommen, zuletzt im Jahr 2008 den »alternativen Nobelpreis« (Right Livelihood Award). Was sie über ihr Leben erzählt, ist allerdings um einiges interessanter als die Liste ihrer Auszeichnungen, und es sagt auch etwas darüber aus, unter welch schwierigen Bedingungen Weisheit und Mitgefühl entstehen, was sie einen kosten können und wie viel sich damit erreichen lässt.

Das Thema ihres Lebens hat Monika Hauser zuerst ihre Großmutter eröffnet. Deren Einfluss auf sie war ein völlig anderer als der Oma Hildes auf mich. »Meine Großmutter war eine hochgradig depressive Frau und alles andere als ein Vorbild für mich«, erzählt sie mir. Die alte Frau gibt der Enkelin eine Warnung mit auf den Lebensweg: »Lass keinen drübersteigen!« Obwohl sie vieles nur andeutet, gewinnt Monika langsam eine Vorstellung davon, wie viel Gewalt in der Ehe ihrer Großeltern geherrscht hat. Und es wird nicht das letzte Mal sein, dass ihr eine Frau eine solche Geschichte anvertraut. Von ihrer eigenen Mutter wird sie später erfahren, dass diese, während sie als Haushaltshilfe arbeitete, regelmäßig von ihrem Dienstherrn »belästigt« worden war.

Als Monika fünfzehn Jahre alt ist, erkrankt die Mutter an einer Depression. Auch der Vater ist schwer krank. Magenkrebs, so die Diagnose. Spätestens jetzt entwickelt Monika Hauser die »Sensoren«, die sie in ihrem weiteren Leben noch benötigen wird. Sie übernimmt Verantwortung für die ganze Familie. »Kinder von psychisch Kranken werden entweder selbst krank oder zu hervorragenden Therapeuten«, lautet eine gängige Faustregel unter Psychologen. Monika Hauser wird Ärztin. Die Entscheidung für diesen Beruf trifft sie nach einem schockierenden Erlebnis, das sie als Siebzehnjährige während eines Aufenthalts in einem Kibbuz hat. Bei der Birnenernte stürzt ein Mann von einem Baum in die Erntemaschine. Sie muss zusehen, wie er verblutet. So hilflos will sich die junge Frau nie wieder fühlen und beginnt ein Medizinstudium. Ihr Ziel: irgendwann in einem Entwicklungsland als Ärztin zu arbeiten. Ihre erste Stelle führt sie nach erfolgreichem Studienabschluss aber zunächst in ein Krankenhaus im Ruhrgebiet. Sie engagiert sich dort vor allem für die »schwierigen Fälle«. Die Opfer von Missbrauch und Vergewaltigung untersuchen ihre Kollegen nur ungern. »Lass die Monika den Dreck machen«, sagt schließlich einer. Aber das Engagement der jungen Ärztin hat auch seinen Preis. Im Sommer 1992 ist sie völlig ausgebrannt und sieht keinen anderen Ausweg, als ihre Stelle zu kündigen.

Nach einer mehrwöchigen Erholungsphase will sie endlich ihren Traum wahr machen und in einem Entwicklungsland arbeiten. Der Vertrag mit einer kubanischen Klinik ist quasi schon unterschrieben, doch dann kommt alles anders. Monika Hauser sitzt in der Sauna, als ein Artikel im *Stern* ihre Aufmerksamkeit fesselt. »Vergewaltigung als Waffe« lautet der Titel, und was sie liest, macht sie wütend. Es geht darum, wie Frauen in Bosnien und Kroatien in eigens zu diesem Zweck eingerichteten Lagern systematisch vergewaltigt wurden. Der Text schildert die Taten in geradezu voyeuristischer Weise. Monika Hauser weiß, dass die Darstellung des Tathergangs in einer ungeschützten Umgebung, ohne psychotherapeutische Betreuung, zu einem Wiedererleben der Gewalterfahrung führen und eine erneute Traumatisierung zur Folge haben kann. Ihr Entschluss, den vergewaltigten Frauen wirklich helfen zu wollen, steht eigentlich sofort fest.

Doch keine der zahlreichen internationalen Hilfsorganisationen, die Monika Hauser kontaktiert, will etwas für die vergewaltigten Frauen tun. Schließlich nimmt die junge Ärztin die Sache selbst in die Hand. Schon bei ihrem ersten Besuch in Zagreb wird ihr klar, dass sie nach Bosnien, ins Zentrum der Kriegshandlungen, muss. »Lieber ins Auge des Taifuns als einfach nur tatenlos zusehen«, meint sie heute dazu. Das »Auge des Taifuns« befindet sich zu jener Zeit in Zenica, einer westlich von Sarajewo gelegenen Stadt, die von kroatischen und serbischen Frontlinien eingekreist ist. Mindestens 100 000 Menschen sind in die Stadt oder ihre nähere Umgebung geflüchtet, 70 Prozent davon Frauen. Es gelingt ihr tatsächlich, die notwendigen Gelder zu organisieren und die geeigneten Räumlichkeiten zu finden und sie mit den notwendigen medizinischen Geräten auszurüsten. Viel wichtiger allerdings ist, dass sie einheimische Ärztinnen und Psychologinnen dafür gewinnt, mit viel Engagement an dem Projekt mitzuarbeiten. Sie gehen in die Flüchtlingslager und erzählen den Frauen von dem »sicheren Ort«, an dem sie sich behandeln lassen können. Das Wort »Vergewaltigung« nehmen sie nicht in den Mund, lieber sprechen sie von »Kriegsgewalt«. Die Betroffenen begreifen auch so.

Das Therapiezentrum in Zenica ist der Anfang der mittlerweile siebzehnjährigen Geschichte von Medica Mondiale. Die von Monika Hauser gegründete Organisation kümmert sich inzwischen weltweit um vergewaltigte und missbrauchte Frauen in Kriegsgebieten. Etwa 100 000 Frauen haben von den Medica-Mondiale-Projekten profitiert.

Die Geschichte von Monika Hauser zeigt, was Mitgefühl bewirken kann. In seinen verschiedenen Abwandlungen ist Mitgefühl eigentlich der Kern einer jeden Weisheitslehre. Die bereits erwähnte »goldene Regel« handelt letztlich von nichts anderem. Im Talmud beispielsweise steht geschrieben:

»Was dir selbst zuwider ist, das tue deinem Nächsten nicht an. Das ist die Thora ganz und gar, alles andere ist ihre Auslegung. Geh und lerne das.« Auch im Islam heißt es: »Keiner von euch hat den Glauben erlangt, solange ihr für euren Nachbarn nicht liebt, was ihr für euch selbst liebt.« Soziale Wohltätigkeit, die sogenannte *zakat*, ist eine der fünf Säulen des Islam neben dem Glaubensbekenntnis, dem Gebet, dem Fasten und der Pilgerfahrt nach Mekka.

Die Wurzel der christlich-jüdischen Nächstenliebe und der islamischen Zakat ist das Mitgefühl, das ein Mensch mit einem anderen hat. Dass es auch ein wichtiger Bestandteil von Weisheit ist, ist inzwischen sogar wissenschaftlich bewiesen. Die Psychologin Ute Kunzmann von der Universität Leipzig hat untersucht, wie stark weise Menschen mit anderen fühlen. Zunächst führte sie bei einer Reihe von Versuchspersonen den in Kapitel 2 beschriebenen Weisheitstest durch. Dann lud sie dieselben Personen zu einer kleinen Filmvorführung ein. Die kurzen Filme sollten bei den Zuschauern möglichst starke Emotionen hervorrufen. Sie handelten beispielsweise von einer Frau, die bei einem Verkehrsunfall Mann und Kind verliert, oder jemandem, der erfährt, dass er an Alzheimer leidet. Während der Filmvorführung zeichnete eine Videokamera die Mimik der jeweiligen Versuchsperson auf. Auch Pulsschlag und Hautleitfähigkeit wurden gemessen, Parameter, mit denen sich der emotionale Erregungszustand einer Person zuverlässig nachweisen lässt.

Nach der Auswertung stand fest: Wer beim Weisheitstest zuvor besonders gut abgeschnitten hatte, zeigte spontan eine starke emotionale Reaktion auf die Filmszenen. Aber die Weisen hielten sich nicht sehr lange mit ihren Gefühlen auf, sie fanden ihr emotionales Gleichgewicht viel früher wieder als diejenigen, die nicht so gut im Weisheitstest abgeschnitten hatten. Ute Kunzmann interpretiert dieses Ergebnis dahingehend, dass weise Menschen offenbar viel schneller in der Lage sind, die dargestellte existenzielle Grenzsituation mit all ihren Facetten und ihrer Bedeutung für die Person im Film zu erfassen. Sie fühlen sich schneller in den anderen hinein. Sobald es aber Gelegenheit für bewusstes Nachdenken und Reflektieren über das Problem gibt, finden sie zurück zu ihrer Mitte. Weise sind also sehr mitfühlend, lassen sich aber von ihren Gefühlen nie überwältigen. Hätte Monika Hauser das getan, wäre sie wohl kaum in der Lage gewesen, eine international operierende Hilfsorganisation aufzubauen. Um effektiv handeln zu können, ist auch Distanz notwendig.

Wo das richtige Maß für Mitgefühl liegt, hat auch die Psychologen beschäftigt. Sie unterscheiden zwischen Mitgefühl, Empathie und Gefühlsansteckung. Wer sich von den Gefühlen eines anderen Menschen »anstecken« lässt, weiß oft gar nichts davon. Die schlechte Laune eines Arbeitskollegen überträgt sich dann quasi automatisch auch auf einen selbst. Wer dagegen wirklich empathisch ist, kann sich gut in einen anderen Menschen hineinversetzen und das auch bewusst steuern. Er muss deswegen aber noch lange nicht mitfühlend sein. Viele Soziopathen sind sehr empathisch. Sie nutzen diese Fähigkeit allerdings dazu, andere zu manipulieren. Mitfühlende Menschen hingegen bringen dem anderen Wohlwollen entgegen und würden ihm niemals schaden. Mitgefühl weckt immer das Bedürfnis zu helfen.

Dem Weisen gibt sein Mitgefühl die Richtung für sein Handeln vor. Es sagt ihm, wo er seine vielen Tugenden und Fähigkeiten am besten einsetzen kann. Aber natürlich kann

Mitgefühl auch helfen, Konflikte zwischen Menschen zu lösen. Wenn ich die Position des anderen verstehe, sogar mit ihm fühle, kann ich viel schneller zu einer für beide akzeptablen Lösung finden. Ihr Mitgefühl hat Monika Hauser nicht nur veranlasst, in Bosnien zu helfen, es hat ihr auch beim Aufbau der Organisation Medica Mondiale geholfen. Denn natürlich entstanden dabei immer wieder konfliktreiche Situationen. Die vielen Verhandlungen mit Geldgebern und offiziellen Stellen in den Kriegsgebieten sind da nur ein Beispiel. Auch die interkulturelle Kommunikation zwischen der feministisch orientierten Ärztin und den Imamen, auf deren Unterstützung sie in den muslimischen Gebieten angewiesen ist, erfordert ihr Mitgefühl. Und bei der direkten Arbeit mit den traumatisierten Frauen geht natürlich gar nichts ohne Mitgefühl. Dabei kann Monika Hauser nur effizient sein, wenn es ihr trotzdem gelingt, sich von den schockierenden Erfahrungen der Frauen nicht überwältigen zu lassen. Die Balance zwischen Mitgefühl und Distanz ist ein Weisheitsmerkmal von Monika Hauser.

Wie schwer es ist, diese Distanz einzuhalten, weiß ich aus eigener Erfahrung. Bei meiner journalistischen Arbeit habe ich oft Menschen interviewen müssen, die ein hartes Schicksal erlitten, beispielsweise, weil sie bei einer Katastrophe sämtliche Angehörige verloren hatten, bei einem Unfall schwere körperliche und psychische Schäden davongetragen hatten oder aufgrund einer Krankheit in absehbarer Zeit sterben mussten. In der Regel muss ich nach so einem Interview nicht sofort anfangen, meinen Text zu schreiben. Ich habe also Zeit, wieder Abstand zu gewinnen. Das ist aber nicht in allen Berufen möglich. Ärzte müssen meist sehr schnell handeln, wenn sie mit dem Leid ihrer Patienten konfrontiert sind. Vielleicht ist das auch der Grund, warum sie bei Tests bezüglich ihrer Empathiefähigkeit regelmäßig schlechter abschneiden als der Durchschnitt. Und Empathie ist schließlich eine Voraussetzung für Mitgefühl. Monika Hauser ist da sicherlich immer eine Ausnahme gewesen. »Wenn der Preis das Abstumpfen wäre, würde ich sofort aufhören«, sagt sie. Ich frage mich, wie es ihr überhaupt gelingen kann, sich in die extreme Situation der Frauen hineinzuversetzen.

Wie die Basis von Mitgefühl, nämlich Empathie, zustande kommt, haben Forscher noch nicht abschließend klären können. Ziemlich viel Aufsehen erregte in den 1990er Jahren die Entdeckung der sogenannten Spiegelneurone. Das sind Nervenzellen im menschlichen Gehirn, die immer dann aktiv sind, wenn wir jemand anders beim Ausführen einer Handlung beobachten. Wenn ich zum Beispiel jemandem zusehe, wie er eine Kaffeetasse in die Hand nimmt, feuern die Spiegelneurone im Bewegungszentrum meines Gehirns im selben Muster, als würde ich selbst nach der Tasse greifen. Spiegelneurone kommen nicht nur im Bewegungszentrum, sondern auch in anderen Teilen der Großhirnrinde vor. »Spiegeln« scheint ein relativ weitverbreitetes Funktionsprinzip zu sein. Dabei unterscheiden sich die Spiegelneurone anatomisch nicht von anderen Nervenzellen im Gehirn. Ihr Name bezieht sich lediglich auf ihre Funktion in den komplizierten Hirnschaltkreisen.

Erwiesen ist, dass uns die Spiegelneurone helfen, die Grenzen zwischen dem »Ich« und dem anderen einzureißen. Wir simulieren, was unser Gegenüber tut und welche Absicht er damit verbindet. Das tun wir in aller Regel konstant und nicht immer mit vollem Bewusstsein. Zu Empathie und Mitgefühl gehört jedoch noch etwas mehr als bloße Simulation. An diesen komplexeren Leistungen sind die Spiegelneurone aber mit Sicherheit ebenfalls beteiligt. Das zeigen Studien, die die Psychologin Tania Singer am Wellcome Departement of Imaging Neuroscience in London und am Institut für Hirnforschung in Zürich durchführte. Sie untersuchte, wie Paare reagieren, wenn einer der Partner Schmerzen erleidet. Das Ergebnis: Erhält ein Partner einen leichten Stromschlag am Finger und der andere sieht dabei zu, ist im Gehirn des Beobachters das Schmerzzentrum ebenso aktiv, als würde er selbst einen Schlag bekommen.

Höchstwahrscheinlich sind es wieder Schaltkreise von Spiegelneuronen, die das verursachen. Vor dem Experiment hatte Tania Singer mit einem psychologischen Fragebogen die Empathiefähigkeit ihrer Studienteilnehmer getestet. Und tatsächlich: Je empathischer jemand war, desto stärker zeigte sich bei ihm oder ihr auch die Aktivierung im Schmerzzentrum des Gehirns. Dass in diesem Fall das Mitgefühl nicht einfach automatisch gesteuert wurde, zeigt eine weitere Versuchsreihe der Wissenschaftlerin. Darin testete sie, wie intensiv ihre Versuchspersonen den Schmerz nachempfanden, wenn der Leidende eine fremde und sogar eher unsympathische Person war und nicht der geliebte Partner. Da war es dann bei vielen Studienteilnehmern nicht mehr so weit her mit dem Mitgefühl angesichts eines Stromschlags am Finger. Offenbar gibt es im Gehirn noch andere Instanzen, die das Ausmaß der Aktivierung des Spiegelneuronensystems im Schmerzzentrum kontrollieren. Fremde oder gar eine Person, die uns nicht sympathisch ist, wecken nur selten Mitgefühl in uns.

Einfühlungsvermögen und Mitgefühl auch auf Fremde oder gar unsympathische Personen auszudehnen ist etwas, das nur wenigen Menschen gelingt – jemandem wie Monika Hauser beispielsweise. Die Frauen in Bosnien waren definitiv Fremde für sie. Sie sprach ihre Sprache nicht, und vieles an ihrer Kultur konnte sie kaum nachvollziehen. Und doch reichte ihr Mitgefühl aus, um in ein Kriegsgebiet zu reisen und ihnen zu helfen.

Mit Hilfe der Spiegelneurone können wir nur Erfahrungen nachempfinden, die wir selbst schon einmal gemacht haben. Monika Hauser aber hat die extremen Gewalterfahrungen vieler ihrer Patientinnen zum Glück nicht selbst machen müssen. Auch im normalen Alltag kommt es gar nicht so selten vor, dass wir uns in die Situation eines anderen Menschen hineinfühlen, der gerade etwas durchmacht, das wir so selbst noch nie erlebt haben. Als eine Freundin mir vom plötzlichen Tod ihrer Eltern erzählte, konnte ich meine eigenen Tränen nur schwer unterdrücken, obwohl in meinem engsten Familienkreis noch nie jemand gestorben ist. In so einer Situation gelingt es meistens mit einer sogenannten »Theorie des Geistes« (Theory of mind), sich in den anderen hineinzuversetzen. Mit »Theorie« ist hier gemeint, dass wir nie sicher wissen werden, wie genau es im Geist und im Bewusstsein eines anderen Menschen aussieht. Alles, was wir uns dazu überlegen, bleibt letzten Endes theoretisch.

Bei der »Theorie des Geistes« nutzen wir unsere geistigen Kapazitäten wie beispielsweise unser Vorstellungsvermögen, um uns in einen anderen Menschen hineinzuversetzen. Dabei knüpfen wir an andere Erfahrungen von Verlust und psychischem Schmerz an, und die hat in der einen oder anderen Form jeder schon einmal gemacht. Auf diese Weise können auch Menschen, die aufgrund eines genetischen Defekts selbst keinen körperlichen Schmerz empfinden, den

Schmerz anderer bis zu einem gewissen Grad nachempfinden.

Als ich Monika Hauser frage, wie es ihr gelingt, sich in die teilweise sehr grausamen Erfahrungen der vergewaltigten Frauen einzufühlen und diese auch auszuhalten, überlegt sie nicht lange: »Ich stelle mir einfach vor, dass es etwas ist, das jede Frau einmal treffen kann. Etwa jede dritte, vierte Frau hat ihre Erfahrungen mit irgendeiner Form von Gewalt gemacht – auch hier in Deutschland. Wenn ich mit einer betroffenen Frau in einem Kriegsgebiet rede, sehe ich sie nicht als Opfer und mich nicht als ihre Ärztin. Wir sind beide Frauen, und es ist reiner Zufall, wer von uns diejenige mit dem schlimmen Trauma ist.« Anstatt eine »professionelle Distanz« zwischen sich und ihrer Patientin aufzubauen, scheint Monika Hauser jede Mauer einzureißen und eine solide Brücke zu bauen.

Und es gibt Hinweise, dass von so einer Einstellung auch Patienten profitieren. Carl Marci, Psychiater an der Harvard Medical School, hat überprüft, wie es sich auswirkt, wenn Psychotherapeuten sich besonders gut in ihre Patienten hineinfühlen können. Dazu hat er mit ähnlichen Methoden wie die Weisheitsforscherin Ute Kunzmann den emotionalen Erregungszustand von Patient und Therapeut während einer Sitzung überwacht. Ein Klipp am Finger maß die Hautleitfähigkeit, die davon abhängt, wie stark jemand schwitzt. Das Öffnen und Schließen der Schweißdrüsen hängt wiederum direkt mit dem emotionalen Erregungszustand einer Person zusammen. Ein Computer wertete schließlich aus, wie sich die beiden Schwitzkurven zueinander verhielten. Fühlte der Patient sich bei seinem Therapeuten besonders gut aufgehoben, wiesen die beiden Kurven einen nahezu identischen Verlauf auf. Das Studienergebnis verdeutlicht, dass wir wahrnehmen können, wie stark ein anderer mit uns fühlt.

Weil Monika Hauser mit den Menschen fühlt, für die sie arbeitet, vertrauen sie ihr. Das ist sicher auch die eine oder andere Träne wert, die die Ärztin schon bei ihrer Arbeit vergossen hat. Besonders in Erinnerung geblieben ist ihr der Schmerz, den das Schicksal eines afghanischen Mädchens in ihr auslöste. Monika Hauser besuchte eine Frau in einem afghanischen Gefängnis, kann sich aber nicht mehr erinnern, warum die Frau mit ihrem Kleinkind dort weggesperrt worden war. »Es war sicherlich nichts, was wir hier als Verbrechen bezeichnen würden.« Schon die Flucht vor einer Zwangsheirat oder die falsche Kleidung kann eine afghanische Frau hinter Gitter bringen. Und das Leben im Gefängnis ist furchtbar: Weil die hygienischen Bedingungen katastrophal sind, werden viele krank. Manche müssen dabei zusehen, wie ihre Kleinkinder, die immer mit den Müttern ins Gefängnis kommen, aufgrund der Lebensumstände dort erkranken und schließlich sterben.

Das, was Monika Hauser bei ihrem Gefängnisbesuch zum Weinen brachte, geschah dann aber völlig unvermittelt. Zusammen mit einer Anwältin der Frau, die sie dort besucht hatte, wurde sie zum Ausgang begleitet. Dort stand ein etwa zwölfjähriges Mädchen in einem roten Kleid, die Tochter der Inhaftierten. Ein Onkel hatte sie hergebracht, damit sie ihre Mutter sehen konnte. Die Freude der Mutter, die das Mädchen wochenlang, vielleicht sogar monatelang nicht gesehen hatte, ist leicht nachvollziehbar. Aber schnell wurde Mutter und Tochter klar, dass die Besuchszeit schon bald vorüber sein würde. Als der Onkel das mitbekam, meinte er: »Dann bleib eben das ganze Wochenende da«, beinah so, als wäre er froh, das Mädchen erst einmal los zu sein. »Das von der Situation völlig überforderte Kind musste jetzt also auch noch ein ganzes Wochenende an diesem furchtbaren Ort verbringen.« Monika Hauser konnte nicht anders und drehte sich um, damit niemand ihre Tränen sah.

Mit ihrer Organisation hat sie inzwischen dafür gesorgt, dass die Mutter aus dem Gefängnis entlassen wurde. Und das ist vielleicht der beste Weg, die starken Empfindungen, die so viel Mitgefühl mit sich bringt, auszuhalten. Weil sie tatsächlich mit den betroffenen Frauen fühlt, kann sie sich umso mehr freuen, wenn sich deren Situation verbessert.

Monika Hauser ist jedenfalls ein hervorragendes Beispiel dafür, wie Mitgefühl zum selbstlosen Handeln motiviert. Nur wenn ein Mensch wirklich mit anderen fühlt, ihren Schmerz zu seinem eigenen macht, ist er auch bereit, alles zu tun, um den anderen zu helfen. Wie sonst ist es erklärbar, dass eine erfolgreiche junge Ärztin sich innerhalb von ein paar Tagen auf den Weg in ein Kriegsgebiet macht, um den Frauen dort beizustehen? Alles nur wegen ein paar Zeitungsmeldungen? Man könnte Monika Hauser für eine psychisch kranke Person mit einem ausgeprägten Helfersyndrom halten, wäre ihr Vorgehen nicht überaus planvoll und zudem erfolgreich gewesen. Und wer der dynamischen Frau einmal begegnet ist oder sie auch nur in einem Interview im Fernsehen gesehen hat, merkt sofort, dass da nicht jemand mit psychischen Problemen redet, sondern eine sehr ausgeglichene Person. Genau diese innere Balance war es, die mein »Weisheitsradar« bei Monika Hauser in Gang gebracht hat. Und nur deswegen kann sie auch so erfolgreich in Krisengebieten arbeiten. Ihr Mitgefühl hat sie dazu gebracht, Grenzen zu überwinden.

Das Wagnis, das Monika Hauser 1992 einging, ist durchaus vergleichbar mit Einsteins Versuch, das Geheimnis des Universums zu enträtseln. Beide haben es auf völlig unterschiedliche Weise gewagt, »dem Besten, was in uns ist, nachzuleben«, wie es Aristoteles formuliert hat.

Dass die Ärztin überhaupt auf die Idee kommen konnte, *sie* könnte den Frauen in den Kriegsgebieten helfen, ist schon fast ein bisschen vermessen, wenn man bedenkt, dass sie deren Sprache und Kultur überhaupt nicht kannte, geschweige denn die chaotischen Zustände vor Ort. »Früher hätte ich mich dagegen noch gewehrt, aber inzwischen habe ich kein Problem mehr damit, zu sagen, dass es wohl meine Berufung ist, diese Arbeit zu machen«, meint Monika Hauser. Andererseits hat sie manchmal auch das Gefühl, dass das, was sie tut, einfach nur selbstverständlich ist. »Selbst wenn nicht alles klappt, ist es doch immer noch besser, überhaupt etwas getan zu haben, anstatt einfach nur hilflos zuzusehen.«

Dass aus dem Mitgefühl tatsächlich Handeln wird, ist ebenfalls ein Merkmal, das weise Menschen auszeichnet. Ich selbst bin bei verschiedenen Rechercheireisen in Entwicklungsländern auch schon viel Leid begegnet, aber bin ich deswegen auf die Idee gekommen, gleich dortzubleiben, um ein Projekt für Straßenkinder ins Leben zu rufen oder bei der Wiederaufforstung von Mangrovenwäldern zu helfen? Natürlich habe ich nichts von alldem getan und sitze stattdessen in meiner gemütlichen Wohnung in Köln und schreibe ein Buch, das unter anderem von den Menschen handelt, die so ein Wagnis eingehen und es zudem zu einem erfolgreichen Abschluss bringen. Während wir anderen nur denken, da müsste endlich einer mal was tun, sind es die Weisen, die dann tatsächlich etwas unternehmen.

Weisheit bleibt eben nie nur theoretisch, sie ist immer mit dem Handeln verknüpft. Die Weisheit des Mitgefühls motiviert und hilft beim ethisch und moralisch richtigen Handeln. Denn dass weise Menschen moralisch handeln, haben bereits Aristoteles, Immanuel Kant und andere Philosophen in ihren Philosophien zum Handeln deutlich dargelegt. Ursula Staudinger hat in einer Studie untersucht, inwieweit Weisheit und moralisches Urteilsvermögen zusammenhängen. Je besser jemand bei den Tests zur Moral abschnitt, desto höher fielen auch seine Beurteilungen bezüglich Weisheit aus. Die Psychologen erklären das unter anderem damit, dass Weisheit und moralisches Urteilsvermögen durch ähnliche menschliche Eigenschaften hervorgebracht werden. Dazu zählen die Forscher beispielsweise Kreativität und Offenheit für neue Erfahrungen. Außerdem beweisen immer mehr wissenschaftliche Forschungsergebnisse, wie eng Empathie und moralisches Urteilen miteinander verknüpft sind. Es ist nicht allein der Verstand, der uns sagt, was richtig oder falsch ist, sondern unsere Fähigkeit zum Mitgefühl.

Am besten vermittelt sich das am Beispiel eines moralischen Problems, wie es Wissenschaftler Versuchspersonen vorgelegt haben: »Sie beobachten, wie ein Zug auf eine Gruppe von fünf Bahnarbeitern zurast, die unweigerlich alle sterben werden, wenn Sie nicht rechtzeitig eine Weiche umlegen, sodass der Zug auf ein Gleis fährt, auf dem nur eine Person steht.« Die meisten Versuchspersonen nehmen bei diesem Dilemma den Tod eines Einzelnen in Kauf, um fünf andere Menschen zu retten. Komplizierter wird es allerdings bei einem ganz ähnlichen Problem: »Sie beobachten von einer Fußgängerbrücke aus, wie ein Zug auf eine Gruppe von fünf Bahnarbeitern zurast, die unweigerlich alle sterben werden, wenn Sie nicht einen sehr dicken Mann von der Brücke stoßen. Sein Körper würde das Gleis blockieren und den Zug rechtzeitig zum Halten bringen, um die fünf Bahnarbeiter zu retten. Der dicke Mann aber würde unweigerlich sterben.«

In beiden Szenarien sind die Folgen der Handlungen gleich: Damit fünf Menschen leben können, muss ein Mensch sterben. Und doch sind die meisten Testpersonen nicht bereit, den dicken Mann von der Brücke zu stoßen. Das abstrakte Umstellen der Weiche scheint dagegen weniger problematisch zu sein. Man verursacht eben nicht *unmittelbar* den Tod eines anderen Menschen. Der Psychologe Joshua Greene von der Harvard-Universität hat eine Reihe solcher Szenarien mit seinen Studienteilnehmern durchgespielt und inzwischen sogar eine Theorie entwickelt, wie moralisches Urteilen zustande kommt. Moralisch-persönliche Szenarien wie mit dem dicken Mann aktivieren Hirnareale, die mit der Verarbeitung von Emotionen verknüpft sind, zum Beispiel die Amygdala (Mandelkern) im limbischen System. Unpersönliche moralische Probleme führen hingegen zu einer Aktivierung von Hirnbereichen, die kognitive Funktionen erfüllen, wie etwa Arbeitsgedächtnis oder Aufmerksamkeit. Sie können wir offenbar rein verstandesgemäß lösen.

Im wirklichen Leben geht es bei moralischen Entscheidungen aber meist um andere Menschen, die durch unser Tun in irgendeiner Weise beeinträchtigt werden. Und in solchen Situationen bestimmen eben meist die Gefühle unser Handeln. Um sich für das Opfern des unschuldigen dicken Mannes zu entscheiden, muss eine Versuchsperson offenbar erst eine emotionale Hürde überwinden. Das gelingt nur durch eine Region in der präfrontalen Großhirnrinde, die auch Emotionszentren wie die Amygdala runterregulieren kann.

Einig sind sich die meisten Moralforscher darin, dass es im Gehirn offenbar so etwas wie ein Moralnetzwerk gibt. Manche der beteiligten Hirnregionen dienen dazu, sich in die Gefühle und Absichten anderer Menschen hineinzudenken. Andere sind aktiv, wenn jemand auf sich selbst und das eigene Empfinden Bezug nimmt. Dabei tragen Empathie und Intuition deutlich mehr zu moralischen Entscheidungsprozessen bei als der Verstand. Einen interessanten Gedanken, der die Ergebnisse der Hirnforscher mit denen anderer Fachrichtungen zusammenbringt, hat der Affenforscher Marc Hauser formuliert. 2006 erschien sein Buch *Moral Minds*. Darin vertritt er die These, dass jeder Mensch mit einer Art »Moralorgan« geboren wird, ähnlich, wie jeder von uns mit der Fähigkeit, eine Sprache zu erlernen, auf die Welt kommt. Genau wie ein Baby jede Sprache erlernen kann, kann es auch alle moralischen Prinzipien erlernen – egal, aus welcher Kultur sie stammen. Forschungsergebnisse von Entwicklungsbiologen zeigen ganz deutlich, dass sich schon Kleinkinder moralisch verhalten. Die Voraussetzung für dieses Verhalten ist ihre Empathiefähigkeit. Mit knapp achtzehn Monaten versuchen sie beispielsweise schon, andere zu trösten. Kultur und Erziehung geben uns erst später andere Regeln an die Hand, auf deren Grundlage wir entscheiden, was richtig und was falsch ist. Die dem Menschen angeborene Fähigkeit zum Mitgefühl können aber auch sie nicht so ohne weiteres außer Kraft setzen. Das Mitgefühl bleibt der wichtigste Motivator für moralisches Handeln.

Dafür ist Monika Hauser das beste Beispiel. Ihr Mitgefühl hat sie in ein Kriegsgebiet reisen lassen, um den vergewaltigten Frauen dort zu helfen. Es fällt nicht schwer, ihre Entscheidung als moralisch richtig anzusehen. Weise ist sie aber vor allem deswegen, weil sie es schafft, dem moralischen Urteil Taten folgen zu lassen.

Ungefährlich ist so ein Handeln allerdings nicht. Monika Hauser musste auf schmerzhafte Weise erfahren, wo ihre eigenen Grenzen lagen. Als sie sich im Dezember 1993 in der Nähe der Front aufhält – sie ist schwanger –, flüchtet sie vor dem Beschuss in einen Hauseingang und spürt ein heftiges Ziehen im Unterleib. Sie erleidet eine Fehlgeburt. Der Vater des Kindes hatte ihre Arbeit von Anfang an unterstützt und es deswegen auch akzeptiert, dass er die Frau, die er liebte, im ersten Jahr von Medica Mondiale immer nur kurz sehen konnte. Die Fehlgeburt war für beide ein Schock. Trotzdem hat Monika Hauser nie ernsthaft darüber nachgedacht, ob sie ihre Arbeit in den Kriegsgebieten nicht besser aufgeben sollte. Man könnte beinah meinen, sie sei mit sich selbst eher »unweise« umgegangen.

So ein Verhalten mag Geistliche aller Religionen und auch manch Philosophen erfreuen, die Evolutionsbiologen bringt es jedoch nahezu zur Verzweiflung. Schon Charles Darwin wusste, dass altruistisches Verhalten seiner Theorie vom immerwährenden Kampf ums Dasein zuwiderläuft. Alle Arten, alle Individuen sind Konkurrenten. Wir konkurrieren um Nahrung, Wasser und die Möglichkeit, uns fortzupflanzen. Da ist kein Raum für selbstloses Verhalten, wie es Monika Hauser gezeigt hat. Wer anderen etwas Gutes tut, muss schon mit ihnen verwandt sein, denn nur so lassen sich durch gute Taten im Endeffekt auch die eigenen Gene unterstützen. Und doch gibt es bei Menschen wahren Altruismus, der nicht dazu dient, den eigenen Fortpflanzungserfolg zu erhöhen oder genetisch verwandte Individuen zu fördern. Monika Hauser ist in eine ihr völlig fremde Kultur gegangen, um Menschen zu helfen, mit denen sie nur das Geschlecht teilte, und hat dabei sogar – biologistisch betrachtet – ihren eigenen Fortpflanzungserfolg aufs Spiel gesetzt. Wenn so ein Verhalten weise Menschen in besonderem Maße auszeichnet, könnte man meinen, das Phänomen Weisheit hebe die Gesetze und Regeln der Evolution aus den Angeln.

Verhaltensforscher, Soziologen und Entwicklungspsychologen haben mittlerweile jedoch einiges mehr über altruistisches Verhalten ans Licht gebracht. Am Max-Planck-Institut für Evolutionäre Anthropologie in Leipzig hat Felix Warneken untersucht, ob schon Kleinkinder zu selbstlosem Verhalten fähig sind. In einem seiner Experimente hielt er sich beispielsweise mit einem eineinhalbjährigen Kind und dessen Mutter in einem Raum auf, ohne das Kind zu beachten. Stattdessen hängte der junge Psychologe Wäsche auf. Dann ließ er wiederholt Wäscheklammern fallen, wobei er so tat, als wäre ihm das aus Versehen passiert. Wenn er sich nach den Klammern reckte, half ihm das Kind in den meisten Fällen und reichte sie ihm, ohne dass es von seiner Mutter oder dem Psychologen in irgendeiner Weise dazu ermuntert worden war.

In anderen Experimenten versuchte Felix Warneken, mit einem Arm voll Bücher einen Schrank zu öffnen, was ihm so lange nicht gelang, bis das Kleinkind ihm half. Jedes dieser Experimente wiederholte er mit einer großen Anzahl von Kleinkindern, und immer bestätigte sich das Ergebnis: Die meisten Kinder halfen ihm bereitwillig und vollkommen uneigennützig. Ähnliche Experimente machten er und andere

Forscher mit Schimpansen, und auch bei ihnen konnte eine selbstlose Hilfsbereitschaft nachgewiesen werden, wenn sie auch nicht ganz so ausgeprägt war wie bei den Kindern. Für den Psychologen lassen seine Studien nur einen Schluss zu: »Die Möglichkeit für altruistisches Verhalten ist angeboren, und es braucht nicht schrecklich viel Input, um dieses Verhalten auch zu entwickeln.«

Wenn selbstloses Verhalten bereits im genetischen Code des Menschen festgelegt ist, muss es im Lauf der Evolution einen Vorteil bedeutet haben. Einen kleinen Hinweis darauf, wo man nach so einem Vorteil suchen könnte, geben uns die Experimente von Ökonomen, die wissen wollten, welche Motive Menschen antreiben. Ursprünglich gingen sie davon aus, dass es uns allen primär um den maximalen Gewinn geht. Ihre Experimente, bei denen Menschen um Geld spielen, haben aber gezeigt, dass selbstloses Verhalten gar nicht so selten vorkommt. Gewinnoptimierung ist nicht das einzige Handlungsmotiv. Sinn für Fairness und Sorge um die eigene Reputation können Menschen dazu bewegen, auf einen Teil ihres Gewinns zu verzichten.

Wer verstehen will, wie im Lauf der Evolution altruistisches Verhalten entstehen konnte, muss den Gewinn für die Gemeinschaft betrachten. Das widerspricht allerdings einer Grundregel der Evolutionslehre, die besagt, dass die Mechanismen der Selektion immer am Individuum ansetzen und niemals bei der Gruppe. Aber vielleicht muss man an dieser Stelle doch umdenken.

Von dem selbstlosen Verhalten Monika Hausers profitiert in erster Linie die Gruppe der vergewaltigten und missbrauchten Frauen in den Krisengebieten. Langfristig gesehen hat allerdings die gesamte Gesellschaft in der betroffenen Region etwas davon, dass es diesen Frauen bessergeht. Durch die psychologische und medizinische Unterstützung sind sie wieder in der Lage, ihre Kinder auf liebevolle Weise zu erziehen. Frauen, die hingegen noch in ihrem Trauma gefangen sind, reagieren nicht selten aggressiv oder lassen ihre Kinder verwahrlosen. Auf diese Weise geben sie ihre eigene Gewalterfahrung an die nachfolgende Generation weiter. Monika Hausers Engagement leistet also einen Beitrag dazu, dass sich eine Gesellschaft vom Trauma eines Krieges überhaupt erst erholen kann. Sie erhält dafür etwas, das auch in den Spielen der Ökonomen Uneigennutz gefördert hat: Reputation. Das Ansehen der Ärztin in ihren Arbeitsgebieten und hierzulande ist hoch. Aber sicher war es keine Ruhmessucht oder persönliche Eitelkeit, die sie antrieb, eine international operierende Hilfsorganisation zu gründen und dabei auch noch ihre eigene Gesundheit aufs Spiel zu setzen.

Die Spieltests der Ökonomen geben uns einige interessante Hinweise, wo wir nach dem Ursprung des weisen Mitgefühls suchen müssen. Sie reichen als Erklärung aber noch lange nicht aus. Die meisten Studien auf diesem Gebiet hat wohl Samuel Bowles vom Santa Fe Institute in Kalifornien vorgelegt. Er analysierte zum Beispiel genetische Daten von Jäger-Sammler-Kulturen. Die Inuit in Sibirien, die Aborigines in Australien und einige afrikanische Stämme leben heute noch so wie unsere Ahnen vor 150 000 bis 10 000 Jahren. Das Ergebnis der Analysen ist überraschend: Zwischen benachbarten Gruppen gab es kaum genetische Ähnlichkeiten. Die Individuen *innerhalb* einer Gruppe waren sich genetisch aber viel ähnlicher als erwartet, beinahe wirkte es so, als bestünde eine Gruppe nur aus Cousins und Cousinen. Wer also den eigenen Gruppenmitgliedern gegenüber selbstlose Hilfsbereitschaft zeigte, unterstützte damit automatisch auch seine eigenen Verwandten. Damit erscheint altruistisches Handeln gar nicht mehr so selbstlos, denn indem ich jenen helfe, die mit mir genetisch verwandt sind, unterstütze ich indirekt auch den Fortbestand meiner eigenen Gene. Echte Selbstlosigkeit liegt erst dann vor, wenn Mitglieder anderer Gruppen davon profitieren.

Vor allem in einer von kriegerischen Auseinandersetzungen geprägten Welt kann sich diese ursprüngliche Form von Altruismus bewährt haben. Samuel Bowles' Schätzung nach starb jeder achte unserer Vorfahren im Kampf. Immer wieder finden Paläontologen Massengräber aus prähistorischer Zeit, die Skelette mit eingeschlagenem Schädel oder anderen Merkmalen von Gewaltanwendung enthalten. Keine andere Spezies ist in der Lage, auf einen Schlag ganze Gruppen von Artgenossen auszulöschen. Das gelingt nur dem Menschen. Samuel Bowles glaubt, dass Altruismus und Kriege sich gegenseitig begünstigt haben.

Wer sich beispielsweise als Krieger für die Gruppe opferte, unterstützte damit seine eigenen Gene. Wer verletzt wurde, konnte auf die altruistische Fürsorge seiner Gruppenmitglieder bauen. Sieger im Kampf um Lebensraum und Nahrungsmittelressourcen waren deshalb vor allem die Gruppen mit altruistischen Mitgliedern. Die Gene für Altruismus wurden vererbt und blieben erhalten. In Gruppen mit egoistischen Mitgliedern fanden sich dagegen keine Krieger, die bereit gewesen wären, für die anderen Gruppenmitglieder ein Risiko einzugehen. Folglich versuchten die Egoisten eher, kriegerische Auseinandersetzungen zu vermeiden, und wenn es doch dazu kam, war ihre Gruppe in der Regel unterlegen. In Computersimulationen konnte Bowles zeigen, dass Gruppen mit lediglich egoistischen Mitgliedern im Lauf von Jahrtausenden ausschließlich friedliche Gesellschaften hervorbringen würden. Je größer die Anzahl der altruistischen Gruppenmitglieder, die bereit wären, notfalls auch für die anderen zu sterben, desto mehr kriegerische Auseinandersetzungen tauchen in den Simulationen auf. Dabei geht der Wissenschaftler aber immer von einem sogenannten parochialen Altruismus aus. Parochialismus bedeutet, dass man Außenseitern gegenüber feindselig ist. Nur unter der Einschränkung, dass die altruistische Verhaltensweise Gruppenmitglieder begünstigt, ergibt die Evolution des Altruismus überhaupt Sinn. Dann allerdings fördert sie leider auch die Entstehung von Kriegen.

In einem Essay in der Fachzeitschrift *Nature,* der in deutscher Übersetzung auch in der *Zeit* abgedruckt wurde, schreibt Samuel Bowles: »Es lässt sich nicht leugnen: Die Eigenschaften, die den Menschen auszeichnen – sein beeindruckendes Gemeinschaftsgefühl, sein Mut, für andere einzustehen, und seine Großzügigkeit –, tragen die Geburtsmale einer gewalttätigen Vergangenheit.« Im selben Artikel führt er aber auch einige Beispiele von Menschen an, die den parochialen Altruismus eindeutig überwunden haben. Das Buschvolk der Kung, das in Namibia und Botswana lebt, kultiviert beispielsweise die Sitte, kleine Gegenstände mit oft mehr als hundert Kilometern entfernt lebenden Gruppen auszutauschen. Häufig besitzen die Gaben einen rein symbolischen Wert. Sie sichern aber die Freundschaft und ermöglichen es, dass in Notzeiten der eine beim anderen unterschlüpft.

Durch Sozialisation und Lernen sind Menschen eben

auch in der Lage, über die Grenzen ihrer eigenen Gruppe hinauszudenken. Es waren vermutlich die ersten Weisen, die über ausreichend Weitsicht verfügten, um das einzusehen. Sie begannen damit, Allianzen mit den ehemals verfeindeten Nachbarn zu schließen. Weil der Homo sapiens (der »weise Mensch«) eben nicht sklavisch den Gesetzen folgen muss, die ihm die Evolution und seine Gene auferlegt haben, kann er seine Feindschaft gegenüber dem »Fremden« überwinden. Seine Fähigkeit zum Mitgefühl hilft ihm dabei. Deswegen gelingt es glücklicherweise oft im Verlauf von wenigen Jahrzehnten, Konflikte zwischen ethnischen, religiösen oder anderen Gruppen beizulegen. Vor fünfunddreißig Jahren, als Martin Luther King ermordet wurde, war noch nicht daran zu denken, dass die USA einmal einen schwarzen Präsidenten haben würden. »Selbst wenn ich also recht behielte mit meiner Theorie, dass parochialer Altruismus zum menschlichen Vermächtnis gehört – er muss deshalb noch lange nicht unser Schicksal sein«, schreibt Samuel Bowles am Ende seines Essays.

Weise Menschen sind eben auch in der Lage, die Grenzen zu überwinden, die ihnen ihre Erbanlagen, ihre Erziehung, ihre Bildung oder ihre Kultur setzen. Dadurch können sie auf gesellschaftliche Probleme aufmerksam machen und diese manchmal sogar lösen. Monika Hauser ist dies mit ihrer Organisation Medica Mondiale gelungen. Das Thema »sexualisierte Gewalt im Krieg« hat sie als Erste konsequent und systematisch in das Bewusstsein der Öffentlichkeit gebracht. In den betroffenen Ländern ist es dank der Projekte von Medica Mondiale immer wieder gelungen, die rechtliche und gesellschaftliche Stellung der Frauen zu verbessern. In vielen Fällen konnten sie und ihre Mitarbeiterinnen erreichen, dass die vergewaltigten und traumatisierten Frauen nicht aus ihren Familien ausgestoßen wurden, sondern nach ihrer Erholung wieder produktive und anerkannte Mitglieder der Gesellschaft wurden.

Auch die psychologischen Weisheitsforscher haben sich mit der Frage beschäftigt, ob es so etwas wie »persönliche« und »allgemeine« Weisheit gibt. Am besten erklärt sich das an einem Beispiel. Ein weiser Mensch ist womöglich sehr gut darin, anderen bei der Lösung ihrer Eheprobleme zu helfen. Das ist mit »allgemeiner Weisheit« gemeint. Wenn seine Weisheit angesichts von Streitigkeiten in seiner eigenen Ehe versagt, verfügt er anscheinend nicht über persönliche Weisheit. Weise Menschen, die Grenzen überwinden wollen, müssen die eigenen Grenzen genau kennen und akzeptieren. Wem nützt ein Weiser mit Burn-out-Syndrom?

Um persönliche Weisheit zu testen, haben die psychologischen Weisheitsforscher um Ursula Staudinger ihren Testpersonen folgende Aufgabe gestellt: »Denken Sie laut über sich selbst als Freund nach. Was sind Ihre typischen Verhaltensweisen? Wie verhalten Sie sich in schwierigen Situationen? Kennen Sie Gründe für Ihr Verhalten? Was ist Ihre Stärke und Schwäche, was würden Sie gern ändern?«

Die Tonbandprotokolle bewerteten die Forscher dann nach fünf Kriterien zur persönlichen Weisheit, die sie vorher erarbeitet hatten.

Wissen über das eigene Selbst

»Manchmal denke ich über die Richtlinien in einer Freundschaft nach, nach denen ich handle. Ich versuche, zuverlässig zu sein. Ein Ziel von mir ist es, immer zu Freundschaften zu stehen, weil lange, tiefe Freundschaften sehr wichtig sind.«

Wachstum und Selbstregulation
»Ich habe gelernt, meine Gefühle nicht (...) zu sehr zu unterdrücken, mich zu öffnen, wenn ich mit Freunden zusammen bin. Auf der anderen Seite muss man immer beachten, in welcher Situation man gerade ist, ob es (...) angebracht ist, Gefühle zu zeigen oder nicht.«

Das Selbst in Beziehung setzen
»Einige meiner Freundschaften gingen wahrscheinlich aufgrund der Zeiten, dem Krieg und weil wir ständig umzogen, in die Brüche.«

Selbst-Relativismus
»Ich kann mir vorstellen, dass einige meiner Freunde denken, dass ich nicht genug Zeit für sie habe, obwohl ich mich wirklich sehr bemühe.«

Toleranz von Ambiguität
»Ich habe verschiedene Seiten in mir; es ist nicht immer ganz klar, aber ich glaube, ich kann wirklich ein guter Freund sein.«

»Der Tod eines Freundes konfrontierte mich mit meinem eigenen möglichen Tod. Das traf mich völlig unerwartet.«

Genau wie beim Test zur allgemeinen Weisheit ließen die Forscher auch diesmal wieder speziell geschulte »Beurteiler« die Tonbandprotokolle bewerten. Außerdem mussten die Studienteilnehmer Fragebogen zu ihrer Persönlichkeit und Lebenszufriedenheit ausfüllen. Später wurden sie nach dem Berliner Weisheitsparadigma auf allgemeine Weisheit getestet.

Nach der Auswertung war klar: Persönliche und allgemeine Weisheit korrelieren stark, sie treten nicht unabhängig voneinander auf. Monika Hauser würde das heute sicherlich bestätigen: »Wer diese Arbeit machen will, muss erst seine eigenen Sachen klarhaben.« Wer sich selbst nicht kennt, sollte gar nicht erst probieren, anderen zu helfen. Nicht ohne Grund lautete eine Inschrift am Eingang des Apollon-Tempels, des Weisheitsortes der Antike schlechthin: »Erkenne dich selbst.« Das ist einer der ersten und schwierigsten Schritte auf dem Weisheitsweg. Manchmal müssen Menschen, die bereits viele gute Voraussetzungen zur Entwicklung von Weisheit mitbringen, erst Schicksalsschläge erleiden, um dadurch zur Selbsterkenntnis und damit zur persönlichen Weisheit zu gelangen.

Monika Hauser hat durch die erlittene Fehlgeburt über ihre Grenzen nachgedacht. Das, was sie durch diese Erfahrung gelernt hat, setzt sie heute konsequent um: Sie sorgt dafür, dass ihr privates Leben ausgeglichen und zufrieden ist. Die Gründerin von Medica Mondiale ist noch einmal vom selben Mann schwanger geworden. Mit ihm und ihrem Sohn lebt sie in Köln. Damit sie gesund bleibt, treibt sie regelmäßig Sport, und vor vier Jahren hat sie mit dem Saxophonspielen begonnen. »Man muss das Leben ganzheitlich angehen und dafür sorgen, dass es in allen Bereichen stimmt«, sagt sie. Auch das ist ein Satz, der persönliche Weisheit beinhaltet. Und die wirkt sich immer auch auf die allgemeine Weisheit einer Person aus. Mit dieser allgemeinen Weisheit hat Monika Hauser ihre Organisation Medica Mondiale so strukturiert, dass auch ihren Mitarbeiterinnen kein Burn-out-Syndrom droht.

Wer von schwierigen Einsätzen zurückkommt, erhält Supervision. Frauen mit »Helfersyndrom« haben bei Medica Mondiale keine Chance. Das ist leider nicht bei allen Hilfsorganisationen so. In Vietnam und Indien habe ich immer wieder beobachtet, dass dort Menschen versuchen, anderen zu helfen, die selbst gut eine Psychotherapie gebrauchen könnten. Sie brachten zum Teil wenig Verständnis für die fremde Kultur mit, und dementsprechend ineffizient war ihre Hilfe. Manchmal hatte ich den Eindruck, sie gingen nur deswegen in Entwicklungsländer, weil sie zu Hause aus verschiedenen Gründen nicht zurechtkamen.

Monika Hauser dagegen hat ganz sicher ihr Leben im Griff. Sie wirkt dabei sehr zufrieden und bestätigt das auch auf Nachfrage. In dieser Hinsicht ist sie nicht besonders selbstlos. Sie führt vielleicht kein einfaches, dafür aber ein erfülltes Leben, und das schafft Zufriedenheit. Vielleicht wissen weise Menschen besser als andere, was ihnen echte Zufriedenheit verschafft und dass es sich lohnt, dafür auch einige Beschwerlichkeiten in Kauf zu nehmen. So gesehen gibt es »echte Altruisten« auch unter den Weisen nicht.

Von alten und jungen Weisen

Marie und der Priester

Niemand wird weise geboren; vielmehr scheint Weisheit etwas zu sein, das einige wenige Menschen im Lauf ihres besonderen und meistens nicht gerade einfachen Lebens erwerben. Und natürlich steigt mit dem Alter die Lebenserfahrung und damit auch die Chance auf weise Einsichten. Sind alte Menschen also tatsächlich weiser als junge? Das geflügelte Wort von der »Weisheit des Alters« scheint dafür zu sprechen. Auch die erste weise Person, an die ich denken musste, war schon alt, als ich sie kennenlernte. Kurz vor meiner Geburt hatte Oma Hilde ihren sechsundsechzigsten Geburtstag gefeiert. Ich kann also kaum ein Urteil darüber abgeben, ob sie schon in jungen Jahren weise war.

In vielen Kulturen bringt man älteren Menschen jedenfalls besonderen Respekt entgegen, und das könnte auch etwas damit zu tun haben, dass man sie für weiser hält als die jüngeren. »Eine alte Person hat Weisheit aufgesogen«, sagen die Ovambo in Angola und Namibia. »Wenn du guten Rat brauchst, wende dich an die Älteren«, meinen die Oromo in Kenia. Weltweit bekannt geworden ist folgender Satz des aus Mali stammenden Ethnologen und Schriftstellers Amadou Hampaté Ba: »Wenn bei uns ein Greis stirbt, dann verbrennt eine ganze Bibliothek.« Bevor er selbst zu einem alten Weisen wurde, lauschte er den Erzählungen alter Männer, die in seiner Heimat traditionell mit der Gitarre untermalt dargeboten wurden. Aber auch die weisen Ratschläge seiner Mutter, die sie ihm als Zwanzigjährigem beim Start in den Beruf gab, begleiteten Amadou Hampaté Ba für den Rest seines Lebens. Einer der Ratschläge lautete, die Alten zu respektieren.

Um das Wissen der afrikanischen Weisen bemüht sich die sogenannte Sage Philosophy (Weisheitsphilosophie). Ihr Begründer Henry Odera Oruka (1944–1995) und seine Mitarbeiter befragten die Ältesten, die in afrikanischen Dorfgemeinschaften als Ratgeber besonders geschätzt waren. Viele von ihnen verfügten über keinerlei Schulbildung, und auch ihr biologisches Alter kannten sie nicht, weswegen bei den Protokollen der Interviews häufig Altersangaben fehlen. In der Regel aber wird aus der Lebensgeschichte deutlich, dass es sich um ältere Weise handelt. Manche waren eher »Volksweise«, die im Wesentlichen Experten in der Mythologie und Tradition ihres jeweiligen Volkes waren. Einige wenige aber schafften es, kritisch über das hinauszudenken, was ihnen ihre eigene Kultur vorgab. Oruka Ranginya, der Vater von Henry Odera Oruka, ist ein Beispiel für einen solchen Weisen. Als Berater von Häuptlingen war er ein allgemein anerkannter Weiser. Bei einer Studie zu den afrikanischen Weisen wurde er gefragt, was Gott eigentlich sei. Der alte Mann berichtete zunächst über die Traditionen seines Volkes, Gott durch Opfer oder Verehrung der Sonne zu dienen. Dann fuhr er fort: »Gott hat jedoch keine Ähnlichkeit mit einem Menschen. Gott ist wie die Luft oder der Wind. Und darum kann Er überall sein. Aber Gott ist auch dasselbe wie das moralisch Gute. Gott ist kein konkreter Gegenstand, er hat keine Substanz. Gott ist die Idee des Guten oder die Kraft, die der Mensch wünscht oder zu erlangen sucht.«

Daraufhin fragte der Interviewer: »Was bedeutet es, dass Gott keine Realität ist? Ist er eine bloße Wunschvorstellung?«

»Es ist falsch, Gott zu personifizieren – Gott ist der Inbegriff eines offenen Herzens. Gott ist die Idee, die das Gute selbst repräsentiert. Und darum ist Gott eine sehr nützliche Idee, ohne die das Übel erlaubt sein und überall praktiziert werden würde. Aber Gott ist kein Leib.«

Oruka Ranginya hat nie eine Schule besucht, und doch ist sein Gedanke: »Gott ist eine Idee«, nicht weit von den Philosophien der antiken griechischen Weisen entfernt. In jedem Fall ist er ein Beispiel dafür, wie lohnend es sein kann, einem alten Menschen zuzuhören.

Aber nicht nur in Afrika gibt es die Tradition, das Alter zu ehren. Konfuzius, der große Weisheitslehrer Asiens, etwa berichtet über den Umgang mit alten Menschen: »Von alters, als Schun Herrscher war, bevorzugte er die Tugend und achtete das Alter. Die Herrscher aus dem Geschlechte Hia bevorzugten den Adel, aber sie achteten auch das Alter. Die Leute von Yin bevorzugten den Reichtum, aber sie achteten auch das Alter. Die Leute von Dschou bevorzugten ihre Verwandten, aber sie achteten auch das Alter. Schun, Yü, Tang und Wu waren die Größten Könige auf Erden. Und keiner von ihnen hat das Alter vernachlässigt. Das Alter genießt seit langem diese Wertschätzung auf Erden.« Im weiteren Verlauf des Textes klingt dann auch durch, warum alte Menschen so viel Wertschätzung bei den Königen genießen. Anscheinend suchen die Herrscher Rat bei ihnen: »Achtzigjährige warten überhaupt nicht bei Hofe auf; wenn der Fürst sie etwas zu fragen hat, so besucht er sie.«

Ich selbst habe bei Asienaufenthalten immer wieder beobachten können, welchen besonderen Respekt alte Menschen dort genießen. Als ich 2005 nach dem Tsunami in Indien für eine internationale christliche Hilfsorganisation einige Monate die Pressearbeit übernommen hatte, spürte ich am eigenen Leib, wie vorteilhaft es in diesem Land sein kann, einige graue Haare zu haben. Für meine vielen Reisen zu den verschiedenen betroffenen Dörfern entlang der Südostküste besorgte der indische Büroassistent immer die Zugtickets. Als ich kurz nach meiner Ankunft zum ersten Mal allein aufbrechen wollte, bat ich Stanley darum, mir die Tickets auszuhändigen. Er weigerte sich, auch auf meine mehrmalige dringende Bitte hin. »Ich gebe dir die Tickets, wenn du in den Zug steigst«, sagte er immer wieder, höflich lächelnd. Anscheinend traute er mir nicht zu, allein mit einem Taxi zum Bahnhof zu fahren, das richtige Gleis zu finden und in den richtigen Waggon einzusteigen. Ich erklärte ihm, dass ich auch ohne seine Hilfe am Ziel ankommen würde, und bat vehement um die Herausgabe der Fahrkarte. Natürlich wieder ohne Erfolg. Erst als sich eine Kollegin von mir einschaltete, löste sich das Problem. Sister Roselyn ist eine katholische Nonne, selbst Inderin, und leitete das psychosoziale Betreuungsprogramm für die Tsunami-Opfer. Zuvor hatte sie in einem Gremium für Frauenfragen in New York bei der UNO gearbeitet. Ihre Position innerhalb des Büros entsprach vom Rang her ungefähr der meinigen, allerdings war sie damals schon über fünfzig, womit sie eindeutig zu den älteren Kollegen gehörte. Sie erklärte mir, das seltsame Verhalten des Büroassistenten sei typisch für indische Männer, die dazu neigten, speziell junge Frauen zu bevormunden. »Auf mich hat er nur gehört, weil ich um einiges älter bin als er.«

Während meiner Monate in Indien war Sister Roselyn eine geschätzte ältere Ratgeberin für mich. Aufgrund ihrer Erfahrung gelang es ihr immer wieder, eine Brücke zwischen den Kulturen zu schlagen, was meine Arbeit in Indien erheblich erleichterte. Auf ihre Empfehlung hin gewöhnte ich mir zum Beispiel an, bei den Besuchen in den Fischerdörfern oder Notunterkünften indische Kleidung zu tragen. Am Anfang empfand ich das zwar als eine unangemessene Anbiederung an eine mir eigentlich fremde Kultur und fühlte mich im Sari oder Salwar völlig deplatziert. Tatsächlich erleichterte diese Kleidung jedoch meine Arbeit mit den Dorfbewohnern erheblich. Die Distanz zwischen uns schien dadurch geringer zu sein, und ich erhielt in den Interviews persönlichere Informationen.

Die Ehrfurcht vor dem Alter hat in Indien auch etwas damit zu tun, dass ältere Menschen als Ratgeber geschätzt werden. Innerhalb von Familien habe ich oft erlebt, dass bei wichtigen Entscheidungen der Rat der ältesten Familienmitglieder befolgt wurde. Sie entschieden mit darüber, wie die finanzielle staatliche Hilfe angelegt werden sollte, die vom Tsunami betroffene Familien erhalten hatten. Auf meine Frage hin antwortete ein Familienvater, dass seine Mutter aufgrund ihrer Lebenserfahrung über viel mehr Weitblick verfüge als er und so am ehesten ein möglichst zukunftsträchtiges Investment empfehlen würde. Insgesamt hatte ich den Eindruck, dass die Respektsbekundungen gegenüber alten Menschen nicht nur kulturell bedingte Höflichkeiten waren, sondern tatsächlich der Lebenserfahrung der alten Menschen galten. Lebenserfahrung ist aber nicht gleichzusetzen mit Weisheit, und auch die vielen hilfreichen Ratschläge von Sister Roselyn sind keine echten Weisheiten gewesen.

Und doch begegnete ich in Indien der zweiten für mich wichtigen weisen Person in meinem Leben. Marie ist eine junge Weise. Als ich sie kennenlernte, war sie noch keine dreißig und außer mir die einzige westliche Person, die zum ständigen Mitarbeiterstab des Tsunami-Büros in Chennai, ehemals Madras, gehörte. Als Architektin sollte sie gemeinsam mit zwei indischen Kollegen das Wiederaufbauprogramm in den Dörfern leiten. Mittlerweile lebt sie wieder in Wien, und wir telefonieren und besuchen uns noch regelmäßig. Von ihr hole ich mir häufiger Rat als von irgendeinem anderen Menschen.

Besonders, wenn es um Konflikte bei meiner Arbeit oder im privaten Bereich geht, ist Marie immer in der Lage, mir die Position der Gegenseite zu erklären und gleichzeitig eine Lösung zu finden. Wenn ich mit ihr geredet habe, hat sich mein Blick auf die Situation häufig völlig gewandelt. Manches, was mir durch meine verletzten Gefühle besonders dramatisch erschien, kommt mir dann gar nicht mehr so schlimm vor. Es kann aber auch sein, dass Marie hinter einer Bemerkung oder scheinbar undurchschaubaren Handlung eine gegen mich gerichtete Absicht erkennt, die mir so noch gar nicht aufgefallen war. Als meine bevorzugte Ratgeberin in konfliktreichen Situationen ist sie allerdings alles andere als eine »harmoniesüchtige« junge Weise. Wenn es sein muss, kämpft sie für ihre Position und rät mir im Zweifelsfall auch dazu. Dabei bleibt sie aber immer sachlich, auch dann, wenn es in ihr selbst gerade brodelt. Da unterschied sie sich auch von Sister Roselyn, die gelegentlich sehr emotional reagieren konnte.

Maries Fähigkeit, bestehende Probleme glasklar auf den Punkt zu bringen, und ihr enormes Durchsetzungsvermögen haben sie bei den indischen Kollegen nicht gerade beliebt gemacht. Sie war ihnen einfach zu unbequem. Ich habe aber auch mehrfach erlebt, dass dieselben Kollegen, die sich zunächst lautstark über sie beklagt hatten, am Ende beinahe weinten, als die Zusammenarbeit mit ihr beendet war. Bei unserer Arbeit in Indien kam ihr zugute, dass sie dort bereits vier Jahre zuvor Erfahrungen gesammelt hatte. Mit einer Studentengruppe der Londoner School of Architecture hatte sie im Bundesstaat Gujarat an einem Projekt gearbeitet, als das schlimmste Erdbeben, das bis dahin im unabhängigen Staat Indien gemessen worden war, ausbrach. »Es war ein Gefühl, als würde man in einer Schuhschachtel hin und her gerüttelt. Danach hat sich für lange Zeit nichts mehr sicher angefühlt«, erzählt Marie über diese Erfahrung. Man sollte meinen, dass sie danach indische Katastrophengebiete eher gemieden hätte. Aber das ist eben das Besondere an ihr, dass sie solche Herausforderungen eher sucht als meidet. Das und ihr besonderes Interesse für andere Kulturen haben dazu beigetragen, dass Marie, als ich sie als Neunundzwanzigjährige in Indien traf, schon einige Erfahrungen mehr hinter sich hatte als manch Siebzigjähriger.

Für ihre Diplomarbeit etwa war die Südtirolerin in den Iran gegangen, wo sie einen Mann kennenlernte, mit dem sie sich verlobte. Sie wurde zu seiner wichtigsten Stütze, als seine Eltern als Regimekritiker inhaftiert wurden. Nach der Freilassung der Eltern planten sie gemeinsam ihre Zukunft in Los Angeles, wo seine Familie Verwandte und Freunde hatte. Da war Marie allerdings schon wieder in Wien, um ihr Studium zu beenden. Sie gab ihre Wohnung auf. Einen Tag vor ihrer geplanten Abreise nach L. A. beendete ihr Verlobter die Beziehung aus heiterem Himmel per E-Mail. Wohnungslos und mit gepackten Koffern schlüpfte sie bei einer Freundin unter. Den Schmerz, den diese Trennung in ihr auslöste, kann ich noch spüren, als sie mir zwei Jahre später in unserer indischen WG davon erzählt. Ihr Entschluss, den Job in Indien anzunehmen, hatte aber nichts damit zu tun, dass sie ihren privaten Problemen ausweichen wollte. Sie interessierte sich wirklich für die Arbeit am Wiederaufbauprojekt und hatte auch in den Jahren zuvor an ähnlichen Projekten mitgearbeitet.

In ihrer Heimat Südtirol erarbeitete sie zum Beispiel ein Planungskonzept, das die Wohnsituation der dort lebenden Sinti und Roma verbessern sollte. Denn die ist heute in den sogenannten Campi Nomadi nicht nur wegen der schlechten sanitären Bedingungen menschenunwürdig. »Sie befinden sich auf jenen Arealen, die für die Stadt keinen qualitativen Nutzwert haben: zwischen und unter Autobahn und Schnellstraße, neben Kläranlagen und Recyclinghöfen. Orte, die unweigerlich zu Orten der Ausgrenzung werden«, schreibt Marie in ihrem Bericht über die Campi Nomadi. Gemeinsam mit den Sinti entwickelt sie in mehreren Workshops ein Konzept für eine Wohnmöglichkeit, die den Bedürfnissen der Familien entspricht. Obwohl ihre Arbeit von den Medien und immer wieder auch von einzelnen Politikern gelobt wird, landet das ausgearbeitete Projekt letztlich doch in der Schublade. Damit kommt sie erstaunlich gut klar: »Ich habe von Anfang an gewusst, dass der Rassismus zu tief sitzt, als dass man wirklich etwas hätte verändern können.« Es nicht wenigstens zu versuchen wäre für sie allerdings auch nicht in Frage gekommen. Es gibt immer wieder junge Menschen, die sich mit aller Kraft für eine gute Sache engagieren, aber nur sehr wenige schaffen es, auch Rückschläge konstruktiv zu verarbeiten.

Wenn Weisheit dazu da ist, in existenziellen Grenzsituationen Lösungen zu finden, dann war in Indien nach dem Tsunami ständig Weisheit gefordert. Die Flutwelle zerstörte am zweiten Weihnachtsfeiertag 2004 einen 2260 Kilometer langen Küstenstreifen entlang der indischen Südostküste. Er umfasste vier Bundesstaaten und die Inselgruppe der Andamanen und Nicobaren. Die Betroffenen gehörten den verschiedensten Volksgruppen an und sprachen unterschiedliche Sprachen.

An manchen Stellen war das Wasser kilometerweit ins Landesinnere vorgedrungen. Dabei starben nicht nur viele Menschen, auch die Überlebenden verloren ihre Existenzgrundlage. Ihre Häuser wurden zerstört, ihre Boote und Netze hatte das Meer ebenfalls mitgerissen und die Böden vollkommen versalzen zurückgelassen. Besonders stark betroffen war die Inselgruppe der Andamanen und Nicobaren, die sehr nah am Epizentrum des Seebebens lag, das den Tsunami ausgelöst hatte. Eine Insel war dabei in zwei Teile zerbrochen, andere Inseln hatten erhebliche Anteile bewohnter Flächen ans Meer verloren. Mitarbeiter meiner Organisation zählten allein auf den Andamanen und Nicobaren zwanzigtausend Tote, etwa doppelt so viele, wie die indische Regierung für das gesamte Katastrophengebiet angab. Das sind aber lediglich Zahlen und Statistiken, tatsächlich können nur die Überlebenden etwas vom wirklichen Ausmaß der Katastrophe berichten. Ein Vater, der beide Töchter verlor, ein achtjähriges Mädchen, das nicht mehr spricht, sondern nur noch schreit, wenn es Wasser sieht, oder ein Häuptling der Nicobari, der durch einen Wald aus toten Kokosnusspalmen geht und sich verzweifelt fragt, wie er sein Volk nun ernähren soll, denn die Palmen hatten bis dahin alles Lebensnotwendige geliefert.

Schätzungen zufolge waren etwa 3,6 Millionen Menschen von den Auswirkungen der Katastrophe betroffen. Auf brutale Weise hatte die Flutwelle ihnen verdeutlicht, wie unberechenbar, wie unsicher das Leben und die Zukunft eigentlich sind. Und tatsächlich geschieht unmittelbar nach der Katastrophe etwas Wunderbares: Alle Konflikte zwischen den unterschiedlichen Volksgruppen, Geschlechtern, Religionen und Kasten scheinen vergessen. Menschen helfen einander über alle Grenzen hinweg. Christen organisieren Kleiderspenden für Hindus, und sogar die Hilfe der Organisation der Unberührbaren, der Dalits, wird akzeptiert und dankend angenommen. Für einen Moment scheinen alle in Indien ein klein wenig weiser geworden zu sein. Etwa drei Tage hält Berichten der Nothelfer zufolge die Einigkeit an. Dann brechen alle Konflikte wieder aus – genauso stark wie zuvor.

Nicht das Ausmaß der Katastrophe selbst, sondern die Konflikte innerhalb der indischen Gesellschaft sind der Hauptgrund, warum in diesen Zeiten mehr als Sachkompetenz, soziale Intelligenz und kulturelles Einfühlungsvermögen gefordert waren. Um den Tsunami-Opfern wirklich helfen zu können, brauchte es vor allem weise Entscheidungen. Ein typisches Beispiel für die Probleme, die die Helfer erwarteten, war die Situation in dem Dorf Atkatu Thurai in Tamil Nadu. Als ich dort war, berichteten mir einige Betroffene und eine Sozialarbeiterin, dass dort etwa fünfzig Familien weder eine Entschädigung noch eine Notunterkunft erhalten hätten. Diese Familien gehörten schon vor der Katastrophe zu den Ärmsten und hatten durch den Tsunami zumeist alles verloren. Von den Führern ihrer Gemeinde waren sie aber gar nicht erst auf die Betroffenenliste gesetzt worden. Offenbar war dafür ein Streit zwischen dem traditionellen und dem gewählten Führer verantwortlich. Beide Parteien versuchten, sich die Unterstützung der wohlhabenderen Dorfbewohner zu sichern, indem sie sie auf die Listen für die Entschädigungen und Notunterkünfte setzten. Und so war es nicht verwunderlich, dass an vielen vergleichsweise prächtigen Wohnhäusern auch noch eine aus weinroter Teerpappe bestehende Notunterkunft angebaut war, die beispielsweise als Hühnerstall diente. Eine dreiköpfige Familie, die durch die Flutwelle tatsächlich alles verloren hatte, musste dagegen in einer aus Palmblättern bestehenden Hütte der örtlichen Jugendgruppe unterschlüpfen.

Wer in den vom Tsunami betroffenen Dörfern wirklich helfen wollte, musste erst einmal die komplizierten Strukturen und Hierarchien ihrer Bewohner begreifen. So kann es vorkommen, dass Männer nicht wollen, dass ihre Frauen ein Kleingewerbe anfangen, verschiedene Religionsgemeinschaften oder Volksgruppen sich bekämpfen, wo sie nur können, und natürlich kommt es auch zwischen den einzelnen Kasten immer wieder zu Auseinandersetzungen oder Diskriminierung. Wer dort nicht hineingeboren wurde, begreift meist nicht wirklich, was vor sich geht.

Natürlich ist unter derartigen Bedingungen Weisheit ganz besonders gefordert, und im Falle des Dorfes Devanampattinam bedurfte es sogar mehr als einer Weisen, um den Dorfbewohnern zu helfen. Marie hatte Unterstützung von Father Ratchagar, einem damals achtundsechzigjährigen Priester, der in der Region tatsächlich einen soliden Ruf als weiser Mann hatte. Er hatte schon einige Konflikte in Devanampattinam gelöst, bevor Marie das Dorf zum ersten Mal besuchte. 101 Menschen waren dort durch den Tsunami umgekommen, und ein Großteil der Häuser war zerstört worden, genau wie die meisten Boote und Netze. Kein anderes Dorf in der Region um Pondicherry hatte so stark unter dem Tsunami gelitten. Und das war ein Problem, denn die Fischer von Devanampattinam waren mächtig. Sie kontrollierten noch immer viele der umliegenden Dörfer. Um nicht die Wut der Fischer von Devanampattinam auf sich zu ziehen, wagten sich die Fischer aus diesen Dörfern auch nicht hinaus aufs Meer, selbst wenn ihre Boote und Netze heil geblieben waren. Solche Auseinandersetzungen waren in der Vergangenheit schon des Öfteren nicht ganz unblutig ausgegangen.

Father Ratchagar wusste, dass er zuerst den Bewohnern von Devanampattinam helfen musste. Und als ehemaliger Schuldirektor hatte er keine schlechten Chancen, denn einige der mächtigeren Dorfbewohner waren seine Schüler gewesen und verehrten ihn. Zum Zeitpunkt des Tsunamis hatte die Kirche ihn bereits zum Direktor der örtlichen Caritas berufen, und in dieser Funktion versuchte er, in Devanampattinam zu helfen. Allerdings bekam der katholische Priester unerwartet Konkurrenz. Der Bollywoodstar Vivek Oberoy war mitsamt seinem Guru Chidananda Saraswati angereist, um sich für das Dorf starkzumachen. Mit seinem »Projekt Hoffnung« baute er achtzig Notunterkünfte und kaufte einige Boote und Motoren. Damit schaffte er es in alle wichtigen indischen Zeitungen und Magazine. Sogar der *New York Times* war das Engagement von Vivek Oberoy einen Artikel wert. Aber schon dreieinhalb Monate nach dem Tsunami ließ er zumindest in Devanampattinam nichts mehr von sich hören. Der in Indien berühmte und beliebte Schauspieler behauptete, die Christen und die »Alkohol-Lobby« hätten seine Arbeit behindert.

Als ob in Indien ein katholischer Priester gegen einen Bollywoodstar eine Chance hätte. Die Bewohner von Devanampattinam jedenfalls rissen das Plakat von Vivek Oberoy und seinem Guru herunter. Stattdessen stellten sie eins von Father Ratchagar auf, dem das so peinlich war, dass er sich partout nicht vor dem bunten Werk fotografieren lassen wollte. Er hat die von Vivek Oberoy gebauten Hütten ausgebessert und noch einige andere gebaut. Weil er aber dauerhaft etwas in Devanampattinam ändern wollte, hat er Frauengruppen gegründet. Ähnliche Versuche waren vor dem Tsunami stets fehlgeschlagen, weil die Männer es nicht zugelassen hatten. Ferner organisierte der Priester Näh- und Computerkurse sowie Therapiegruppen zur Traumabewältigung. Es ging ihm nicht nur darum, das zu ersetzen, was der Tsunami zerstört hatte. Father Ratchagar wollte die überkommenen starren Strukturen im Dorf aufweichen und auf diese Weise dauerhafte Veränderungen herbeiführen. Denn Devanampattinam galt als eines der gewalttätigsten Dörfer in der Region, wo Streitigkeiten öfter mit dem Säbel gelöst wurden als durch das Gesetz. Gegen Einmischung von außen hatten sich die Fischer immer gewehrt.

Die Katastrophe hatte Father Ratchagar mit seiner Weisheit aber die Chance gegeben, etwas an der Situation zu ändern. Einer der Lokaljournalisten sagte mir einmal, für ihn grenze das, was der Priester in diesem Dorf erreicht hätte, schon beinah an ein Wunder. Father Ratchagar hatte es geschafft, die alten Regeln und Hierarchien außer Kraft zu setzen. Wie ihm das im Einzelnen gelang, weiß ich natürlich nicht, da ich bei den Gesprächen und Verhandlungen mit den Führern des Dorfes nicht dabei war. Doch die Erfolge sind vielleicht der beste Beleg für die Weisheit von Father Ratchagar. Sie erschienen mir umso bedeutsamer, da ich wusste, dass nicht nur Vivek Oberoy, sondern auch einige andere Hilfsorganisationen in Devanampattinam gescheitert waren. Durch den Einsatz des Priesters konnte auch der Fischer Manikandan zum Bootsbesitzer werden. Vor dem Tsunami hatte er auf den Booten der reicheren Fischer gearbeitet. Sein Verdienst reichte gerade für das Überleben seiner Frau und seiner Tochter. Bei der Verteilung der Boote hatte Father Ratchagar darauf geachtet, dass fünf Männer, darunter ehemalige Bootsbesitzer genauso wie deren ehemalige Handlanger und ihre jeweiligen Ehefrauen, als Bootsbesitzer eingetragen wurden. Die Neuverteilung und das Einbeziehen der Frauen brachen die alten Hierarchien auf und schafften einen Ausgleich zwischen den Geschlechtern.

Solche Veränderungen konnte der Priester natürlich nicht allein bewältigen. Er hatte Mitarbeiter, die zum Teil Tag und Nacht arbeiteten. »Ich sehe meine Familie kaum noch«, erzählte mir einer von ihnen. »Wir tun das für Father Ratchagar, er motiviert uns, wie das vorher kein anderer Caritas-Direktor konnte.« Sein weiser Führungsstil bestand unter anderem darin, dass er seinen Mitarbeitern klarmachen konnte, dass sie ihren Job nicht nur wegen des Gehalts machten, sondern weil er sinnvoll war. Die Erfolge ermutigten sie, sich noch stärker zu engagieren. Bei Misserfolgen konnte Father Ratchagar sie wieder aufbauen. Er war eine Autorität, ohne jemals autoritär zu sein. Die Sanftmut, mit der er seine Forderungen formulierte, schien ihnen nur noch mehr Gewicht zu verleihen. Außerdem war sein eigener Arbeitseinsatz für seine Mitarbeiter vorbildhaft. Dabei habe ich ihn jedoch nie gestresst erlebt. Mit seiner tiefen Seelenruhe schien er einfach alle in seinen Bann zu ziehen. Egal, ob es Mitarbeiter der EU waren, die Projektgelder zu verteilen hatten, eine arme Witwe oder ein indischer Lokalpolitiker – von Father Ratchagar waren die unterschiedlichsten Menschen beeindruckt. Wenn alles um ihn herum im Chaos zu versinken drohte, blieb er ruhig und behielt den Überblick.

Als es aber darum ging, Häuser für die Fischer in Devanampattinam zu bauen, war er auf die Hilfe von Marie angewiesen. Die Regierung hatte angeordnet, dass die Dörfer fünfhundert Meter vom Meer entfernt wieder aufgebaut werden sollten. Dort gab es aber kaum unbebaute Flächen. Marie hatte in dieser Frage eine ganz klare Position: »Wenn die Regierung uns solche Auflagen gibt, muss sie uns auch das Land dafür zur Verfügung stellen.« Natürlich konnte es nicht die Aufgabe einer international arbeitenden Hilfsorganisation sein, die indische Regierung aus ihrer Verantwortung zu entlassen, zumal sie über ausreichend finanzielle Mittel verfügte. Um Land zu erhalten, waren allerdings Verhandlungen mit dem Gemeindevorstand des Distrikts notwendig. Und da bewährten sich das Verhandlungsgeschick und die Weisheit von Father Ratchagar. Zu guter Letzt bekamen Marie und er ein Stück Land für den Wiederaufbau von Devanampattinam zugewiesen.

Bei den Gesprächen bezüglich dieses Projekts waren noch

ein indischer Architekt und ein Bauingenieur anwesend gewesen. Obwohl beide über ausreichend fachliche Kompetenz verfügten, sprachen sie nicht über die räumlichen Probleme bei der Bebauung. Das ist charakteristisch für den Umgang der Inder untereinander. Lieber nehmen sie Unannehmlichkeiten oder gar Nachteile in Kauf, als eine Autorität wie den Gemeindevorstand zu kritisieren. An Marie habe ich bewundert, dass sie immer genau wusste, wann es sinnvoll war, solche »indischen Regeln« einzuhalten, und wann man sie besser brach. Dieses untrügliche Gespür war Teil ihrer Weisheit.

Und so sagte sie schließlich auch, warum das Land für Devanampattinam nicht akzeptabel war: »Wenn wir dort bauen, wird daraus ein Slum.« Das Grundstück war viel zu klein, die einzelnen Kasten hätten zu eng nebeneinanderwohnen müssen, Konflikte wären vorprogrammiert gewesen. Außerdem hätte es keine Möglichkeit gegeben, die Häuser bei Familienzuwachs zu erweitern. Das Dorf hätte nicht wachsen können. Das Land abzulehnen stellte ein enormes Risiko dar. Denn natürlich musste Father Ratchagar auch in Zukunft mit dem Gemeindevorstand zusammenarbeiten. Wenn er Pech gehabt hätte, wäre er durch den Vorfall auf eine schwarze Liste gekommen und hätte nie wieder ein Gebäude in der Region bauen können.

Aber auch die Großspender in Deutschland und anderen Ländern wollten endlich Ergebnisse sehen. Der Druck der internationalen Öffentlichkeit war enorm. Unter solchen Bedingungen die Verantwortung für so eine Entscheidung tragen, können nur wenige. Hätte Marie es sich leichtgemacht, dann hätte sie das Land für den Wiederaufbau angenommen. Bis die Enge in dem neugebauten Dorf tatsächlich zum Problem geworden wäre, hätte sie das Land längst wieder verlassen. Ein Scheitern wäre ihr also niemals zur Last gelegt worden. Aber Marie hat sich nie für den leichten Weg entschieden, der in aller Regel auch nicht der Weisheitsweg ist. Wenn es die Lösung eines Problems erforderte, war und ist sie bereit, Konflikte in Kauf zu nehmen und auch die Verantwortung dafür zu tragen. Weil sie über den Weitblick und die soziale Intelligenz einer Weisen verfügt, scheitert sie in solchen Fällen auch nicht. Jedenfalls habe ich das bis jetzt noch nicht erlebt.

Und im Fall des Wiederaufbaus von Devanampattinam hatte sie darüber hinaus noch die sanfte Autorität und das Verhandlungsgeschick von Father Ratchagar im Rücken. Gemeinsam führten sie das Projekt zum Erfolg. Sie bekamen mehr Land, und ein Jahr nach dem Tsunami waren 648 neue Häuser fertiggestellt. Zur Einweihung des neuen Dorfes hielt der Gemeindevorstand eine Rede und sprach vom »wind of change«, der nun durch Devanampattinam wehe. Die Geschichte von Marie und Father Ratchagar zeigt, wie erfolgreich junge und alte Weisheit sein können, wenn sie kooperieren. Einer allein hätte es nie geschafft, diese Probleme zu lösen.

Natürlich haben sich auch Psychologen immer wieder gefragt, wie sich das Alter auf den Weisheitsgrad auswirkt. Der in Berlin entwickelte Weisheitstest kann mit Versuchspersonen ab einem Alter von zwölf Jahren durchgeführt werden. Bis etwa fünfundzwanzig werden die Ergebnisse immer besser, dann aber stagnieren sie. Die besten Ergebnisse erzielen meist Menschen mittleren Alters. Kritiker des Berliner Weisheitsparadigmas führen das aber auch darauf zurück, dass der Test vor allem die kognitiven Anteile der

Weisheit untersucht und von den Testpersonen ein hohes Maß an Denkvermögen und Konzentrationsfähigkeit fordert. Die emotionale Seite der Weisheit dagegen komme in diesen Untersuchungen oft zu kurz. Aber gerade in dieser Hinsicht verfügen viele ältere Menschen über mehr innere Balance.

Trotzdem denke ich, ist ein Ergebnis der psychologischen Weisheitsforscher unangreifbar: Weisheit stellt sich nicht automatisch mit zunehmendem Alter ein. Wer – wie Marie – bereits in jungen Jahren viele außergewöhnliche Erfahrungen machen konnte, kann schon relativ früh zu weisen Einsichten gelangen. Lebenserfahrung ist definitiv eine wichtige Voraussetzung, um Weisheit zu entwickeln, aber sie muss auch konstruktiv verarbeitet werden. Die Großmutter einer Freundin von mir hat beispielsweise während des Zweiten Weltkriegs ähnliche Erfahrungen gemacht wie meine Oma Hilde. Sie beklagte aber noch mit über achtzig voller Bitterkeit, dass sie durch die Flucht vor den Russen ihren gesamten Wohlstand verloren habe, und fing bei dieser Gelegenheit für gewöhnlich an, aufzuzählen, was alles sie niemals wiederbekommen hätten. Das begann beim Tafelsilber an und hörte bei den Dienstboten nicht auf. In aller Regel endeten die wortreichen Erzählungen mit einer Hasstirade gegen die Russen. Von der Versöhnlichkeit des Alters oder gar Weisheit war bei dieser Frau wenig zu spüren. Altersstarrsinn und die mit dem Alter nachlassende Flexibilität sind für die Entwicklung von Weisheit sogar eher hinderlich.

Andererseits kann die in praktisch jeder Kultur gepflegte Tradition, alte Menschen um Rat zu fragen, nicht so verkehrt sein. Bis in den Anfang des letzten Jahrhunderts hinein genossen die weisen alten Frauen in vielen deutschen Dorfgemeinschaften ebenfalls hohen Respekt. Sie verfügten nicht nur über umfangreiches Wissen in der Naturheilkunde, sondern waren häufig auch Ratgeberinnen und schlichteten Streitigkeiten unter Eheleuten.

Noch immer lebendig ist die Tradition, alte Menschen um Rat zu fragen, bei einigen nordamerikanischen Indianerstämmen. In dem Anfang der siebziger Jahre erschienenen Buch *Song of the Earth Spirit* beschreibt die Navajo-Frau Jessie, warum alte Menschen in ihrer Kultur so sehr geschätzt werden: »Alte Leute haben viel erlebt und wissen, wie das Leben ist, deshalb brauchen wir ihre Ratschläge. Die jüngeren Generationen schätzen sie wie Leute, die einen Doktortitel haben und deshalb sehr wichtig sind, weil sie wissen, was richtig und falsch ist. Alte Leute sagen uns, was wir falsch machen und dass wir nicht herumhängen sollen. Sie treiben uns an, immer etwas zu arbeiten und nicht die Hände in den Schoß zu legen. Heiratet ein Navajopaar, dann verspricht es sich gegenseitig nichts. Stattdessen lädt es alle alten Leute seines Clans und seiner Gemeinde ein. Dann ist es die Aufgabe der Alten, ihnen alles übers Heiraten, mögliche Härten, Versuchungen und Verantwortung beizubringen.«

Wieder wird die Lebenserfahrung der alten Leute beschrieben, aber sind die Alten deswegen auch gleich weise zu nennen? Auch bei den Navajos wird es Alte geben, die viel über Mythen und Traditionen ihrer Kultur wissen. Das allein macht sie nicht zu Weisen. Wenn sie dazu aber über Weitsicht verfügen und in der Lage sind, den Jüngeren gute Ratschläge zu geben, dann spricht vieles dafür, dass sie ein weites Stück auf dem Weisheitsweg zurückgelegt haben.

In ihrem Buch *Wir werden überleben* hat die amerikanische Autorin Sandy Johnson amerikanische Stammesälteste interviewt. Die Befragten sind fast alle alt und haben unter den Älteren ihres jeweiligen Stammes eine Sonderrolle. Sie sind die Weisen unter den Alten und werden mit dem Ausdruck »die Ältesten« bezeichnet, auch wenn das mit ihrem biologischen Alter unter Umständen nicht übereinstimmt. Fällt jemand schon in vergleichsweise jungen Jahren durch weise Entscheidungen auf, erhält er die Bezeichnung »Ältester von morgen«. Die Sioux Carol Anne Heart Looking Horse ist so eine zukünftige Älteste. Als Sandy Johnson sie Anfang der neunziger Jahre interviewte, muss sie etwa Mitte vierzig gewesen sein, also keinesfalls alt. Weil sie sich für die Gesundheitsversorgung und gegen häusliche Gewalt einsetzte, genoss sie besonderen Respekt innerhalb ihres Stammes. Sie führt ihre positive Entwicklung auch auf den Einfluss der Alten zurück:

»Meinen Großmüttern verdanke ich mein ausgeprägtes Selbstwertgefühl und meine kulturelle Identität. Sie haben mich gelehrt, dass nichts ohne Grund geschieht und dass man bei allem, was einem widerfährt, nach der Lehre suchen sollte, die darin enthalten ist. Wenn ich zurückblicke, wird mir klar, dass es diese herausragenden Frauen waren, die mir die Kraft gegeben haben, diejenige zu sein, die ich bin. Nicht nur, dass sie extrem großzügig waren, sie verstanden auch, wie man Menschen auf einfache Art und Weise Ehre zuteilwerden lässt und sie dadurch gleichzeitig in die Lage versetzt, das Potenzial zu aktivieren, das in ihnen steckt.«

Bei vielen nordamerikanischen Indianerstämmen gehört ein hohes Alter zum spirituell begründeten Lebensziel. Vielleicht ist das auch der Grund, warum Rabbi Zalman Schachter-Shalomi eine indianische Zeremonie wählte, als ihn eine Krise packte. Im Jahr 1984 zog er sich für vierzig Tage in eine Hütte in der Wüste New Mexicos zurück und ging nach einem schamanischen Ritual auf Visionssuche. »Nach einigen Tagen, als der Oberflächenlärm in meinem Geist zur Ruhe kam, wurde mir klar, dass ich dabei war, eine alte Lebensphase abzulegen, aus der ich herausgewachsen war. Gleichzeitig wurde ich zu meiner eigenen Überraschung und Verwunderung als ein Ältester initiiert, jemand, der seine Erfahrung, sein ausgeglichenes Urteilsvermögen und seine Weisheit zum Wohl der Gesellschaft anbietet.«

Schon in den Jahren vor dieser Erfahrung war Rabbi Zalman Schachter-Shalomi auf Weisheitssuche gewesen. Er hatte die mystische Weisheit der jüdischen Kabbala studiert und von indianischen Weisen, Sufis, Buddhisten, katholischen Mönchen und modernen Psychologen gelernt. Dass einer wie er mit sechzig so sehr am Sinn seines Lebens zweifeln und keinen anderen Weg sehen würde, als sich vierzig Tage lang in die Wüste zurückzuziehen, war also nicht gerade vorhersehbar. Zurückgekehrt, hatte er aber mehr Energie als jemals zuvor. Er gründete das Spiritual Eldering Institute. In Workshops erhalten ältere Menschen dort die psychologischen und spirituellen Werkzeuge, die es ihnen ermöglichen sollen, innerhalb der westlichen Kultur zu einem Ältesten zu werden.

Gerade weil wir heute älter werden und vor allem auch gesünder altern als noch unsere Vorfahren, brauchen wir ein neues Konzept für den Alterungsprozess – so die Botschaft des Rabbi. Und glücklicherweise sind wir heute nicht mehr auf die Ressourcen nur einer Kultur oder Religion angewiesen. Kontemplative Techniken stehen uns genauso zur

Verfügung wie spirituelle Traditionen und Methoden der modernen Psychologie. Mit ihrer Hilfe können wir es schaffen, uns von den Lasten unserer Vergangenheit zu befreien und uns in Vergebung zu üben. Auch die Angst vor der Zukunft muss, laut Rabbi Zalman Schachter-Shalomi, in Auseinandersetzung mit der eigenen Sterblichkeit bewältigt werden. Wer spirituell altern will, soll einen Teil seiner Zeit und Energie für andere einsetzen. Denn Senioren haben in der Regel weniger familiäre Pflichten und müssen sich nicht mehr im Beruf beweisen. Sie sollen diese besondere Freiheit nutzen und so den Respekt zurückerobern, den ihnen die moderne westliche Gesellschaft vorenthält.

Im Grunde will Rabbi Zalman Schachter-Shalomi vor allem eines: Alte Menschen sollen wieder als Weise anerkannt werden. »Vom Älter- zum Weisewerden« hat er deswegen auch sein Buch genannt. Darin fasst er seine Lehren über das spirituelle Altern zusammen. Der Rabbi ist aber nicht der Einzige mit einer solchen Mission. Im Elder Wisdom Circle üben sich amerikanische Cyber-Großeltern im Erteilen weiser Ratschläge. Per E-Mail fragen meist Zwanzig- bis Vierzigjährige die Alten um Rat. Die Antworten kommen nicht selten von einem Internetzugang in einem Alten- oder Pflegeheim. Da fragt zum Beispiel eine Einundzwanzigjährige, wie sie damit umgehen soll, dass ihre Mutter offenbar rassistische Vorurteile gegenüber ihrem asiatischen Freund hat. Die Alten raten ihr, nicht die Konfrontation mit der Mutter zu suchen. Anstatt auf die emotional aufgeladenen Bemerkungen zu reagieren, solle sie lieber fragen, worum genau sich die Mutter Sorgen mache. »Vielleicht fühlt sie sich nur von einer Kultur bedroht, die ihr nicht vertraut ist und die sie nicht versteht.« Die Tochter solle versuchen, der

Mutter verständlich zu machen, dass sich die Zeiten geändert haben und Partner aus unterschiedlichen Kulturkreisen heutzutage mit viel weniger Problemen zu kämpfen haben als noch vor einigen Jahren.

Der Bedarf an weisen Ratschlägen von Älteren scheint enorm hoch zu sein. Siebzehnjährige besprechen mit Achtzigjährigen ihre sexuellen Probleme, und hilflose, von häuslicher Gewalt bedrohte Ehefrauen erhalten von der Cyber-Großmutter die Nummer vom Frauenhaus. Nicht immer erscheinen die Antworten der Alten wirklich kreativ und weise. Einige wenige fallen tatsächlich ein bisschen flach und einseitig aus. Denn natürlich ist nicht jeder Rentner über siebzig auch tatsächlich weise. Weisheit ist auch bei den Alten im Elder Wisdom Circle eine Ausnahme. Was dieses Internetforum aber verdeutlicht, ist vor allem die unendliche Einsamkeit der Ratsuchenden. Müssen sich diese Menschen tatsächlich ans Internet wenden, um einen alten Menschen um Rat zu fragen? Gibt es in ihrem Leben keine älteren Verwandten, Nachbarn, Freunde oder Kollegen, die sie fragen könnten? Wie viel besser würde der Rat der weisen Alten wohl ausfallen, wenn sie der ratsuchenden Person gegenübersitzen, sie vielleicht seit Jahren kennen würden?

Offenbar ist das Bedürfnis, bei alten, lebenserfahrenen Menschen um Rat zu fragen, auch in unserer Kultur noch präsent. Trotz Diskriminierung der Älteren bahnt es sich seinen Weg und nutzt dazu die moderne Informationstechnik.

Auch ich habe öfter Probleme, die ich lieber mit einem älteren Menschen als mit Marie besprechen möchte, und dabei halte ich sie nicht für weniger weise. Aber ich kenne sie erst seit vier Jahren, und ihr Leben ist dem meinen zu ähnlich. In manchen Situationen hilft es, jemanden zu fragen, der alles, was man selbst gerade durchmacht, schon längst hinter sich gelassen hat und den man schon lange kennt. Oma Hilde starb bereits 2001, aber die älteste Schwester meines Vaters ist mittlerweile auch Ende siebzig. Mit ihr spreche ich über ganz andere Dinge als mit Marie. Vielleicht hat jedes Alter seine eigene Weisheit.

Für diese These spricht jedenfalls eine Studie der Weisheitsforscherin Judith Glück. Sie hat Menschen unterschiedlicher Altersgruppen befragt, wann sie schon einmal weise gehandelt haben. Was jemand dabei als weise ansah, änderte sich mit der Lebensphase. Bei Jugendlichen drehte sich das weise Handeln meist darum, anderen Menschen Einfühlungsvermögen entgegenzubringen, ihnen beispielsweise bei einem Problem ein guter Zuhörer zu sein. Das entspricht der Tatsache, dass es gerade in dieser Altersgruppe ein Thema ist, wie man von anderen gesehen wird, und darüber hinaus ist es natürlich auch eine emotional turbulente Phase, in die die erste Liebe und nicht selten auch der erste große Schmerz fallen. Anderen in solchen Zeiten beizustehen, empfinden Jugendliche und junge Erwachsene offenbar als weise.

Ab einem Alter von etwa dreißig Jahren neigen Menschen eher zum Gegenteil. Sie empfinden es als weise, wenn sie in einer schwierigen Situation bei sich selbst geblieben sind, ihre eigene Meinung trotz aller Widerstände vertreten haben. Das erklärt die österreichische Psychologin damit, dass in dieser Altersstufe viele wichtige Lebensentscheidungen getroffen werden müssen. Zum Beispiel geht es darum, die Karriere mit der Familienplanung zu koordinieren. Immer wieder taucht dann die Frage auf: Was will ich wirklich? Wie soll mein Leben weiter verlaufen? Das Besinnen auf die eigenen Wünsche und Vorstellungen ist also die Weisheit ab dreißig.

Natürlich haben die Forscher auch Sechzig- bis Siebzigjährige befragt. Für diese Altersgruppe bedeutet Weisheit vor allem Kompromissbereitschaft, die Fähigkeit, angesichts einer Problemsituation ruhig zu bleiben, eher abzuwarten, als sich in etwas hineinzusteigern. »Heutzutage ist man mit siebzig noch vergleichsweise jung, aber man sieht sozusagen die Verluste auf sich zukommen. Wir glauben eben, dass man im Angesicht von Verlusten, die bereits da sind oder kommen werden, lernt, einen Schritt zurückzutreten, sich selbst zurückzunehmen«, meint Judith Glück. Die noch zu erwartende Lebenszeit ist überschaubar, und allmählich macht sich auch das Nachlassen der eigenen geistigen Fähigkeiten zunehmend bemerkbar. Was Menschen dieser Altersgruppe gewinnen, ist Balance, Ausgeglichenheit.

Mit den unterschiedlichen Lebensphasen ändern sich also auch die Probleme, die entstehen. Welche Gestalt Weisheit haben muss, um den jeweiligen Anforderungen gerecht zu werden, hängt entsprechend vom Alter ab. Gleichzeitig halten die unterschiedlichen Lebensabschnitte aber auch die Erfahrungen bereit, die dabei helfen, die jeweils erforderliche Weisheit zu entwickeln. Wer den Alterungsprozess auf diese Weise betrachtet, merkt schnell, dass sich in dessen Verlauf Gewinn und Verlust von Fähigkeiten die Waage halten.

Mittlerweile liefern auch Psychologen und Hirnforscher Belege dafür, dass das Altern eben nicht nur ein Verlustprozess ist. Michael Falkenstein vom Dortmunder Institut für Arbeitsphysiologie konnte beispielsweise zeigen, dass ältere Menschen bei manchen Tests weniger Fehler machen. Sie reagieren zwar geringfügig langsamer als ihre jüngeren Konkurrenten, nutzen die Zeit aber, um ihre Entscheidung zu überprüfen und gegebenenfalls rückgängig zu machen. Wie sie das tun, konnte der Wissenschaftler durch die Aufzeichnung ihrer Gehirnströme genau verfolgen. »Alte Menschen denken anders, und das kann manchmal sogar ein Vorteil sein«, meint der Hirnforscher. Auch in anderen Studien hat sich gezeigt, dass manch ein »Nachteil« der Alten bezüglich Weisheit eher ein Vorteil ist.

Alte Menschen lassen sich zum Beispiel leichter ablenken. Wenn sie unter Zeitdruck einen Text lesen müssen, der viele unerwartete Wörter oder Redewendungen enthält, werden sie immer langsamer. Das scheint damit zusammenzuhängen, dass sie die eingehenden Informationen tatsächlich verarbeiten. Junge Menschen lassen sich durch die unsinnigen Wörter gar nicht ablenken, sie verhalten sich so, als wären diese gar nicht vorhanden. Stellt man beiden Gruppen anschließend Fragen, auf die die scheinbar unangebrachten Wörter und Begriffe die Antwort sind, schneiden die Alten deutlich besser ab. Sie filtern die eingehenden Informationen anscheinend nicht mehr so streng und gewinnen dadurch ein umfangreicheres Bild von der Welt. Natürlich braucht Weisheit diese Art von Offenheit gegenüber den unterschiedlichsten Informationen. Und auch die für das weise Problemlösen so wichtige Kreativität bringen Forscher zunehmend mit einem eher schwachen Informationsfilter in Verbindung. Künstler und andere Kreative lassen sich – genau wie die Alten – bei den verschiedenen Aufgabenstellungen leichter ablenken.

Auch die für Weisheit so wichtige Kontrolle der eigenen Emotionen scheint bei älteren Menschen besser ausgeprägt zu sein. Das zeigt eine Studie, die 1994 von Psychologen um Laura Carstensen von der amerikanischen Stanford-Universität begonnen wurde. Sie statteten Erwachsene verschiedener Altersgruppen mit einem Pieper aus. Die Versuchsteilnehmer wurden dann zu den unterschiedlichsten Zeiten angefunkt und mussten just in dem Moment in einem Fragebogen notieren, in welchem Gemütszustand sie sich gerade befanden. Waren sie wütend, erfreut oder einfach nur gelangweilt? Egal, ob die betreffende Person gerade in einer Geschäftsbesprechung saß, auf der Autobahn unterwegs war oder unter der Dusche stand, der Fragebogen musste ausgefüllt werden. Wie sich herausstellte, litten die älteren Versuchsteilnehmer viel seltener unter negativen Gefühlen. Häufiger fanden sich bei ihnen gemischte Gefühle. Freude mit einem leichten Gefühl von Traurigkeit beispielsweise. Gemischte Gefühle scheinen aber zur inneren Ausgeglichenheit beizutragen. Andere Psychologen konnten zeigen, dass es alten Menschen mit der Fähigkeit, die eigenen Gefühle zu regulieren, leichter fällt, zwischenmenschliche Probleme zu lösen. Und genau das ist es schließlich, was wir von einem Weisen erwarten.

Doch bei allem Positiven, was Psychologen, Hirnforscher und Geistliche wie Rabbi Zalman Schachter-Shalomi dem Alter mittlerweile abgewinnen können, ist eines gewiss: Weisheit bleibt auch unter den Alten etwas sehr Seltenes. Wer im Alter wirklich weise werden will, muss sich in jedem Fall schon als junger Mensch auf den Weisheitsweg begeben. Einigen wenigen wie vielleicht Marie kann es dann sogar gelingen, relativ früh ein großes Stück dieses Weges zurückgelegt zu haben.

Weise werden

Gandhi und die Lehrerin

Offensichtlich reicht es also nicht, einfach älter und damit auch weiser zu werden. Aber was muss im Lauf eines Lebens geschehen, damit ein Mensch weise wird? Ist Weisheit vielleicht sogar erlernbar? Unter welchen Bedingungen kann sich Weisheit in einem Menschen entfalten? Auf der Suche nach Antworten auf diese Frage habe ich Texte der Weltreligionen konsultiert. Im Buch Hiob heißt es: »Die Weisheit aber, wo kommt sie her, und wo ist der Ort der Einsicht? Verhüllt ist sie vor aller Lebenden Auge, verborgen vor den Vögeln des Himmels. Abgrund und Tod sagen: Unser Ohr vernahm von ihr nur ein Raunen. Gott ist es, der den Weg zu ihr weiß. (…) Zum Menschen sprach er: Seht, die Furcht vor dem Herrn, das ist Weisheit, das Meiden des Bösen ist Einsicht.«

Ich habe meine Zweifel, ob Gottesfurcht und das Vermeiden böser Handlungen ausreichen, um zur Weisheit zu gelangen. Auffällig ist allerdings, dass sich fast jeder Weise, von dem bisher in diesem Buch die Rede war, gründlich mit Religion und Spiritualität auseinandergesetzt hat. Einige von ihnen haben sogar eine intensive religiöse Ausbildung und Erziehung genossen. Das gilt beispielsweise für Oma Hilde, den Dalai Lama und Father Ratchagar. Und auch der weltweit wohl am meisten anerkannte Weise hat sich immer wieder mit religiösen Schriften befasst. Mahatma Gandhi führt bei Umfragen in aller Welt regelmäßig die Top 10 der Weisen an.

Mohandas Karamchand Gandhi, so sein richtiger Name, wuchs in einem spirituellen Umfeld auf. Keiner Religion anzugehören, sich gar als Atheist zu bezeichnen, kommt noch heute für die überwältigende Mehrheit der Inder nicht in Frage. Zu Gandhis Zeiten bestimmte im äußersten Westen Indiens, dem heutigen Bundesstaat Gujarat, die Religion auch noch weite Teile des Alltags. So ging Gandhis Mutter jeden Tag in den Tempel und legte zuweilen während der viermonatigen Regenzeit ein Gelöbnis ab, erst dann zu essen, wenn sich die Sonne zeige – was dazu führte, dass sie manchmal tagelang nichts essen konnte. Ihre Disziplin beeindruckte den kleinen Mohandas sehr.

Die Familie Gandhi gehörte der Bania-Kaste an, einer Unterkaste der Vaishya – der Kaufleute. Allein dadurch waren sie Mitglieder der gesellschaftlichen und politischen Oberschicht. Mohandas Vater war außerdem der Diwan – eine Art Premierminister – des Fürsten, in dessen kleinem Reich die Familie lebte. Die Gandhis verehrten Vishnu, jenen hinduistischen Gott, der als Symbol der Reinheit und Weisheit einen Lotus in der Hand hält. Zum Reinheitsgebot dieses Glaubens gehörte es zwar auch, die »Unberührbaren« zu meiden, aber im Hause Gandhi herrschte große religiöse Toleranz. Muslime und Parsen gingen dort genauso ein und aus wie jainistische Mönche. Letztere verfügten damals über erheblichen Einfluss.

Der Jainismus vertritt in besonders radikaler Weise die indische Lehre von der Nichtverletzung allen Lebens (*ahimsa*) und hat Gandhis Denken nachhaltig beeinflusst. Gandhi liest später nicht nur die wichtigsten Texte des Hinduismus, sondern begeistert sich sogar für das Neue Testament. »Ich werde den Hindus sagen, dass ihr Leben unvollständig ist, wenn sie nicht ehrerbietig die Lehren von Jesus studieren.« Völlig kritiklos kann er den Inhalt der Bibel aber nicht annehmen. »Es ging über mein Glaubensvermögen, dass Christus der alleinige Sohn Gottes sein und dass nur der, der an ihn glaubte, das ewige Leben haben sollte. Wenn Gott Kinder haben konnte, dann waren wir alle seine Kinder. Wenn Christus wie Gott war oder Gott selbst, dann waren alle Menschen wie Gott und konnten Gott selbst sein. Mein Verstand war nicht fähig, wörtlich zu glauben, dass Christus durch seinen Tod und sein Blut die Sünden der Welt gesühnt habe.«

Keine Frage, die Lehren der Weltreligionen haben einen wichtigen Einfluss auf die Überzeugungen Mahatma Gandhis ausgeübt. Er war aber immer in der Lage und auch willens, über die Grenzen der jeweiligen religiösen Dogmen hinauszudenken. Religiöse Toleranz ist sicherlich ein wichtiger Bestandteil von Weisheit. Und es gibt natürlich auch Weise, die mit Religion herzlich wenig am Hut haben. Monika Hauser wäre da ein Beispiel, und auch Einstein war kein Gläubiger im herkömmlichen Sinne. Seine »kosmische Religiosität« entwickelte er mehr oder weniger aus sich selbst heraus.

Eine religiöse Erziehung allein macht einen Menschen mit Sicherheit nicht weise, auch wenn die Beschäftigung mit den Weltreligionen zur Weisheit inspirieren kann. Den Weisheitsforschern zufolge sind es aber nicht außerordentliche Begabungen, die die Menschen dazu befähigen, auf dem Weisheitsweg besonders weit zu kommen. »Intelligenz oder auch Temperamentseigenschaften sagen relativ wenig darüber aus, ob jemand weise wird. Das sind Faktoren, auf die wir nur wenig Einfluss haben. Was da viel wichtiger zu sein scheint, sind die Werte und Motive einer Person«, meint Ute Kunzmann von der Universität Leipzig. Mit anderen Worten: Jeder geistig gesunde und normal begabte Mensch kann weise werden, sofern er sich nur für den Weisheitsweg entscheidet und ihn konsequent verfolgt.

Auch Gandhi scheint wenig Wert auf seine Begabungen gelegt zu haben, obwohl er ein sehr guter Schüler war. »Soweit ich mich erinnern kann, maß ich meinen geistigen Fähigkeiten keine allzu große Bedeutung bei, war jedoch auf meinen Charakter ängstlich bedacht«, schreibt er in seiner Autobiographie *Mein Leben*. Schon als Kind und Jugendlicher ist es sein vorrangiges Ziel, ein guter Mensch zu sein. Es ist für ihn eine Katastrophe, als ihn ein Lehrer ungerechterweise der Lüge bezichtigt. Er will ein »Mann der Wahrheit« sein. Dieses Streben nach Wahrheit lässt ihn schließlich sogar den heimlichen Fleischkonsum, zu dem ihn ein Freund verleitet hatte, wieder aufgeben. Er hält zu diesem Zeitpunkt den Genuss von Fleisch zwar keineswegs für eine Sünde, aber seine Eltern tun es, und er erträgt es nicht, sie anzulügen. Erst als Gandhi während seiner Studienzeit in England der vegetarischen Gesellschaft beitritt, wird er zu einem Vegetarier aus Überzeugung.

Die Tatsache, dass Gandhi seinen ganzen Ehrgeiz auf die Ausbildung eines guten Charakters richtete, könnte aber auch etwas mit dem spirituellen Umfeld zu tun haben, in dem er aufwuchs. Es hat ihm genau jene Werte und Motive vermittelt, deretwegen ein Mensch den Weisheitsweg einschlägt.

Sinn für Gerechtigkeit, Mitgefühl und das Bewusstsein um die Begrenztheit der menschlichen Existenz werden von jeder Religion vermittelt. Eine religiöse Erziehung lehrt vieles, was einen Menschen motivieren kann, sich auf den Weisheitsweg zu begeben. Diese Werte bleiben häufig auch dann noch bestehen, wenn sich jemand von der Religion, in der er erzogen wurde, abwendet. Sie bewirken letztlich, dass sich ein Mensch für den Weisheitsweg entscheidet. Welche Fähigkeiten oder angeborenen Eigenschaften jemand hat, ist da eher zweitrangig. Selbst ein großer Weiser wie Gandhi ist nicht notwendigerweise von frühester Kindheit an der charakterlich tadellose Heilige, als den ihn vor allem die westlichen Medien immer wieder darstellen. Er beschreibt sich selbst als einen jähzornigen und eifersüchtigen jungen Ehemann, der es seiner Frau Kasturba nicht gerade leichtgemacht hat. Die beiden waren bereits im Alter von dreizehn Jahren verheiratet worden. Es sollten einige Jahre vergehen, bis Gandhi diese dunkle Seite von sich im Griff hatte. Selbsterkenntnis, sich seiner eigenen Fehler bewusst zu werden, gehört wahrscheinlich zum Wichtigsten, was auf dem Weisheitsweg erlangt werden muss.

Das Beispiel Gandhis zeigt, dass wir uns nicht darauf berufen können, über ein jähzorniges Temperament zu verfügen oder einfach von Natur aus schüchtern und ängstlich zu sein. All diese Eigenschaften wurden dem jungen Mohandas Kamarchand Gandhi zugeschrieben, und doch hat er sich zu einem weltweit anerkannten Weisen entwickelt, der mit den Mitteln des friedlichen Widerstands eine überstarke Kolonialmacht in die Knie zwang.

Anders als zu Gandhis Zeiten gibt es heute eine Tendenz, die Eigenschaften und das Verhalten von Menschen biologisch zu begründen. Es wurden Gene entdeckt, die einen Menschen besonders großzügig machen, andere, die zu aggressivem Verhalten verleiten. Das erweckt zuweilen den Eindruck, als wären wir Menschen Sklaven unserer genetischen Ausstattung und kaum selbst verantwortlich für unsere persönliche Entwicklung.

Und etliche Experimente mit Hirnstromableitungen oder im Kernspintomographen stützen eine solche Auffassung. Sie haben gezeigt, dass Entscheidungen im Gehirn sichtbar werden, bevor sie ins menschliche Bewusstsein gelangen. Anhand der Aktivierungsmuster können Hirnforscher heute bereits bis zu acht Sekunden im Voraus sagen, ob eine Versuchsperson mit dem linken oder dem rechten Finger eine Taste drücken wird. Aber all diese Experimente haben einen entscheidenden Haken: Sie befassen sich nicht mit wirklich komplexen oder gar moralischen Entscheidungen. Bei Fragen der Lebensgestaltung greifen wir aber auf ganz andere Ressourcen unseres Gehirns zurück als bei der Frage: »Rechte oder linke Taste?« Um Energie zu sparen, könnte es durchaus sinnvoll sein, dass vergleichsweise bedeutungslose Entscheidungen automatisiert, ohne Bewusstsein ablaufen. Die Entscheidung, welche Richtung wir unserem Leben geben wollen, können wir aber trotzdem mit freiem Willen treffen.

Gandhi hat sich irgendwann für den Weisheitsweg entschieden und im Lauf seines Lebens hart daran gearbeitet, seine negativen Eigenschaften zu überwinden. Auch in der Literatur gibt es zahlreiche Beispiele, dass sich die Protagonisten radikal zum Positiven verändern, weil sie sich an irgendeinem Punkt eben einfach für ein anderes Leben entscheiden. Die Wandlung vom Saulus zum Paulus ist schon sprichwörtlich. Und selbst in vorbiblischen Zeiten, im ältesten schriftlich überlieferten Epos der Menschheitsgeschichte, dem *Gilgamesch-Epos*, findet sich ein ähnliches Muster. Auf seinem Weisheitsweg verwandelt sich der gewalttätige König Gilgamesch in einen weisen Herrscher, nachdem er im Kampf von Enkkidu besiegt wurde, der daraufhin sein Freund wird.

Aber auch in manch modernem Bestseller werden die willentlichen Entscheidungen über die angeborenen Eigenschaften gestellt. »Viel mehr als unsere Fähigkeiten sind es unsere Entscheidungen, die zeigen, wer wir wirklich sind«, sagt der weise Zauberer Albus Dumbledore aus den »Harry-Potter«-Romanen. Harry hat auffällig viele Fähigkeiten mit seinem Widersacher Lord Voldemort gemein und fragt sich deshalb, ob nicht auch in ihm etwas Böses schlummert. Sein Lehrer Dumbledore macht ihm aber klar, dass er seinen Weg selbst wählen kann und dass es ebendiese Entscheidung ist, die seine Person ausmacht.

Natürlich geht es im wirklichen Leben selten um die Entscheidung zwischen Gut und Böse, aber wir haben die Wahl zwischen dem Weisheits- und dem Wohlergehensweg. Bei Gandhi zeigte sich zum ersten Mal deutlich, dass er dem Weisheitsweg folgen würde, als er als junger Anwalt nach Südafrika reiste, um dort für einen aus Indien stammenden muslimischen Kaufmann zu arbeiten. Auf einer Zugreise durch das Land wurde er wiederholt diskriminiert. Man verwies ihn zum Beispiel aus dem Erste-Klasse-Abteil, obwohl er eine entsprechende Fahrkarte besaß.

Nach seiner Ankunft in Pretoria organisierte er unter diesem Eindruck ein Treffen der dort lebenden Inder, bei dem er seine erste öffentliche Rede hielt. Er forderte seine Landsleute dazu auf, durch besondere Redlichkeit und Sauberkeit das Ansehen der Inder in Südafrika zu erhöhen. Außerdem schlug er die Gründung einer Vereinigung vor, die sich für die Rechte der Inder in Südafrika einsetzen sollte. Als es ihm außerdem noch gelang, in dem Rechtsstreit, der ihn nach Pretoria geführt hatte, einen Kompromiss herbeizuführen, der beiden Parteien viel Geld ersparte, war sein hohes Ansehen unter den südafrikanischen Indern gefestigt. Auch nach Erledigung seines Auftrags blieb er in Südafrika und entwickelte sich dort zu einem Bürgerrechtler. Hätte er die Schmach der Diskriminierung auf seiner ersten Zugfahrt durch Südafrika einfach auf sich beruhen lassen, wäre aus ihm vielleicht nie *der* Mahatma Gandhi geworden, den die Welt heute kennt. Er entschied sich damals aber dafür, etwas gegen die Ungerechtigkeit zu unternehmen.

Nicht immer ist die Entscheidung für den Weisheitsweg an einem konkreten Ereignis oder einer bestimmten Erfahrung festzumachen. Bernd beispielsweise hätte den Wohlergehensweg gehen können, denn in Sachen Karriere und finanzielle Sicherheit standen ihm alle Möglichkeiten offen. Es gab nicht wirklich einen äußeren Anlass, der ihn auf den Weisheitsweg führte. Auch Monika Hauser hätte mit ihrem guten Studienabschluss und ihrer enormen Intelligenz eine Bilderbuchkarriere in einem Krankenhaus hinlegen können und wäre heute sicherlich schon Chefärztin. Bei der Vorstellung von ihr in Kostüm und weißem Kittel muss ich allerdings unweigerlich schmunzeln. Das Bild ist einfach zu absurd. Genauso wie das von Bernd im Anzug und mit Aktentasche als erfolgreicher Unternehmensberater. Für beide war der Wohlergehensweg nie wirklich eine Option. Im Grunde haben sie genau wie Gandhi ihren Weisheitsweg schon viel früher begonnen. Wann genau er jeweils anfing und was sie dabei vor allem beeinflusst hat, können sie heute kaum noch benennen. Sicherlich haben ihre Erziehung und viele Erfahrungen, die sie in der Kindheit gemacht haben, ihren Weisheitsweg so vorbereitet, dass sie nicht mehr lange darüber nachdenken mussten.

Außerdem glaube ich, dass sie und alle anderen Weisen, die in diesem Buch auftauchen, sich etwas erhalten haben, über das wir alle als Kind verfügten: Offenheit und konzeptfreies Denken. Jedes Kind stellt Fragen, die Erwachsenen oft erstaunlich vorkommen und über die Philosophen umfangreiche Bücher geschrieben haben. Meine Mutter erinnert sich, dass sie mit mir eine »extrem nervige Zeit« hatte, als ich drei Jahre alt war und mein geliebter Opa gestorben war. Was sie mir über seinen Tod erzählte, erschien mir offenbar vollkommen unlogisch, und ich bohrte deswegen immer weiter, um das Phänomen zu ergründen: »Warum müssen Menschen sterben?« – »Wieso kann Opa im Himmel *und* auf dem Friedhof sein?« – »Was ist eine Seele?« – »Kann eine Seele fliegen?« – »Fliegt die Seele manchmal weg, wenn ich nachts schlafe?« – »Bin ich dann auch kurz tot?« – »Hat Opas Seele im Himmel keinen Hunger?« – »Kann die Seele überhaupt essen ohne Körper?«

Je mehr mir meine Mutter über das Sterben, den Tod und die Seele erzählte, desto anstrengender wurden meine Fragen. Vor allem die Sache mit dem Opa im Grab auf dem Friedhof und dem anderen Opa (oder seiner Seele) im Himmel wollte mir nicht in den Kopf. Kinder wollen nicht einfach an etwas wie eine Seele glauben, sie wollen verstehen, warum und wie so etwas existieren kann. Da sind sie offensichtlich um einiges kritischer als manch erwachsener Kirchgänger. Und das ist unabhängig von der individuellen Begabung eines Kindes.

Christa Wolf berichtet in ihrem Roman *Der Störfall,* wie sie von ihrem Enkelsohn zum Nachdenken angeregt wird. Der stellt nämlich, auf dem Klo sitzend, eine wichtige Frage: »Papa, wie kommt eigentlich die große Klotür in mein kleines Auge?« Der Vater fertigt sofort eine exakte Zeichnung an, mit Lichtstrahlen, der Linse des Auges, der Netzhaut und den sich überkreuzenden Sehnerven, die ins Gehirn führen. Am Ende erklärt er noch, dass es Sache des Gehirns sei, die Klotür wieder in der richtigen Größe anzuzeigen. »Und wie kann ich sicher sein, dass mein Gehirn mir die Klotür wirklich auf die richtige Größe bringt?«, fragt der Sohn. Die Großmutter ist die Einzige, die den Kleinen wirklich versteht: »Wie kann man da wirklich sicher sein?«

Dieselbe Frage beschäftigte schon die großen Denker der Antike. »Wie kommt ein großes Haus ins kleine Auge hinein?«, fragte etwa der griechische Naturphilosoph Galen. Das Problem weist selbst die modernen Hirnforscher mit ihren Kernspintomographen in ihre Schranken. Wie groß die Kluft zwischen der Außenwelt und unserem Bewusstsein von ihr tatsächlich ist, werden wir nie ergründen können. Für Kinder sind die letzten Fragen oft die ersten. Sie fragen so viel, weil für sie noch nicht selbstverständlich ist, was Bildung und Erziehung uns Erwachsenen eingetrichtert haben. Ihr Blick auf die Welt ist noch unverstellt und offen. Ganz im Sinne Sokrates' wissen sie, dass sie nicht wissen, und entlarven so manches Mal das Scheinwissen der Erwachsenen. Gleichzeitig aber *wollen* sie um jeden Preis verstehen und geben sich meist nicht mit dem angebotenen Scheinwissen zufrieden. Damit verhalten sie sich exakt so, wie es auf dem Weisheitsweg nötig ist.

Die Unwissenheit der Kinder, die Offenheit ihrer Sinne für die Welt, ermöglicht es ihnen erst, die Weisheit zu erspüren, wo die Analyse des erwachsenen Verstandes versagen würde. Der Schweizer Dichter Carl Spitteler nennt diese Erfahrung »Wahrheitswitterung«. In seinem Buch *Meine frühesten Erlebnisse* berichtet er in der Episode »Auf dem Dachboden« über so ein Erlebnis: »Mit Agathe war ich neugierhalber auf den Dachboden gestiegen. Dort verließ sie mich, ich weiß nicht mehr weshalb, und ich blieb allein. Das kümmerte mich weiter nicht, denn über Einsamkeitsangst war ich hinaus. Aber wie nun allmählich der Dachboden sich mit Düster, hernach mit Dunkel, schließlich mit Finsternis füllte, welche einen Gegenstand nach dem anderen verschlang, durchdauerte mich ein eigentümliches ernstes Gefühl. Nicht etwa Gespensterfurcht, ich wusste von Gespenstern gar nichts, sondern Wahrheitswitterung; ich meine die Ahnung, dass es jenseits des hellen Tages mit seinen vielen kleinen Geschichten noch eine andere Wirklichkeitswelt gibt, größer, mächtiger und schlimmer als die freundliche Großmutterwelt.«

Wie könnte ein Erwachsener, der schon tausend Mal einen dunklen Keller oder einen staubigen Dachboden betreten hat, so eine Erfahrung machen? Für ein Kind ist die Welt noch so neu, dass es die Fragen und Wunder in ihr erkennen kann, die den meisten Erwachsenen durch Erfahrung und Konzepte verschlossen bleiben. Der Schriftsteller hat sich dieses Gefühl auch als Erwachsener noch bewahrt und seinen Wert verstanden: »Ich bin weder willens noch befugt, auf jenes Stündlein auf dem Dachboden deswegen überlegen zurückzublicken, weil ich damals ein winziges gedankenloses Menschlein war. Der Gedanke ist nicht der einzige Weg zur Wahrheit; ich bin sogar versucht zu sagen, ein Irrweg.«

Weisheit lässt sich, wie bereits erwähnt, eher »erschmecken« als durch gedankliche Konstruktionen erschließen. »Spitteler rührt hier an das Geheimnis des Urgrundes von Mythos und Philosophie in der authentischen Erfahrung von Transzendenz. Alle späteren gedanklichen Konstruktionen sind Versuche, mit dieser Erfahrung fertig zu werden, vielleicht auch, sich vor ihr zu schützen«, schreibt der Pädagoge und Philosoph Hans-Ludwig Freese in seinem Buch *Kinder sind Philosophen.*

Die Erfahrung von Transzendenz, der Ungewissheit der eigenen Existenz, kann ungeheuer beängstigend sein. Ich kann mich noch sehr genau erinnern, wie sie mich als Kind heimsuchte. Ich muss etwa vier Jahre alt gewesen sein, als ich kopfüber auf dem Bauch eine Rutsche herunterrutschte und mir bei diesem waghalsigen Spiel eine Platzwunde über dem rechten Auge zuzog. Mein Gesicht war über und über mit Blut verschmiert, und meine Mutter erlitt eine Panikattacke, als sie mich sah. Als ich nach all der Aufregung auf dem Weg zum Krankenhaus im Auto saß, überkam mich auf einmal so etwas wie ein Moment der Stille. Die Welt rauschte am Fenster vorbei. Ich spürte die pochende Wunde und wusste, dass ich lebte. Aber warum eigentlich? Was ist Leben? Wie wirklich ist die Welt, die dort am Fenster an mir vorbeirauscht? Leben meine Eltern und mein kleiner Bruder auch so wie ich? Sehen sie die Welt auf dieselbe Weise? Irgendetwas verbirgt sich hinter dem, was dort am Fenster vorbeirauscht, das größer und mächtiger ist als mein winziges Leben – aber was? All diese Fragen entstanden in diesem Moment nicht in Form von Worten in meinem Kopf, sie waren eher so etwas wie eine plötzlich gefühlte Erkenntnis, begleitet von einem Gefühl unendlicher Einsamkeit in einem unendlich großen Raum. Der erste wirklich »feste« Gedanke, den ich verspürte, war der, dass ich diesen Moment niemals vergessen dürfte, nicht ein Detail. Ich weiß heute noch, dass ich an jenem Tag ein gelbes T-Shirt trug.

Vielleicht hat Hans-Ludwig Freese recht, und der erwachsene Geist schützt sich vor solch überwältigenden Erfahrungen. Diesen Schutz brauchen wir wahrscheinlich, um überhaupt im Alltag zurechtzukommen. Die Erinnerung an derartige Kindheitserfahrungen wachzuhalten kann auf dem Weisheitsweg aber eine wichtige Inspiration sein. Und ich bin sicher, dass jedes Kind solche Erfahrungen macht. Wir alle waren bis zu einem gewissen Alter kleine Philosophen und somit Liebhaber der Weisheit. Auch viele der »großen« Philosophen haben das erkannt. Karl Jaspers beispielsweise fordert, dass »das philosophische Denken jederzeit ursprünglich sein muss«. In den Fragen der Kinder sieht er »ein wunderbares Zeichen dafür, dass der Mensch als solcher ursprünglich philosophiert. Gar nicht selten hört man aus Kindermund, was dem Sinne nach unmittelbar in die Tiefe des Philosophierens geht.«

Der Samen der Weisheit ist also in jedem von uns angelegt. Leider wird er nur selten bewahrt oder später wiedergefunden, sondern kommt im Lauf eines Lebens meistens abhanden. Anstatt gemeinsam mit den Kindern über ihre Fragen zu grübeln, neigen Erwachsene heute dazu, möglichst viel Wissen in die Kleinen hineinzustopfen. Ganz so wie der Vater in Christa Wolfs Roman, der seinem Sohn per Zeichnung das Sehsystem erklärt. Auf diese Weise kann ein Kind nicht erlernen, mit der Unwissenheit und Ungewissheit umzugehen. Weil Kinder heute schon im Kindergarten Fremdsprachen lernen müssen und auf vielfältige andere Weise »gefördert« werden, ist es mit ihrem unverstellten Blick auf die Welt bald vorbei. Womöglich verfügen sie bereits über einen Computer mit Internetanschluss, mit dem sie im Falle einer Frage einfach mit einer kindgerechten Suchmaschine nach einer Lösung suchen. In unserer Gesellschaft zählt, wie viel ein Mensch weiß, und darauf bereiten Eltern ihren Nachwuchs vor. Sie geben viel Geld aus für Lernprogramme und fahren ihre Kinder nach der Schule zum Musikunterricht oder zum speziellen Förderprogramm für Hochbegabte. Da bleibt manchmal schlichtweg keine Zeit für all die interessanten Fragen, die auch diesen Kindern vielleicht noch durch den Kopf geistern. Die Weisheit der Kinder – oder zumindest der Boden, auf dem später Weisheit erwachsen könnte – wird so leider allzu oft zunichtegemacht.

Der Psychologe Daniel Goleman, Autor des Buches *EQ: Emotionale Intelligenz,* glaubt, dass Kinder Opfer des Fortschritts sind, auch wenn er zugibt, es nicht hundertprozentig beweisen zu können. »Während der durchschnittliche Intelligenzquotient amerikanischer Kinder im Lauf des vergangenen Jahrhunderts stetig gestiegen ist, bezeugen die letzten drei Jahrzehnte einen drastischen Rückgang der grundlegenden sozialen und emotionalen Fähigkeiten.« Soziale und emotionale Fähigkeiten machen einen Menschen zwar noch lange nicht zu einem Weisen, sie sind aber ein wichtiger Bestandteil von Weisheit. Dass genau diese Fähigkeiten heute vielen Kindern fehlen, belegt eine Studie, die Thomas Achenbach von der Universität Vermont durchgeführt hat.

Der Psychologe befragte Eltern und Lehrer bezüglich des Verhaltens von über dreitausend repräsentativ ausgewählten Schülern im Alter zwischen sieben und sechzehn Jahren. Die erste Befragung fand Anfang der siebziger Jahre statt, eine zweite fast fünfzehn Jahre später und eine dritte in den späten Neunzigern. Gegenüber den siebziger Jahren hatte sich die Situation Mitte der achtziger dramatisch verschlechtert. Eltern und Lehrer beschrieben die Kinder als stärker verschlossen, mürrisch, unglücklich, ängstlich, depressiv, aufbrausend, unkonzentriert, fahrig, aggressiv und sogar straffällig. Bei insgesamt zweiundvierzig Indikatoren schnitten sie schlechter ab, bei keinem besser. Ende der 1990er Jahre hatte sich die Situation etwas verbessert, war aber noch nicht wieder auf dem Niveau vom Anfang der siebziger Jahre. In Deutschland dürfte es nicht viel anders aussehen. Mit den Instrumenten der amerikanischen Forscher hat Manfred Döpfner von der Kölner Klinik für Kinder- und Jugendpsychiatrie eine Umfrage an Kölner Schulen durchgeführt. Er kommt zu dem Ergebnis, dass 15 bis 20 Prozent der Kinder verhaltensauffällig sind.

Über die Ursachen dieser Entwicklung lässt sich nur spekulieren, da eine entsprechende Studie mit wirklich harten Daten gar nicht durchführbar wäre. Aber ist es wirklich verwunderlich, dass Kinder, die allein vor dem Fernseher oder dem Computer sitzen, ihre sozialen Fähigkeiten nicht entwickeln können? Wie sollen sie bei einem vollgepackten Terminkalender mit Musikunterricht und Sport noch Gelegenheit für selbstgewählte Spiele haben? Spiele, die sie möglicherweise auf einen Dachboden führen könnten, auf dem sie dann eine Erfahrung von Transzendenz machen? Es besteht kein Zweifel: In unserer Gesellschaft werden Kinder in aller Regel nicht zur Weisheit erzogen. Im Gegenteil: Die weisen Anteile, über die sie von Natur aus eigentlich verfügen, werden nur allzu häufig systematisch unterdrückt.

Aber natürlich gibt es auch da eine Gegenbewegung. An vielen Schulen oder anderen erzieherischen Einrichtungen werden inzwischen Programme angeboten, die Kinder und Jugendliche umfassend für das Leben stärken sollen. Sie heißen »Bleib locker«, »Rucksack«, »Steep« oder »Fast«. So unterschiedlich die Konzepte auch sein mögen, am Ende wollen sie alle die Stärken der Kinder fördern und sie mit mehr Lebenskompetenz ausstatten. Bei einigen ist der Erfolg mittlerweile durch wissenschaftliche Studien belegt. Doch diese Programme dienen im Wesentlichen nur dazu, das Schlimmste zu verhindern. Wer daran teilgenommen hat, zeigt seltener Verhaltensauffälligkeiten und greift weniger häufig zu Drogen. Ein Weisheitstraining sind solche Programme nicht.

Der amerikanische Psychologe Robert J. Sternberg, ebenfalls einer der Pioniere der psychologischen Weisheitsforschung, schlägt eine längerfristige Erziehung zur Weisheit vor, die bereits in der Schule beginnt. Er hat vier wesentliche Trugschlüsse ausgemacht, die dazu beitragen, dass gerade kluge, vom gängigen Schulsystem gut ausgebildete Menschen nicht weise werden. (»Einige von ihnen leiten führende Unternehmen in unserem Land.«)

Egozentrik:
Wenn jemand glaubt, die Welt drehe sich ausschließlich um ihn, wird er stets andere benutzen, um seine Ziele zu erreichen. Intelligente Leute sind immer wieder dafür belohnt worden, dass sie so intelligent sind, und können dadurch schnell den Blick für die Bedürfnisse anderer verlieren. Deswegen neigen häufig gerade sie zur Egozentrik.

Allwissenheit:
Weisheit bedeutet, zu wissen, was man nicht weiß. Das vergessen intelligente Menschen nur allzu oft. Sie fühlen sich nicht nur als Experten für das, worin sie ausgebildet wurden, sondern auch für andere Bereiche, von denen sie eigentlich nicht viel verstehen. Auf der Grundlage dieses trügerischen Gefühls von Allwissenheit treffen sie desaströse Entscheidungen.

Allmachtsgefühl:
Ein Allmachtsgefühl entsteht aus dem Bewusstsein heraus, dass Wissen Macht bedeutet. Hat jemand, beispielsweise in einem Unternehmen, eine Führungsposition, so besteht die Gefahr, dass er von dieser Macht korrumpiert wird und sich insgesamt allmächtig fühlt. Wegen des zweiten Trugschlusses »Allwissenheit« bemerkt so jemand nicht, welche Konsequenzen seine durch Allmachtsphantasien angetriebenen Handlungen haben.

Unverwundbarkeit:
Wenn sich jemand für allwissend und allmächtig hält, glaubt er, alles machen zu können, ohne dass das für ihn negative Konsequenzen hat, denn er hält sich in jedem Fall für schlauer als jene, die ihn ertappen könnten.

Wäre jemand wie Bernard Madoff nicht all diesen Trugschlüssen aufgesessen, hätte aus ihm kaum der größte Betrüger in der Geschichte der Wall Street werden können. Er behielt das Geld seiner Anleger einfach und gab es für sein ausschweifendes Leben aus. Forderte jemand seine nur auf dem Papier existierenden Gewinne ein, so finanzierte er das durch das Geld immer neuer Anleger. Das ganze System brach erst durch die Finanzkrise zusammen, als plötzlich viele von Madoffs Klienten ihre angeblichen Gewinne auf einmal verlangten. Am Entstehen der Finanzkrise wiederum ist im Kern vor allem der Irrglaube schuld, dass die Wertsteigerung von Immobilien in den USA anhalten würde. Als ob sich die Entwicklung eines so komplexen Marktes vorhersagen ließe. Weisheit bedeutet aber gerade, zu wissen, was man nicht weiß – oder schlichtweg niemals wissen kann.

Selten hat uns eine weltweite Krise so deutlich vor Augen geführt, wie unbeständig vermeintliches Wissen ist und wie dringend wir Weisheit benötigen. Kindern bereits in der Schule eine Starthilfe für den Weisheitsweg zu geben kann also nicht so verkehrt sein. Könnten wir ihnen beibringen, ihre eigenen Grenzen zu erkennen und mit der Ungewissheit des Lebens umzugehen, blieben zukünftigen Gesellschaften ähnliche Krisen möglicherweise erspart. Außerdem bedeutet Unterricht in Sachen Weisheit auch, dem Nachwuchs beizubringen, sich für andere zu engagieren. »Einfach nur klug sein reicht nicht«, meint Robert J. Sternberg. Man muss seine Fähigkeiten für ein gemeinsames Gut einsetzen, um überhaupt für das Etikett »weise« in Frage zu kommen. Aber wie soll etwas an Schulen unterrichtet werden, das sich eben nicht einfach in einem Test abfragen lässt? Anstatt ein Schulfach »Weisheit« einzurichten, schlägt der amerikanische Psychologe vor, weisheitsbezogene Lehransätze in den Unterricht eines jeden Faches zu integrieren. Seine Studien beziehen sich vor allem auf den Geschichtsunterricht. Dort können Schüler zum Beispiel lernen, dass das, was die eine Gruppe als »Siedler« bezeichnet, für die andere schlicht »Invasoren« sind. Auf diese Weise können Schüler Toleranz für andere Kulturen entwickeln und erlernen den für Weisheit so wichtigen Perspektivwechsel und Wertrelativismus.

Für das Lehren von Weisheit hat Robert J. Sternberg insgesamt sechzehn Prinzipien entwickelt, die seiner Meinung nach von Lehrern berücksichtigt werden sollten. Er fordert sie beispielsweise auf, mit den Schülern zu untersuchen, was wirklich zur Lebenszufriedenheit beiträgt. Außerdem sollen Schüler dazu angehalten werden, die Interessen anderer nachzuvollziehen und weise Urteile in literarischen, historischen oder philosophischen Texten zu lesen und darüber nachzudenken. In Projekten könnten sie ein gemeinsames Ziel festlegen, das es dann auch zu realisieren gilt.

Leider werden seine Vorschläge zur Weisheitslehre im Schulunterricht bislang noch nicht flächendeckend umgesetzt. Auch in Deutschland gibt es keine Bemühungen in der Richtung, und so kann auch niemand sagen, ob derartig schulisch gebildete Kinder und Jugendliche tatsächlich zu weisen Erwachsenen heranreifen würden. Immerhin wäre zu hoffen, dass durch einen solchen Unterricht ein Bewusstsein für den Wert und die Bedeutung von Weisheit entsteht. Allerdings kann Schule allein das mit Sicherheit nicht leisten, schon gar nicht, wenn Eltern und Medien den Schülern ganz andere Werte vermitteln. Die Wertschätzung für Weisheit oder gar das Streben nach Weisheit muss vermutlich in viel umfassenderer Weise in die Struktur einer Gesellschaft integriert werden, wenn tatsächlich mehr Menschen den Weisheitsweg beschreiten sollen. Damit solche Bemühungen irgendwann einmal von Erfolg gekrönt sind, müssen wir erst besser verstehen, was ein Kind zu einem weisen Erwachsenen heranwachsen lässt.

Dafür lohnt es sich, als Ausgangspunkt die natürliche

Weisheit der Kinder zu untersuchen und zu fördern. An einigen Grundschulen geschieht dies bereits. Die Lehrer reden nicht über Weisheit, sondern betreiben mit ihren Schülern angewandte Kinderphilosophie. Es geht dabei um wichtige Fragen wie: »Woher weiß ein Känguru, dass es ein Känguru ist und kein Hase?« Oder: »Können Blumen glücklich sein?« Wenn sich die so angeleiteten Kinder diese Art des Fragens bis ins Erwachsenenalter hinein bewahren könnten, wäre schon viel gewonnen.

Das philosophische Fragen und Denken von Kindern zeigt uns vor allem eines: Weisheit ist in jedem von uns vorhanden. Wir müssen sie nicht in Büchern oder Kursen suchen, sondern lediglich in uns. Unterricht in Sachen Weisheit bedeutet also, jemand anders dabei zu helfen, die Weisheit in sich selbst zu entdecken. In vielen Weisheitslehren wie auch der der alten Griechen findet sich irgendwo der Hinweis, dass der Weg zur Weisheit über die Selbsterkenntnis führt. Es reicht aber nicht, einfach nur die eigenen Schwächen und Stärken zu kennen, wie es die psychologischen Tugendforscher fordern. Die zur Weisheit erforderliche Selbsterkenntnis geht noch darüber hinaus. Sokrates hat sie als einer der Ersten beschrieben.

Er forderte seine Schüler, allen voran Alkibiades, immer wieder auf, »Selbstsorge« zu betreiben. Selbstsorge bedeutet für ihn, in den Teil der Seele zu blicken, dem »die Tugend der Seele innewohnt, die Weisheit«. »Haben wir nun etwas anzuführen, was göttlicher wäre in der Seele als das, worin das Wissen und die Klugheit sich findet?«, fragt er Alkibiades. Um das »Göttliche in seiner Seele« – also die Weisheit – zu erkennen, muss sich der Mensch von allem Weltlichen reinigen. Im Grunde muss sich erst das, was wir gemeinhin als »Ich« oder »Selbst« wahrnehmen, nämlich das fühlende, begehrende Selbst, auflösen. Dann kann der Suchende das »Göttliche in der Seele« und damit die Weisheit selbst verkörpern. Für Sokrates bedeutet das ein tägliches Training, das dazu führt, dass alle körperlichen Bedürfnisse regelrecht abgestellt werden. Platon beschreibt Sokrates als einen Meister der Selbstbeherrschung. Auch bei Eiseskälte läuft er barfuß herum, steht eine ganze Nacht unbeweglich im Freien, um nachzudenken, und hat auch sein sexuelles Verlangen mühelos unter Kontrolle. Wenn alles sinnliche Begehren ausgelöscht ist, entsteht in der Seele ein leerer Raum, in dem sich die Weisheit entfalten kann.

Eine ähnliche Vorstellung vertritt auch Mahatma Gandhi. Er lebt die Prinzipien von *brahmacarya.* »Brahmacarya bedeutet Kontrolle der Sinne im Denken, Reden und Tun«, erläutert der indische Weise. Dazu gehört für ihn auch ein Keuschheitsgelübde, das er mit Mitte dreißig ablegt. Sein Leben will er fortan in Armut verbringen. Enthaltsamkeit ist für ihn ein Weg, sich von der Ablenkung durch die Sinne zu befreien.

Ich persönlich mag Sokrates' Vorstellung von der Weisheit als dem göttlichen Teil der Seele. Und sein Konzept der Auslöschung des Ichs oder Selbst, um absolute Weisheit zu erfahren, findet sich in vielen anderen Kulturen und Weisheitstexten. Am deutlichsten hat das vielleicht der Buddhismus formuliert, bei dem Ichlosigkeit zur Erleuchtung, also zur absoluten Weisheit führt. Wenig praktikabel finde ich allerdings die Methoden, die Sokrates und auch Gandhi angewendet haben. Aber um nur ein kleines bisschen Weisheit zu »erschmecken«, reicht es ja vielleicht auch, sich mit dem erfahrbaren, fühlenden Selbst auseinanderzusetzen. Rabbi

Zalman Schachter-Shalomi, der in den USA älteren Menschen dabei helfen will, ihre Weisheit zu entwickeln, hat dazu ein Programm erarbeitet, das elf Lektionen umfasst.

Im Kern geht es immer darum, durch die Arbeit mit der eigenen Biographie zur Selbsterkenntnis zu gelangen. Die Teilnehmer müssen sich an Krankheitserfahrungen, Begegnungen mit dem Tod, das erste Versagen und erlittenes Unrecht erinnern. Sie zeichnen ihren Lebensweg auf und schreiben als Hausaufgabe einen »Brief der Wertschätzung« an einen Menschen, unter dem sie gelitten haben. In Zürich hat der Arzt Albert Wettstein Kurse nach dem Konzept von Rabbi Zalman Shachter-Shalomi angeboten. Die meisten Teilnehmer haben danach das deutliche Gefühl, etwas gelernt zu haben. Sie haben Frieden mit den dunklen Seiten ihrer Vergangenheit geschlossen. Der Versuch der österreichischen Weisheitsforscherin Judith Glück, zu messen, ob der Kurs die Teilnehmer tatsächlich weiser gemacht hat, ist allerdings fehlgeschlagen. Sie konnte keinen Weisheitszuwachs nachweisen. Subjektiv hatten die Teilnehmer aber das Gefühl, durchaus weiser geworden zu sein.

Die psychologischen Weisheitsforscher haben auch selbst ein paar Methoden untersucht, durch die sich das Abschneiden in den verschiedenen Teilbereichen des Weisheitstests verbessern lässt. Besonders effizient war es, wenn die Testperson die Gelegenheit bekam, über die dargebotenen Lebensprobleme mit einer vertrauten Person sprechen zu können. Erstaunlicherweise erzielten sie auch dann ein besseres Ergebnis im Weisheitstest, wenn sie sich diesen Ratgeber lediglich vorstellten. Außerdem schickten Ursula Staudinger und ihre Mitarbeiter ihre Versuchspersonen auf einer Wolke sitzend auf eine fiktive Weltreise. Im Gepäck hatten sie dabei ein Lebensproblem. An verschiedenen markanten Sehenswürdigkeiten – etwa dem schiefen Turm von Pisa, der chinesischen Mauer oder den Cheops-Pyramiden – sollten die Studienteilnehmer anhalten und laut über das Lebensproblem nachdenken. Am Ende dieser Phantasiereise musste dann ein neues Lebensproblem bearbeitet werden. Tatsächlich ließ sich mit dieser simplen Übung das Ergebnis im Bereich Wertrelativismus deutlich verbessern.

Nun braucht niemand Weisheit, um in einem psychologischen Test besser abzuschneiden. Weisheit soll uns im konkreten Leben unterstützen. In den Lebenskrisen, in denen wir sie am dringendsten brauchen, nützen uns solche Übungen wie die »Phantasiereise« vermutlich herzlich wenig. Die meisten Menschen, die auf dem Weisheitsweg einiges erreicht haben, haben nie ein spezielles »Weisheitstraining« erhalten. Am Anfang standen bei ihnen die richtige Motivation und die richtigen Werte, die ihnen vielleicht durch eine entsprechende Erziehung vermittelt wurden. Um weiterzugehen, brauchten sie vielleicht auch noch so etwas wie eine Geisteshaltung, die das Bestehende hinterfragt, und zwar auf ganz ähnliche Weise, wie es die Kinderphilosophen tun. Meine Meditationslehrerin Barbara zum Beispiel hat eine wichtige Frage aus Kindheitstagen bis heute begleitet: »Wo kommen die Gedanken her?«

Eine Zeitlang hatte sie regelmäßig den alten Dorfpfarrer besucht, um mit ihm über diese und andere Fragen zu diskutieren. Aber zu der Sache mit der Jungfernzeugung und der Herkunft der Gedanken konnte er ihr keine befriedigende Antwort geben. »Als ich etwa vierzehn war, waren meine Fragen dann irgendwie nur noch lästig, und mir wurde gesagt, ich müsse das eben glauben.« Das ließ sich

Barbara natürlich nicht gefallen und distanzierte sich zunehmend von der Kirche. In der Schule nahm sie an politischen Arbeitsgruppen teil. Aber auch dort fand sie keine echten Antworten. Am meisten störte sie der Umgangston. In der alternativen Szene gab es genauso viel Gerede übereinander und Aggression wie in den eher konservativen Kreisen, denen sie doch eigentlich entfliehen wollte. Dagegen lehnte sie sich auf und brach viele der ungeschriebenen Regeln. »Die anderen haben mich immer ›unser Sponti‹ genannt«, erzählt sie heute lachend. Die Fragen und das Bedürfnis nach mehr Gerechtigkeit blieben, aber wo sollte sie noch suchen?

Nach dem Abitur gönnt sie sich eine Auszeit und fährt mit einer Freundin auf eine griechische Insel. Dort liegen sie am Strand, rauchen Haschisch und führen ein Hippieleben. Eigentlich wollen die Mädchen ein halbes Jahr bleiben, aber schon nach zweieinhalb Monaten hält Barbara es nicht mehr aus. Das ziellose Abhängen langweilt sie. Am liebsten würde sie sofort wieder abreisen. Aber vorher will sie unbedingt noch ein verfallenes Kloster besuchen, das sie auf einer Bergspitze entdeckt hat. Auf dem Weg dorthin verläuft sie sich jedoch und zieht sich einen Sonnenstich zu. Ein Schäfer findet sie und bringt sie ins Dorf zurück. Unterwegs legen sie eine Pause in einer schattigen Höhle ein, damit sie sich erholen kann. Und als sie später, mit Fieber im Bett liegend, ihren Sonnenstich auskuriert, beschließt sie, in ebendieser Höhle einmal zu übernachten. Am Ende werden es drei Monate. Was diese Erfahrung für sie bedeutet hat, beschreibt sie folgendermaßen:

»Das war nichts Besonderes, nichts Mystisches oder so. Ich bin einfach dortgeblieben. Am Anfang habe ich noch ein bisschen gelesen, ich hatte ein Buch von Peter Handke dabei, *Die linkshändige Frau*. Das habe ich dann aber weggelegt. Außerdem hatte ich einen Aquarellkasten; zunächst habe ich noch gemalt, dann habe ich auch den weggelegt. Und schließlich habe ich einfach dort gesessen im Wind, aufs Meer geschaut, bin einmal in der Woche ins Dorf gegangen und habe mir etwas zu essen gekauft. Dabei habe ich gar nicht gemerkt, wie drei Monate vergingen. Das hat irgendwas mit mir gemacht, ich hatte immer das Gefühl, irgendetwas in mir wird heil, mein Herz ist wach. So würde ich das heute beschreiben. Manchmal habe ich mich gefühlt, wie als ich noch ganz klein war. Und manchmal habe ich ganze Tage dort gesessen – wenn man mich gefragt hätte, was jeweils passiert ist, hätte ich gar nichts sagen können. Dann war ich aber auch wieder knallwach. Ich bin da durch verschiedene Phasen gegangen. Manchmal habe ich geweint, mich geschämt für manche Sachen. Ich bin nicht weggelaufen. Das war das Wichtige. Ich hatte auch Angst nachts, aber bin geblieben. Ich bin einfach mit mir da gewesen. Heute würde ich sagen, ich habe so etwas wie Zuversicht entwickelt in dieser Zeit. Schließlich bin ich aufgewacht morgens und habe gedacht: Jetzt will ich studieren.«

Ohne zu wissen, was sie da eigentlich tut, hat Barbara in dieser Höhle wahrscheinlich zum ersten Mal meditiert. Meditation wird in vielen Kulturen als eine Methode angesehen, Weisheit zu entwickeln. Aus dem Lateinischen übersetzt, bedeutet das Wort »Ausmessen der Mitte«. Und natürlich geht es dabei vor allem um das Ausmessen der eigenen Mitte. Als ich selbst anfing zu meditieren, hatte ich keine Ahnung, was Meditation eigentlich bedeutet. Für mich war das eine Art Entspannungsübung, die mir bei der Stressbewältigung und meinen Schlafstörungen helfen sollte.

Hätte an der Volkshochschule gerade ein Kurs in autogenem Training angefangen, wäre ich vermutlich dort gelandet. So war es aber ein Wochenende in einem Kölner Meditationszentrum, das zufällig von Barbara geleitet wurde. »Wie der weite Raum« hieß das Programm. Ich war erleichtert, als Barbara mir und den anderen Teilnehmern erklärte, dass Meditation nichts Heiliges oder Spirituelles sei, sondern eine völlig alltägliche Angelegenheit.

Seit vier Jahren meditiere ich nun täglich etwa eine halbe Stunde und besuche regelmäßig Wochenendprogramme, bei denen man den gesamten Tag mit Sitz- und Gehmeditation verbringt. Aber mittlerweile tue ich das nicht mehr, um meine Schlafstörungen zu bekämpfen, sondern die Meditation hilft mir dabei, ich selbst zu sein. Indem ich mich jeden Tag etwa eine halbe Stunde lang auf ein Kissen setze und versuche, mich auf meinen Atem zu konzentrieren, gewinne ich Distanz zu allem, was mich im Alltag beschäftigt. Natürlich ist es nicht möglich, während der Meditation nicht zu denken. Die einzige Aufgabe besteht darin, die Gedanken wahrzunehmen und wieder zum Atem zurückzukehren, und das immer wieder. Was sich dann mit der Zeit einstellt, ist ein Gefühl für die Spielchen und Kapriolen, die der unruhige Geist mit einem veranstaltet.

Und weil man während der Meditation den Gedankenstrom immer wieder unterbricht und zum Atem zurückkehrt, gewinnt man allmählich immer mehr Kontrolle. Sind die Gedanken und Phantasien am Anfang noch ein rauschender Wasserfall, so verwandeln sie sich mit der Zeit in einen leise plätschernden Bach, der manchmal ganz vom Atem verdeckt wird. Das sind die Momente, in denen ich mein wahres Selbst spüren kann. Dieses Im-Moment-Sein bezeichnen Buddhisten als Achtsamkeit. Und einen Teil dieser Achtsamkeit kann ich inzwischen auch in meinen Alltag hineintragen. Ich bemerke jetzt viel schneller, wenn mich eine abfällige Bemerkung eines Kollegen wütend macht, und kann in solchen Alltagssituationen meine vorschnelle Reaktion unterdrücken. Aber wer jetzt meint, Meditation sei ein einfacher Weg, um über das »Ausmessen der eigenen Mitte« zu innerer Balance und Zufriedenheit zu gelangen, der hat nicht alles verstanden. Zwar stellt sich all dies tatsächlich ein, aber gleichzeitig hält eine regelmäßige Meditationspraxis auch einiges an Beschwerlichkeiten bereit.

Sein Selbst durch Meditation zu entdecken bedeutet auch, sich erst einmal mit den eigenen Neurosen auseinanderzusetzen. Man kann sich nicht mehr verstecken, und das ist nicht immer angenehm. »Ich bin nicht weggelaufen«, hat Barbara über ihre Zeit in der Höhle gesagt. Sie habe sich geschämt für manche Dinge und manchmal auch geweint. Und tatsächlich ist das die einzige Haltung, mit der sich sinnvoll meditieren lässt. Wenn es stimmt, was alle Weisheitslehren behaupten, dass wir Weisheit nur in uns selbst entdecken können, dann kann Meditation eine hilfreiche Methode auf dem Weisheitsweg sein. Wenn durch jahrelange Meditationspraxis alle Spielchen, Hakenschläge und Kapriolen des Geistes enttarnt sind, stellt sich etwas ein, was im Zen »Anfängergeist« genannt wird. Es ist eine Geisteshaltung, die alles völlig unvoreingenommen, konzeptfrei und ohne Wertung wahrnimmt. Jemand mit »Anfängergeist« begegnet der Welt so, als ob er noch nichts über sie wüsste. Er ist in den Zustand zurückgekehrt, in dem sich die Kinderphilosophen von ganz allein befinden.

Diese Offenheit ist vielleicht die wichtigste Voraussetzung

dafür, dass Weisheit entstehen kann. Alle psychologischen Studien zur Weisheit zeigen eines: Wenn es eine Eigenschaft gibt, die zum Entstehen von Weisheit beiträgt, dann ist es Offenheit für neue Erfahrungen, und Meditation kann dabei helfen, diese Offenheit herzustellen. Außerdem wirkt sie sich nachweislich positiv auf den Umgang mit Emotionen aus. In dieser Hinsicht ist sie so effektiv, dass sie sogar schwer traumatisierten Menschen helfen kann, ihre Ängste zu überwinden. Das belegen Studien des Zentralinstituts für seelische Gesundheit in Mannheim. Und genau dies, nämlich sich nicht von seinen eigenen Gefühlen beherrschen zu lassen, halten Weisheitsforscher wie Ursula Staudinger für eine wichtige Voraussetzung, um überhaupt weise Entscheidungen treffen zu können.

Wer schon etwas Erfahrung mit der Meditation gesammelt hat, kann sich auch an kontemplativen Meditationstechniken versuchen. Manche Lehrer bezeichnen sie als »Einsichtsmeditation«. Als Objekt der Meditation dient dabei nicht mehr der Atem, sondern ein Satz oder nur eine Vorstellung. Auf diese Weise lässt sich zum Beispiel über Mitgefühl oder Zufriedenheit meditieren. Und auch da gibt es mittlerweile deutliche Hinweise aus wissenschaftlichen Studien, dass diese Art der Meditation tatsächlich dazu beiträgt, etwa die Fähigkeit zum Mitgefühl zu fördern. Welche Meditationsform am besten für einen geeignet ist, muss jeder durch Ausprobieren selbst entscheiden. Für manche ist die strenge Form des Zen, bei der einen der Lehrer auch schon mal mit einem Schlag auf den Rücken an die richtige Haltung gemahnt, besser geeignet als das eher lockere Shamatha-Sitzen der tibetischen Tradition. Andere messen ihre Mitte am besten mit dem sich drehenden Tanz der Derwische aus. Denn auch das ist Meditation.

Unter den Menschen, die ich kenne, hat Barbara sicherlich die meiste Erfahrung mit Meditation. Sie betreibt das schon etwa dreißig Jahre länger als ich. Ob sie dadurch weise geworden ist, würde ich allerdings nicht zu behaupten wagen. Mit Sicherheit ist sie ein gutes Stück weiter auf dem Weisheitsweg als ich. Und ihre innere Balance, Menschlichkeit und die Klugheit ihrer Belehrungen zwischen den Meditationseinheiten haben mein Weisheitsradar ausschlagen lassen. Aber einen echten Beweis kann ich dafür nicht erbringen. Sie hat mir nie einen weisen Rat gegeben, der mir in einer existenziellen Grenzsituation geholfen hätte, und ich weiß zu wenig über ihr Leben, als dass ich daraus Rückschlüsse über ihre Weisheit ziehen könnte. Sicher weiß ich über Barbara nur eines: Sie ist seit frühester Jugend und mit großem Einsatz auf der Suche nach Weisheit.

Als ich sie frage, was ihr am meisten geholfen habe, kommen ihr die Menschen in den Sinn, die sie mit ihren Belehrungen oder einfach durch die Art, wie sie lebten, beeindruckt haben. Da gab es eine Tante, die alles ganz langsam machte, überall zu Fuß hinging und dabei eine Seelenruhe ausstrahlte, die schon die junge Barbara beeindruckte. Und natürlich war auch der alte Dorfpfarrer eine Zeitlang ein wichtiger Lehrer, auch wenn er am Ende die Frage nach dem Ursprung der Gedanken nicht beantworten konnte. »Früher habe ich immer nach irgendwelchen Leitfiguren gesucht. Da war ich naiv, aber auch gnadenlos. Jetzt ist es vielmehr so, dass ich das in ganz vielen Menschen finden kann, die ich gar nicht unbedingt kennen oder treffen muss.«

So merkwürdig es klingt, ihren wichtigsten Lehrer hat Barbara durch einen Unfall kennengelernt, aber nie persönlich getroffen. Kurz nach ihrer Rückkehr aus Griechenland verliebte sie sich. Als sie in der Wohnung dieses Mannes eine steile Treppe hinabstieg, stolperte sie. Noch im Fallen versuchte sie, sich an einem Bücherregal festzuhalten. Dabei bekam sie aber nur ein einzelnes Buch zu fassen, woraufhin sie so böse stürzte, dass sie sich einen Nerv einklemmte. Das Buch, das ihr auf diese Weise in die Hände gefallen war, las sie dann im Krankenhaus. Es hieß *Aktive Meditation.* Sein Autor war Chögyam Trungpa Rinpoche, ein tibetischer Abt, der als einer der Ersten Meditation im Westen unterrichtet hatte. In seinem Buch fand Barbara endlich die Antworten, nach denen sie immer gesucht hatte: »Das waren genau die Dinge, die ich wissen wollte. Die wesentliche Antwort lautete so: Du musst in dich selbst hineingucken, da findest du alles. Das passte so gut zu dem, was ich in Griechenland erlebt hatte.«

Als Barbara mir von diesem Erlebnis erzählte, durchbrach sie ein wenig das Konzept für dieses Kapitel. Eigentlich sollte hier nämlich stehen, dass Weisheit nicht durch noch so kluge Bücher erworben werden kann. Aber auch Gandhi hat sich immer wieder von Büchern inspirieren lassen. Er verehrte Tolstoj, und John Ruskins Buch *Unto This Last* trug mit dazu bei, dass er sein Leben in Armut verbrachte. Trotzdem wurde keiner dieser Autoren zu einer zentralen Leitfigur für ihn. »Der Thron ist leer geblieben«, sagte er. Er übernahm nicht einfach das, was er las, ihn interessierten vor allem jene Texte, die sein eigenes Denken berührten. Er empfand sie als Ermutigung, seine Ideale konsequent zu leben.

Barbara jedenfalls hat nach der Lektüre des zufällig in ihre Hände gefallenen Buches einen Kurs in tibetischem Buddhismus belegt. Der war allerdings nicht von Chögyam Trungpa oder einem seiner Schüler organisiert worden, und so war sie plötzlich aufgefordert, Bilder zu visualisieren, die mit ihrer eigenen Kultur überhaupt nichts zu tun hatten. »Ich wollte etwas lernen, aber doch nicht zur Tibeterin werden«, sagt sie, immer noch mit einem leichten Anflug von Empörung in der Stimme. Sie möchte ihren eigenen kulturellen Hintergrund behalten. Westliche Philosophie interessiert sie genauso wie die in dem Buch *Aktive Meditation* enthaltenen Lehren.

Irgendwann schafft sie es dann tatsächlich, an einem Programm nach dem Curriculum von Chögyam Trungpa Rinpoche teilzunehmen, und tut das in den folgenden Jahren immer wieder. Mittlerweile ist sie selbst eine wichtige Lehrerin bei Shambhala. Zu der Organisation gehören hundertsechzig Meditationszentren weltweit. Dort können Menschen unterschiedlicher Glaubensrichtungen das Meditieren erlernen oder Kurse in kontemplativen Künsten wie Kalligraphie oder Blumenstecken belegen. Niemand ist verpflichtet, auch an den buddhistischen Programmen teilzunehmen. Gegründet wurde die Organisation von Chögyam Trungpa, den Barbara nach wie vor als ihren wichtigsten Lehrer ansieht, obwohl sie ihm nie persönlich begegnet ist.

Was wäre wohl geschehen, wenn sie an der Höhle auf der griechischen Insel einfach vorbeigegangen wäre, ohne jemals dorthin zurückzukehren, oder wenn sie das Buch, das ihr beim Sturz von der Treppe zufällig in die Hände fiel, einfach beiseitegelegt hätte? Vielleicht muss ein Mensch *eine* Fähigkeit auf dem Weisheitsweg doch von sich aus mitbringen: Er muss die Hinweise, Chancen und Möglichkeiten erkennen können, die ihm das Leben eröffnet, und im richtigen Moment eine Abzweigung wählen, die sich später vielleicht als Abkürzung auf der nächsten Etappe des Weisheitsweges erweist.

Der wichtigste Weisheitslehrer überhaupt ist wohl das Leben selbst. Nicht alle, aber viele Weise haben einen eher beschwerlichen Lebensweg zurückgelegt. Überdurchschnittlich viele Menschen, die wir hierzulande als Weise ansehen, sind ehemalige Widerstandskämpfer. Das ergab eine Studie von Ursula Staudinger und Paul Baltes. Erfahrungen von Flucht, Vertreibung und großer existenzieller Not machen einem Menschen mit aller Gewalt klar, dass nichts gewiss ist. Und »Erkennen und Umgehen mit Ungewissheit« ist eines der wichtigsten Kriterien des Berliner Weisheitsparadigmas. Und was könnte einen Menschen besser darin ausbilden als die Erfahrung von Unsicherheit am eigenen Leib? Sich der Ungewissheit nicht zu unterwerfen, sondern stattdessen gegen die Ungerechtigkeit, die sie verursacht hat, vorzugehen – das gehört auch zur Weisheit. Obwohl viele Weise in Zeiten aufwuchsen, die ihnen praktisch keine Handlungsmöglichkeiten eröffneten, haben sie trotzdem den Mut gefunden, etwas zu tun.

Als Gandhi nach Erledigung seines Auftrags in Südafrika wieder abreisen wollte, erfuhr er, dass den Indern dort das Wahlrecht entzogen werden sollte, und das veranlasste ihn zum Bleiben. Als juristische Mittel nicht greifen wollten, gründete er den Natal Indian Congress und sammelte zehntausend Unterschriften, die dem Kolonialminister in Großbritannien vorgelegt wurden. Sein Aufenthalt im rassistischen Südafrika, in dem die Inder viel stärker diskriminiert wurden als in England, wo er studiert hatte, formte erst den Freiheitskämpfer in ihm. Neben den Lehren über die Unsicherheit und Ungewissheit des Lebens erhielt er dort noch eine weitere wichtige Lektion für seinen Weisheitsweg. Er traf auf Inder aus völlig anderen Landesteilen, deren Sprache er nicht sprach und die er als Anwalt in Indien schon aufgrund ihrer niedrigen Kastenzugehörigkeit niemals getroffen hätte. All das sind Erfahrungen, die Gandhi als Mitglied der Oberschicht in seiner Heimat so nicht gemacht hätte und die ihm sicherlich geholfen haben, mehr Toleranz zu entwickeln, auch gegenüber den Unberührbaren, die in seinem Elternhaus noch als unrein galten. In Südafrika engagierte sich Gandhi auch für die tamilischen Kulis, die dort ein sklavenähnliches Dasein fristeten. Am Ende konnte er sogar die wohlhabenden indischen Kaufleute für die Anliegen der Kulis gewinnen.

Es müssen aber nicht unbedingt extreme gesellschaftliche oder politische Umstände sein, durch die ein Mensch auf seinem Weisheitsweg etwas lernt. Manchmal sind es auch persönliche Herausforderungen wie Krankheit, Verlust oder Tod, die zu menschlichem Wachstum bis hin zur Weisheit führen.

Eine traumatische Erfahrung wie etwa ein lebensbedrohlicher Verkehrsunfall kann mit einem Schlag die normalen Schutzmechanismen der Psyche außer Kraft setzen. Der Sozialpsychologe Keith Campbell von der Universität Georgia nennt dieses Phänomen einen »Ich-Schock«. Eine physische Bedrohung, der plötzliche Verlust des Partners, die unerwartete Kündigung oder eine Krebsdiagnose – solche Erfahrungen stellen einen Angriff auf unser Ich dar. Alle Konzepte und Begriffe, mit denen sich ein Mensch vor äußeren Einflüssen schützt, lösen sich auf, und mit ihnen das gesamte Ich. Bei einem »Ich-Schock« bleibt die Zeit stehen, und die Betroffenen sind gefühlsmäßig regelrecht taub. Die

Welt erscheint ihnen plötzlich fremd. Keith Campbell sagt dazu in der Zeitschrift *Psychologie Heute*: »Wenn das Selbst aus dem Bild der Welt verschwindet, wird die Welt plötzlich sehr mächtig, sehr wunderbar, es ist ein Augen öffnendes Erlebnis: O Gott, schau dir diese Welt an!« Ein Trauma kann eine Erfahrung auslösen, wie sie viele Meditierende erst nach jahrzehntelanger Praxis erleben. Die Welt, die dann ungefiltert auf den schutzlosen, weil ichlosen Geist einströmt, ist wunderschön und beängstigend zugleich. Nach einem solchen Erlebnis ist häufig nichts mehr wie vorher.

Mich erinnert die Beschreibung des Ich-Schocks an die Begegnung mit dem Locked-in-Patienten Hans-Peter Salzmann. Durch eine neurologische Erkrankung waren die Nervenbahnen, die seine Muskeln steuerten, nach und nach abgestorben. Als ich ihn traf, konnte er nicht mehr selbständig atmen, geschweige denn sprechen oder sich bewegen. Er kommunizierte lediglich über den Lidschlag seiner Augen. Es dauerte immer eine Weile, bis er mit Hilfe des »Blinzelalphabets« auf meine Fragen antwortete. Aber Zeit spielte für ihn keine Rolle. Er berichtete mir, dass er, seit er sich in diesem Zustand befand, Farben und Klänge viel intensiver wahrnahm. Vielleicht hatte seine Erkrankung bei ihm auch so etwas wie einen Ich-Schock ausgelöst. Weil er in seinem eigenen Körper eingeschlossen war, konnte er in die Welt um sich herum nicht mehr eingreifen. Sein Selbst war tatsächlich dauerhaft »aus dem Bild der Welt« verschwunden, wie es Keith Campbell formuliert hat. Weil Hans-Peter Salzmann nichts anderes mehr konnte, als wahrzunehmen, strömte die Welt ungehindert auf ihn ein und wurde dadurch ungleich mächtiger und vielleicht auch schöner. Glücklicherweise wusste er zu schätzen, was ihm seine ohne Frage furchtbare Krankheit beschert hatte. Er litt zwar manchmal unter starken Gefühlsschwankungen, war aber insgesamt ein zufriedener Mensch. Untersuchungen von Psychologen der Universität Tübingen haben gezeigt, dass es den meisten Menschen, die auf ähnliche Weise in ihrem Körper eingeschlossen sind, vergleichbar gutgeht. Sie schätzen ihre Lebensqualität selbst überraschend hoch ein.

Und auch Keith Campbells Studien haben gezeigt, dass mehr als die Hälfte der Menschen, die ein Trauma und einen »Ich-Schock« erlitten haben, anschließend berichten, ihr Leben habe sich zum Positiven gewendet. Wenn die Fundamente, auf denen ein Leben aufgebaut ist, plötzlich nicht mehr halten, besteht auch die Chance, an anderer Stelle etwas völlig Neues aufzubauen. Die Katastrophe hat in diesem Fall erst die Tür zur Veränderung geöffnet. Nur weil das Selbst in seinen Grundfesten erschüttert wurde, können sich Wertvorstellungen und Konzepte neu formieren. Die amerikanischen Psychologen Richard G. Tedeschi und Lawrence Calhoun sprechen in solchen Fällen von erdbebenartigen Erschütterungen.

Sie haben auch erforscht, welche Menschen nach einem Trauma ein persönliches Wachstum erfahren. Das Ergebnis: Es sind nicht die stärksten oder rationalsten Menschen, sondern die eher durchschnittlichen Persönlichkeiten. Eines scheint sie allerdings auszuzeichnen: Wer nach einem Trauma als Persönlichkeit wächst, ist in der Lage, die schmerzhaften Ereignisse in die eigene Lebensgeschichte zu integrieren. Das Leben wird dann häufig als wertvoller empfunden, und Beziehungen zu anderen Menschen werden intensiver. Gleichzeitig haben solche Menschen das Gefühl: Wenn ich das überleben konnte, dann kann ich alles aushalten. Aus dieser Stärke gewinnen sie vielleicht erst den Mut, die Veränderungen in ihrem Leben auch tatsächlich herbeizuführen. Und nicht selten erfolgt eine Hinwendung zu spirituellen Themen. Vieles, was für Menschen nach einem Trauma kennzeichnend ist, findet sich auch bei Weisen.

Der britische Traumaforscher Alex Linley glaubt, dass Weisheit bei der Verarbeitung von Traumata helfen, aber auch erst als ein Ergebnis dieses Verarbeitungsprozesses entstehen kann. Nicht wenige Überlebende berichten, dass sie toleranter geworden seien und ihnen die Ziele ihres alten materialistischen Lebens nun nichts mehr bedeuteten. Ein Mann, der bei einem Verkehrsunfall beinahe gestorben wäre, erzählte mir zum Beispiel, dass er nach seinem wundersamen Überleben einfach keinen Sinn mehr darin sah, sein überaus erfolgreiches Sanitärfachartikel-Unternehmen weiterzuführen. Stattdessen wurde er sehr religiös, engagierte sich stark für soziale Projekte in seiner Gemeinde und kümmerte sich mehr um seine Familie. Man könnte beinahe meinen, er sei vom Wohlergehensweg auf den Weisheitsweg umgeschwenkt.

Aber natürlich schafft das nicht jeder. Häufig sind Lebenskrisen oder traumatische Erlebnisse keine Lehrer in Sachen Weisheit, sondern weisen viel eher den Weg in Depression und Sucht. Nicht wenige Menschen leiden nach einem Trauma unter einer posttraumatischen Belastungsstörung. Sie können das Erlebte nicht in die eigene Lebensgeschichte integrieren und müssen die schreckliche Erfahrung immer wieder durchleben. Wenn es gelänge, solche Personen in Weisheit zu unterrichten, könnte ihnen das womöglich bei der Verarbeitung helfen. Schließlich ist Weisheit genau jene

Kompetenz, die es einem Menschen ermöglicht, mit existenziellen Grenzsituationen umzugehen.

Eine »Weisheitstherapie« haben Ärzte der Berliner Charité tatsächlich entwickelt und mittlerweile sogar in einer Studie getestet. Die Patienten waren allerdings keine Opfer schwerer Traumata. Sie litten unter einer sogenannten Verbitterungsstörung, wie sie beispielsweise nach einem Jobverlust auftreten kann. Kennzeichnend für das Krankheitsbild ist eine tiefe Verbitterung über die empfundene Kränkung. Außerdem können Depressionen und Phobien auftreten. Tests zeigten, dass die Weisheitskompetenz dieser Patienten deutlich unter dem Durchschnitt der gesunden Kontrollgruppe lag. Nach dem Vorbild des Berliner Weisheitsparadigmas verwendeten die Ärzte der Charité bei der Therapie zunächst anonyme Lebensprobleme und kamen erst später auf das Problem zu sprechen, das zum Klinikaufenthalt des jeweiligen Patienten geführt hatte. Dabei trainierten sie zum Beispiel die Fähigkeit, die Perspektive zu wechseln. Außerdem suchten sie gemeinsam mit den Patienten nach einem neuen, sinnstiftenden Ziel im Leben und halfen auch bei der Wahl eines Vorbilds in Sachen Problembewältigung. Tatsächlich konnte damit die Verbitterungsstörung gut behandelt werden, und die Studienteilnehmer erzielten auch im Weisheitstest höhere Werte. Wirklich weise hat sie diese Therapie aber nicht gemacht. Sie schafften lediglich den Sprung von niedrigen zu durchschnittlichen Ergebnissen im Weisheitstest.

Die erste psychologische Weisheitstherapie überhaupt wäre womöglich nie zu weltweitem Erfolg gelangt, hätte ihr Erfinder nicht das KZ überlebt. Der Auschwitz-Häftling 119104 durchlitt alle Qualen des Konzentrationslagers, wobei es ihm gelang, sich selbst als »Objekt einer interessanten psychologisch-wissenschaftlichen Untersuchung« zu betrachten.

Viktor Frankl hatte schon als Fünfzehnjähriger mit Freud korrespondiert und später in Wien Psychologie studiert. Bereits 1938 entwickelte er die Grundlagen zur »Logotherapie und Existenzanalyse«. Bei dieser Therapieform geht es darum, wieder einen Sinn im Leben zu finden, um dadurch Lebenskrisen besser bewältigen zu können. »Das Leiden am sinnlosen Leben« hält Frankl gar für die eigentliche Ursache so mancher psychischen Erkrankung. Mit seinem Bericht *... und trotzdem Ja zum Leben sagen – Ein Psychologe erlebt das Konzentrationslager* wollte er die Frage beantworten: »Wie hat sich im Konzentrationslager der Alltag in der Seele des durchschnittlichen Häftlings gespiegelt?« Die Antworten, die Frankl liefert, zeigen, wie es einem Menschen gelingen kann, die schlimmsten Gräuel zu ertragen und dabei als Persönlichkeit auch noch zu wachsen.

Im KZ muss Frankl erleben, wie sich alles auf die »primitivsten Bedürfnisse« reduziert. Gleichzeitig erfährt er aber auch, dass man Menschen alles nehmen kann, »nur nicht die letzte menschliche Freiheit, sich zu den gegebenen Verhältnissen so oder so einzustellen«. Er beobachtet, wie jemand sein Brot teilt, aber auch, wie ein Häftling den anderen bestiehlt. Viktor Frankl bewies Weisheit, indem er sich dem »Ich habe keine Wahl« eben nicht unterwarf und sich so ein Stück Freiheit im KZ erkämpfte. Auch seine Phantasie hilft ihm beim Überleben. Sie ermöglicht es ihm, die tiefe Liebe zu seiner Frau Tilly zu spüren, obwohl er nicht weiß, ob sie noch lebt. Außerdem rettet ihn der Humor, denn auch den gibt es im Lagerleben. Mit einem befreundeten ehemaligen Chirurgen arbeitet er gemeinsam auf einer Baustelle. Die beiden treffen ein Abkommen, sich jeden Tag eine lustige Geschichte zu erzählen. Frankl sagt dem Freund, dass es ihm nach der Rückkehr in seinen Beruf als Chirurg sicherlich schwerfallen werde, die alten Gewohnheiten des Lagerlebens wieder abzulegen. »Einmal wirst du wieder im Operationssaal stehen und eine langwierige Magenoperation durchführen; und auf einmal wird der Operationssaaldiener hereinstürmen und mit dem Rufe: ›Bewegung, Bewegung!‹ ankündigen, dass der Primarius, dass der Chef kommt!«

»Bewegung, Bewegung!« – Das ist der Ruf, mit dem Frankl und sein Freund auf der Baustelle immer angetrieben werden. Humor bedeutet für Frankl, Distanz zu schaffen zu dem Schrecken um ihn herum, es ist Lebenskunst. Selbst als er nach seiner Rettung aus Auschwitz vom Tod seiner Eltern, seines Bruders und seiner geliebten Frau Tilly erfährt, findet er über die Trauer einen Sinn im Leben. Er will sich seiner »Qual würdig« erweisen. Deshalb setzt er die Arbeit an seiner »Logotherapie« fort. Bei dieser Therapieform geht es nicht darum, die Verletzungen der Vergangenheit aufzuarbeiten, sondern die Logotherapie orientiert sich an der Gegenwart und der Zukunft. Sie will Menschen dabei helfen, ihr eigenes Potenzial zu erkennen und zu entfalten. Die Verantwortung eines Menschen besteht nach Frankl darin, seinem Leben einen Sinn zu geben. Im Grunde fordert er dazu auf, den Weisheitsweg zu gehen. Wie erfolgreich der sein kann, hat er selbst vorgelebt. Er beendet sein Buch mit folgenden Worten: »Gekrönt wird aber all dieses Erleben des heimfindenden Menschen von dem köstlichen Gefühl, nach all dem Erlittenen nichts mehr auf der Welt fürchten zu müssen – außer Gott.«

Der Satz zeigt, was die zentrale Lehre sein kann, die einem Lebenskrisen und traumatische Erfahrungen bringen. Es gibt etwas im Menschen, das über dem Horror des Erlebten steht. Das, was ihn vielleicht überhaupt erst zum Menschen macht. Vielleicht hätte Sokrates dies das »Göttliche in der Seele« genannt. Ich würde es als den Weisheitskern eines jeden Menschen bezeichnen. Wer diesen Weisheitskern in sich findet, gewinnt eines ganz gewiss: ein hohes Maß an Freiheit. Ganz egal wie furchtbar die äußeren Umstände sind, weise Menschen wie Viktor Frankl haben immer das Gefühl, Kontrolle über ihr Leben zu haben und dass eben dieses Leben – trotz allen Leidens – sinnvoll ist.

Dass jemand die Weisheit in sich selbst findet, wird immer ein seltenes Ereignis bleiben. Aber natürlich hilft es, zu sehen, dass andere es geschafft haben, zu ihrem Weisheitskern vorzudringen. Manche können allein durch die Art und Weise, wie sie mit ihrem Leiden umgehen, eine ganze Generation inspirieren. Nelson Mandela tat dies, als er nach siebenundzwanzig Jahren Gefangenschaft ungebrochen aus der Haft zurückkehrte. Und auch Mahatma Gandhi hat insgesamt acht Jahre seines Lebens im Gefängnis verbracht und ist immer wieder auch geschlagen und gedemütigt worden. Die Haltung, mit der er dies ertrug, hat ihm viele Anhänger gebracht. Denn selbst solche Erniedrigungen haben ihn nie von den Prinzipien des gewaltfreien Widerstands abweichen lassen. Beiden gemeinsam ist, dass sie sich auch durch die Ungerechtigkeit, die sie erlitten haben, niemals dazu haben hinreißen lassen, ihre Feinde zu hassen. Der temperamentvolle, zum Jähzorn neigende Nelson Mandela soll gar erst in der Haft zu einem ausgeglichenen und bedachten Führer herangereift sein. Als er 1996 die Wahrheitskommission einsetzte, orientierte er sich an seinem Vorbild Gandhi, der mehr als zwei Jahrzehnte in Südafrika gelebt und gewirkt hatte. Der Inder hatte immer betont, dass es nicht auf Konfrontation ankomme, sondern darauf, den anderen wahrzunehmen. *Satyagraha* hatte er seine Methode des friedlichen Widerstands genannt. »Das heißt: die Kraft, die aus Wahrheit entsteht, aus Liebe oder Gewaltlosigkeit«, sagt er.

Inzwischen haben Psychologen in vielen Studien nachgewiesen, wie hilfreich Vergebung für die Verarbeitung von Erniedrigung und Trauma sein kann. Dem Gegner zu verzeihen lindert sogar die physischen Symptome von Stress wie Schlafstörungen und Kopfschmerzen. Einem Menschen zu vergeben, der einem Unrecht getan hat, gibt dem, der verzeiht, die Kontrolle über das Erlebte zurück. Er ist nicht mehr nur das Opfer, sondern jemand, der etwas zu geben hat. Durch Vergebung lassen sich einige der Beschwernisse des Weisheitsweges besser ertragen. Das haben Menschen wie Mahatma Gandhi und Nelson Mandela vorgelebt. Das Erstaunliche ist, dass es ihnen auch gelungen ist, andere Menschen für den Weisheitsweg zu inspirieren. Man stelle sich einmal vor, 300 Millionen Inder hätten irgendwann ihrer Wut auf die britischen Kolonialherren Luft gemacht. Stattdessen folgten sie mehr als ein Vierteljahrhundert lang Gandhis Kampagne der Nichtkooperation, des friedlichen Widerstands. Sie taten dies nur, weil er ihnen glaubhaft vorlebte, was er von ihnen verlangte.

Vermutlich wird es niemals eine sichere Methode geben, mit der Weisheit gelehrt werden könnte. Aber Weise wie Gandhi, Sokrates, der Dalai Lama und Nelson Mandela leben Weisheit vor, verkörpern sie vielleicht sogar. Dadurch vermitteln sie vielen anderen Menschen die Motive und Werte, die nötig sind, um auf den Weisheitsweg zu gelangen. Ihr Beispiel zeigt uns die Freiheit der Entscheidung auf, über die jeder Mensch auch angesichts von Ungerechtigkeit und schwieriger Lebensumstände verfügt. Das kann uns dabei helfen, den Weisheitskern, »das Göttliche in der Seele«, in uns selbst zu finden.

Doch es müssen nicht unbedingt die großen Weisen der Geschichte sein, die uns auf unserem Weisheitsweg inspirieren. Häufig ist der direkte Kontakt mit den nicht »prominenten« Weisen, denen wir im Alltag begegnen, viel hilfreicher. Von der Sanftmut, die meine Großmutter ausgestrahlt hat, habe ich zum Beispiel gelernt, auch die schmerzhaften Erfahrungen in meinem Leben anzunehmen und in allem einen Sinn zu finden. Die Konsequenz, mit der Barbara ihren Weg verfolgte, hat mich darin bestärkt, das Fragen nie aufzugeben und die Antworten vor allem in mir selbst zu suchen. Am Ende muss aber jeder auf dem Weisheitsweg seine eigenen Erfahrungen machen. Ob einen dabei ein Buch inspiriert, eine Leitfigur oder man durch Meditation weiter voranschreitet, wird von Mensch zu Mensch verschieden sein. Wichtig ist lediglich, sich mit der richtigen Motivation für diesen Weg zu entscheiden und offen zu bleiben für das, was einem unterwegs begegnet. Weisheit muss gelebt und kann nicht gelehrt werden. Hermann Hesses Siddharta hat das gewusst: »Wissen kann man mitteilen, Weisheit aber nicht. Man kann sie finden, man kann sie leben, man kann von ihr getragen werden, man kann mit ihr Wunder tun, aber sagen und lehren kann man sie nicht.«

Die weise Gesellschaft

Alexander von Humboldt und die Insel der Weisen

Selbst unter idealen Bedingungen schaffen es nur wenige Menschen auf dem Weisheitsweg wirklich so weit, dass wir sie als Weise anerkennen. Wie gut die Bedingungen für das Entstehen von Weisheit sind, hat aber auch etwas damit zu tun, in welcher Gesellschaft sich ein Mensch entwickelt. Die Gesellschaft liefert so etwas wie den Nährboden, auf dem der Weisheitssamen eines einzelnen Menschen mehr oder weniger gut gedeihen kann. Wird der Weisheitssamen mit Dünger und ausreichend Wasser versorgt, oder verkümmert er, weil sich niemand für ihn interessiert? Die Gesellschaft, in der wir leben, prägt unser Denken und unsere Ziele.

Ob jemals eine ganze Gesellschaft als weise bezeichnet werden kann, steht aber auf einem anderen Blatt. Mit Sicherheit ist es lohnenswert, sich mit dieser Frage genauer auseinanderzusetzen, denn Weisheit und Gesellschaft sind meiner Meinung nach durch vielfältige Wechselbeziehungen miteinander verbunden. »Nur eines ist weise: die Einsicht zu erkennen, die alles durch alles lenkt«, hat Heraklit gesagt. Das Sanskrit-Wort für Weisheit, *prajna,* meint die alle Dinge und Wesen durchdringende Weisheit, die bereits existiert, bevor das menschliche Bewusstsein die Daseinsformen wahrnimmt. *Prajna* ist das, was alles mit allem verbindet.

Und der Begriff »Gesellschaft« bezeichnet eine Gruppe von Menschen, die auf vielfältige Weise miteinander verbunden sind. Wo sonst könnte sich Weisheit, die immer an einen Menschen gebunden ist und »alles mit allem« verbindet, deutlicher zeigen als in einer Gesellschaft? Und wie steht es in unserer eigenen Gesellschaft um die Weisheit?

Mit »unserer Gesellschaft« meine ich natürlich vor allem uns Deutsche, aber vieles lässt sich auch auf andere Industrienationen des westlichen Kulturkreises übertragen. Hierzulande wird einem die Suche nach Weisheit nicht gerade leichtgemacht. Allerdings würde ich auch nicht sagen, dass sie gänzlich fehlt. Viele weisheitsbezogene Wertvorstellungen haben wir integriert. Das von Oma Hilde und dem Dalai Lama vertretene Prinzip, dass sich in jedem Menschen etwas Gutes findet, zeigt sich auf gesellschaftlicher Ebene in Form von Toleranz. Natürlich gibt es auch bei uns Diskriminierung, aber grundsätzlich gilt Toleranz als erstrebenswertes Ziel, und handelt jemand oder eine Institution dem zuwider, wird eine solche Verfehlung in der Regel schnell an den Pranger gestellt. Und das ist ein Hinweis darauf, dass Toleranz als gesellschaftliches Prinzip existiert.

Darüber hinaus gibt es Institutionen, die sich um Bedürftige kümmern. Trotz der Einschränkungen, die Hartz IV und die Gesundheitsreform mit sich gebracht haben, leben wir immer noch in einer Wohlfahrtsgesellschaft. Es gibt ein Bewusstsein dafür, dass man sich um Alte, Schwache und Kranke kümmert, was dazu geführt hat, dass Institutionen gegründet wurden, die genau das tun sollen. Aber vielleicht sind es gerade diese Institutionen, die es den Bürgern des Wohlfahrtsstaates so schwermachen, weise zu werden? Wir haben die Verantwortung abgetreten. Warum sollen wir uns in der Weisheit des Mitgefühls üben und einem Obdachlosen Geld geben, wenn wir doch genau wissen, dass es so etwas wie Sozialhilfe gibt? Glücklicherweise überlässt nicht jeder dem Staat das Helfen: 36 Prozent aller Deutschen ab einem Alter von vierzehn Jahren engagieren sich ehrenamtlich. Wir finden also einzelne Aspekte von Weisheit durchaus in unserer Gesellschaft verwirklicht. Der Versuch, anhand einzelner Werte oder Bestandteile das Vorhandensein von Weisheit in einer Gesellschaft nachzuweisen, ist allerdings zum Scheitern verurteilt. Weisheit ist schließlich unteilbar und muss entsprechend auch als Ganzes in einer Gesellschaft zu finden oder eben nicht zu finden sein. Wenn ein einzelner Mensch sich entweder für den Wohlergehens- oder eben den Weisheitsweg entscheiden kann, dann gibt es diese Option vielleicht auch für eine Gesellschaft.

Es scheint mir ziemlich eindeutig, dass sich unsere Gesellschaft – und vermutlich auch die meisten anderen westlichen Industrienationen – eher auf dem Wohlergehensweg befindet. Sie strebt danach, all ihren Mitgliedern ein möglichst angenehmes Leben zu ermöglichen. Aber will sie sie auch zum »guten Leben«, wie Aristoteles es noch versucht hat, erziehen? Das »gute Leben« ist ein erfülltes und sinnvolles Leben. Es führt einen Menschen unweigerlich auf den Weisheitsweg. Wer nach Tugend strebt, sich bemüht, ein guter Mensch zu sein – wie etwa Gandhi zunächst versucht, seinen Charakter zu formen –, der befindet sich auf dem Weisheitsweg. In unserer Gesellschaft ist »Gutmenschentum« jedoch ein Schimpfwort. Ich habe einen Bekannten, dem der »Dalai Lama mit seinem Gutmenschentum schon seit Jahren so dermaßen auf den Senkel« geht. Dieser Freund von mir ist wegen seiner Haltung noch lange kein schlechter

Mensch. Mit Sicherheit ist er kein rücksichtslos seine Ellenbogen einsetzender Egoist. Ich halte ihn aber auch nicht für eine Ausnahme: Die Mehrheit der Deutschen hat den Dalai Lama zwar an die Spitze der heute lebenden Weltweisen gewählt, und dennoch ist er für kaum jemanden eine echte Identifikationsfigur, deren Ideale und Werte es wirklich nachzuleben gilt. Als verfolgter Tibeter in Mönchsrobe ist er vielmehr ein Exot, den man auch deswegen gefahrlos für seine Weisheit bewundern darf, weil sein Leben von dem eigenen so weit entfernt scheint. Eine Person auf einen »Weisheitsthron« zu stellen sagt noch herzlich wenig darüber aus, ob man selbst oder gar eine ganze Gesellschaft sich um Weisheit bemüht.

Dabei hat man gerade im Moment den Eindruck, dass der Begriff Weisheit eine Renaissance erlebt. Immer öfter ziert das Wort die Titel von mehr oder weniger leichtverständlichen populärwissenschaftlichen Sachbüchern oder Zeitschriftenartikeln. Da ist beispielsweise von der »Weisheit der vielen« die Rede, und andere Autoren versprechen sogar eine »Weisheitsformel«. Doch häufig täuscht der Titel, und tatsächlich geht es gar nicht um echte Weisheit. Als Weisheit wird da beispielsweise nur die Lebenserfahrung älterer Menschen bezeichnet.

Besonders in den USA erregen »Weisheitsinitiativen« in den letzten Jahren immer mehr Aufmerksamkeit. Das gilt für die »From Age-ing to Sage-ing«-Bewegung, die Rabbi Zalman Schachter-Shalomi ins Leben gerufen hat, genauso wie für den Elder Wisdom Circle, bei dem alte Menschen im Internet Ratschläge an jüngere vergeben. Im Netz finden sich zudem noch etliche andere Websites, die das englische Wort für Weisheit, *wisdom*, in ihrem Namen enthalten.

Außerdem macht dort das sogenannte Defining Wisdom – Research Network Furore. Das ist ein Netzwerk aus Forschergruppen verschiedener Fachrichtungen, die Weisheit definieren wollen.

Es ist nur eine Frage der Zeit, wann solche und ähnliche Initiativen auch in Deutschland und anderen Ländern Europas Einzug halten werden. Aber helfen sie uns dabei, uns zu einer weisen Gesellschaft zu entwickeln? Ich bin der festen Überzeugung, dass sie viel eher das genaue Gegenteil bewirken. Die Kurse, die Schachter-Shalomis Bewegung anbietet, sowie die populärwissenschaftlichen Bücher zum Thema vermitteln den Eindruck, dass sich Weisheit erlernen ließe nach dem Motto: »Dienstagabend gehe ich zum Yoga, Donnerstag habe ich den Vollwertkochkurs an der Volkshochschule, und am Wochenende mach ich dann in einem Seminar ein bisschen in Weisheit.«

So wird die Idee von Weisheit, die wir vielleicht noch haben mögen, endgültig verwässert. Weisheit wird aufgeweicht zu einer Sache, die sich in ein paar Kursstunden irgendwie erwerben ließe, und jeder Rentner kann dann »weise Ratschläge« per E-Mail erteilen. Aus der Weisheit, die nur wenige erlangen, wird die »Weisheit der vielen«. Aber damit holen wir die Weisheit von ihrem Podest, auf das sie mit Recht gehört. Sie ist ein Ideal, das es anzustreben gilt, das Höchste, was ein Mensch überhaupt erreichen kann. Die, die ernsthaft nach ihr suchen, wissen, dass sie sie wahrscheinlich niemals »besitzen« werden. »Der, der Weisheit sucht, ist weise. Wer meint, sie gefunden zu haben, ein Narr«, besagt ein altes jüdisches Sprichwort.

Selbst das Forschungsnetzwerk Defining Wisdom ist für das Ansehen von Weisheit in unserer Gesellschaft nicht nur förderlich. Schon der Titel hat es in sich: »Weisheit definieren« zu wollen ist ein Unterfangen, das unweigerlich dazu führt, den Begriff kleiner und begrenzter zu machen, als er eigentlich ist. Das Besondere an Weisheit ist ja gerade, dass sie sich der Analyse entzieht. Wissenschaftler arbeiten aber immer analytisch, und deswegen kann Weisheit mit ihren Methoden nicht erfasst werden. Immerhin haben die an Defining Wisdom beteiligten Forscher verstanden, wie wichtig Weisheit ist, und einige von ihnen haben kluge Arbeiten zu Teilaspekten von Weisheit veröffentlicht.

Bizarr ist allerdings, was auf der aufwendig gestalteten Website von Defining Wisdom zu finden ist. Sobald irgendwo ein Artikel erscheint, der das Wort »Weisheit« enthält, schreiben die Online-Redakteure von Defining Wisdom eine Zusammenfassung und verweisen mit einem Link auf das Original. Weisheit wird da zu einem Etikett, mit dem sich beinahe alles verkaufen lässt – das Verhalten von Ameisen genauso wie der Aufbau einer Computerdatenbank. Ein Hirnforscher versucht zum Beispiel – ohne eigene Experimente –, ein Weisheitsnetzwerk im Gehirn nachzuweisen.

In einem anderen Artikel (ursprünglich in dem von mir sehr geschätzten Online-Forum Edge erschienen) behauptet der Psychologe und Informatiker Roger C. Schank unter dem anspruchsvollen Titel »Wisdom reborn«, das Weisheitsproblem unserer Gesellschaft mit Hilfe von Computern lösen zu können. »In den Tagen der Vergangenheit lebten wir in Gruppen, zu denen weise Männer (und Frauen) gehörten, die den Jüngeren Geschichten erzählten, wenn sie glaubten, dass diese Geschichten für ihre jeweiligen Bedürfnisse gerade relevant seien.« Schank verspricht, dass die Tage des »Just in time story telling« bald zurückkehren würden.

Denn natürlich lassen sich solche »nützlichen Geschichten« auf den Festplatten von Servern archivieren. Der Computer soll in Zukunft die Rolle der weisen alten Geschichtenerzähler übernehmen. Was fehlt, ist lediglich ein »Aktivitätsmodell«. Damit meint der amerikanische Wissenschaftler, dass der Computer eben wissen muss, was man gerade tut und warum. Nur dann könnte er auch im richtigen Moment mit der passenden Geschichte rausrücken.

Bei dem Gedanken an eine Zukunft, in der sich Menschen von Computern »weise« Ratschläge geben lassen, graust es mir. Kann ein Computer »seinen Menschen« jemals so gut kennen, wie Sokrates Alkibiades gekannt hat? Wird er jemals wissen, mit welcher Wortwahl oder Betonung er den Ratsuchenden auf die richtige Abzweigung des Weisheitsweges führen kann? Eine »Weisheitsdatenbank« ist ungefähr so absurd wie ein »Vielwisser« auf dem Weisheitsweg. Sollte es jemals so weit kommen, wäre das der endgültige Untergang der Weisheit.

Robert C. Schank glaubt, weise Menschen durch Computer ersetzen zu können. Andere Autoren setzen Weisheit mit Lebenserfahrung gleich, wieder andere geben gar an, die Weisheit im Gehirn gefunden zu haben. Mit Weisheit im eigentlichen Sinne hat das aber alles nichts zu tun. Und deswegen habe ich wenig Hoffnung, dass sich jemals so etwas wie eine weise Gesellschaft bilden wird. Zuerst verliert sich die Bedeutung, die der Begriff einmal hatte, und infolgedessen schwindet unser eingebautes Weisheitsradar, das uns weise Menschen erkennen lässt. Wird der Weisheitskern in uns, »das Göttliche in der Seele«, trotzdem überleben? Wenn *prajna* tatsächlich vor der Bildung von Bewusstsein existiert, dann lässt sich Weisheit durch keine menschliche Verirrung vernichten. Aber vielleicht ist sie irgendwann so tief unter Bergen von Scheinwissen begraben, dass sie niemals mehr auftauchen kann.

Um uns dem Ideal einer weisen Gesellschaft zu nähern, ist es vermutlich das Beste, den Blick von dem abzuwenden, was in der westlichen Kultur augenblicklich mit dem Begriff veranstaltet wird. Weise Gesellschaften existieren in vielen Mythen: Atlantis und die König-Artus-Sage zeugen davon. Vermutlich gibt es keine Kultur, die nicht irgendeine Erzählung von einer weisen Gesellschaft kennt. Allerdings glauben die meisten Menschen im Westen nicht daran, dass diese Mythen einmal historische Realität waren. Das ist in Tibet anders: Dort meinen nicht wenige Menschen, dass das mythische Königreich Shambhala – und mit ihm die dort lebende erleuchtete Gesellschaft – tatsächlich noch existiert. Erleuchtung gilt den Tibetern als »absolute Weisheit«. Shambhala ist also eine Gesellschaft von absolut Weisen, die an einem geheimen, unauffindbaren Ort immer noch existiert und nur von selbst Erleuchteten aufgesucht werden kann. Tibetische Weise berichten immer wieder, sie seien in Shambhala gewesen.

Einen dieser weisen Alten hat die amerikanische Autorin Sandy Johnson für ihr Buch *Tibetan Elders* interviewt. Khamtrul Rinpoche erzählte ihr, wie er im Alter von sechzehn Jahren in einer Höhle meditierte, als ihm im Geist ein junges Mädchen erschien. Es war völlig anders gekleidet als die traditionellen Tibeterinnen und wunderschön. Auf magische Weise führte es ihn nach Shambhala. Khamtrul Rinpoche berichtete, dass dort alle Familien in einem großen Park wohnten und über wunscherfüllende Juwelen verfügten. Außerdem waren sie frei von Krankheit, und so etwas wie Streit, Aggression oder gar Krieg gab es im Königreich der Erleuchteten nicht. Aber all das beeindruckte Khamtrul Rinpoche nicht so sehr wie die schlichte Tatsache, dass es in Shambala kein Du oder Ich gab. Entsprechend gab es auch keinen Wettbewerb und keinen noch so kleinen Zwiespalt. Es herrschte perfekte Harmonie, obwohl alle Einwohner Krieger waren. Der Legende nach bekämpften sie mit Pfeil und Bogen das Böse in der Welt. Khamtrul Rinpoche wunderte sich, wie die Krieger von Shambhala gegen Waffen, wie es sie schon im Zweiten Weltkrieg gab, nur mit Pfeil und Bogen antreten wollten, und fragte seine Führerin danach. Die lächelte nur und erwiderte, dass in Shambhala das Gegenmittel gegen jede Waffe aus purer Weisheit bestehe.

Es bleibt zu hoffen, dass Shambhala wirklich existiert. Diese Geschichte liefert uns Hinweise darüber, wie eine weise Gesellschaft aussehen könnte – es muss ja nicht gleich die erleuchtete Gesellschaft sein. In einer weisen Gesellschaft gibt es keinen Streit und keinen Wettbewerb, weil die einzelnen Mitglieder ihre egoistischen Interessen denen der Gesellschaft unterordnen. Es gibt kein »Ich« und kein »Du«, hat Khamtrul Rinpoche gesagt. Weisheit verbindet und löst damit in ihrer absoluten Form – als Erleuchtung – die Grenzen zwischen dem »Ich« und dem »Du« auf.

Mythen wie die Geschichte von Shambhala sind eine Sache, letztendlich interessiert uns aber, was in der für uns erreichbaren Wirklichkeit in Sachen weise Gesellschaft möglich ist. Tatsächlich sind die Schlussfolgerungen moderner Psychologen und Soziologen gar nicht so weit von dem entfernt, was Khamtrul Rinpoche von seinem Besuch in Shambhala berichtet. Sie fanden Hinweise, dass Individualismus, der für ein starkes abgegrenztes »Ich« steht, Weisheit nicht gerade fördert, Kollektivismus hingegen schon. In einer individualistischen Gesellschaft steht das Individuum im Vordergrund. Das »Ich« definiert sich vor allem in Abgrenzung zu anderen. Es ist wichtig, unabhängig vom Rest der Gesellschaft zu sein. Die Verbindung mit anderen ist vorrangig dadurch geprägt, ob sie den eigenen Zielen und Bedürfnissen dienlich ist. *»I did it my way«,* singt Frank Sinatra, was die passende Nationalhymne der erwiesenermaßen individualistischsten Nation der Welt sein könnte, der USA. In einer kollektivistischen Gesellschaft versteht sich das Individuum dagegen primär als Teil einer Gruppe, etwa der Familie, der Kollegen oder der Nation. Das bedeutet, dass das »Ich« durch die Verbindung definiert wird, die es mit anderen hat, und nicht durch Abgrenzung.

Der amerikanische Psychologe Thao N. Le hat untersucht, wie sich Individualismus und Kollektivismus auf die Weisheit einzelner Personen auswirken. Dafür hat er sich auf zwei Komponenten von Weisheit konzentriert: Selbsttranszendenz und Liebe. Selbsttranszendenz ist nach Le die Fähigkeit, über das eigene, selbstzentrierte Bewusstsein hinauszugehen und Dinge und Menschen so wahrzunehmen, wie sie sind, ohne dass eigene Vorstellungen und Konzepte diese Wahrnehmung beeinflussen. Liebe, die zweite Komponente, wird in vielen Kulturen als ein Weg zur Weisheit angesehen. Durch die Liebe wird der Sufi zu Gott geführt, dessen Wahrheit er findet, weil er über die Liebe zu Gott seine eigenen Bedürfnisse vergisst. Auch das Christentum und der Mahayana-Buddhismus sehen in Liebe und Mitgefühl einen Weg zur weisen Erkenntnis. Thao N. Le unterscheidet in der Tradition von Erich Fromm zwischen »reifer« und »unreifer Liebe«. Unreife Liebe will besitzen, die geliebte

Person ist mehr oder weniger ein Objekt, das dazu dient, die eigenen Bedürfnisse zu erfüllen. Um zur »reifen Liebe« fähig zu sein, muss zunächst der eigene Narzissmus überwunden werden. Dann erst ist ein Mensch in der Lage, eine geliebte Person so zu sehen, wie sie wirklich ist.

Es ist offensichtlich, dass Selbsttranszendenz und reife Liebe es in individualistisch geprägten Kulturen schwer haben müssen. Das konnte Thao N. Le mit verschiedenen psychologischen Tests an Collegestudenten und amerikanischen Einwanderern verschiedener Ethnien nachweisen. Je stärker seine Testpersonen individualistische Vorstellungen und Werte vertraten, desto weniger ließ sich Selbsttranszendenz nachweisen und desto eher neigten sie zu unreifer Liebe. Damit fehlen ihnen aber zwei essenzielle Aspekte von Weisheit.

Grundsätzlich besagt die Aussage, dass eine Kultur oder Gesellschaft individualistisch beziehungsweise kollektivistisch orientiert ist, nicht, dass alle Mitglieder diese Orientierung teilen. Es gibt immer Einzelne, die dem Gesamtbild eher nicht entsprechen. Studien, die eine Gesellschaft oder Kultur im Hinblick auf Kollektivismus oder Individualismus analysieren, ermitteln nur einen Durchschnittswert. Asiatische Gesellschaften sind demnach eher kollektivistisch orientiert, wohingegen in Europa und Nordamerika der Individualismus dominiert.

»Die jeweilige Gemeinschaft, in der wir leben, ihre Werte und Sitten wirken wie eine unsichtbare Folie, durch die wir die Welt betrachten«, schreibt der Neuropsychiater Georg Northoff in der Zeitschrift *Gehirn & Geist*. Er und andere Hirnforscher haben mittlerweile eindrückliche Belege für diese These gefunden. Der Psychologe Richard Nisbett von der Universität Michigan legte beispielsweise Ostasiaten und Amerikanern Bilder von Pflanzen und Tieren vor. Dann bat er die Versuchspersonen darum, die Abbildungen sinnvoll in Beziehung zueinander zu setzen. Für die Amerikaner gehörten Gras und Banane zusammen, weil es sich jeweils um Pflanzen handelt, während sie Affe und Kuh in eine gemeinsame Gruppe der »Tiere« einteilten. Asiaten hingegen bildeten Gruppen, die die Beziehungen der einzelnen Darstellungen verdeutlichten. Für sie gehörten Affe und Banane zusammen, weil ein Affe Bananen frisst. Die Kuh dagegen gehörte zum Gras, weil sie sich davon ernährt.

Schon in der Wahrnehmung zeigen sich deutliche Unterschiede zwischen Ost und West. Zeigt man Europäern oder Amerikanern das Bild einer Kaffeetasse vor einem unauffälligen Hintergrund, zum Beispiel einem Küchenschrank, so konzentriert sich ihre Aufmerksamkeit schnell auf das Objekt im Vordergrund. Asiaten hingegen können sich auch später noch an Details erinnern, die den Hintergrund betreffen.

Insgesamt herrscht im Westen ein analytischer Denkstil vor. Er orientiert sich an einzelnen dominanten Merkmalen und festen Kriterien, nach denen die Welt eingeteilt wird. Das Denken von Asiaten ist dagegen eher ganzheitlich, holistisch geprägt. Sie nehmen eher das große Ganze wahr und messen der Beziehung zwischen Objekten und Personen eine größere Bedeutung bei als dominanten Details.

Als Ursache für die unterschiedlichen Denkstile betrachten die Forscher die individualistischen beziehungsweise kollektivistischen Gesellschaften in West und Ost. Dafür spricht auch eine Studie, die Ying Zhu von der Universität Peking durchgeführt hat. Sie untersuchte in China und den USA Studenten im Kernspintomographen. Dabei wurde ihnen eine simple Aufgabe gestellt: Aus einer Liste von Adjektiven sollten sie aussuchen, welche davon auf sie selbst zutrafen. Danach sollten sie entscheiden, welche ihrer Mutter entsprachen. In einem letzten Durchgang ging es dann darum, einer fremden Person Adjektive zuzuordnen. Bei den in den USA durchgeführten Experimenten handelte es sich bei der nicht nahestehenden Person um Ex-Präsident Bill Clinton, bei denen in China um Ex-Staatschef Rongji Zhu.

Die Selbsteinschätzung verursachte bei den chinesischen und den amerikanischen Studenten einen Anstieg der Aktivität in Bereichen der Großhirnrinde, die mit der Selbstwahrnehmung in Verbindung gebracht werden. Das war nicht zu beobachten, wenn ein Adjektiv der fremden Person – Clinton oder Zhu – zugeordnet werden sollte. Die Unterschiede zwischen China und den USA wurden erst deutlich, als es um die eigene Mutter ging. Die chinesischen Testpersonen zeigten beinahe dieselben Aktivierungsmuster wie bei der Selbstbefragung. Wenn Amerikaner die Adjektive ihrer Mutter zuordnen sollten, reagierte ihr Gehirn ähnlich wie bei einer nicht nahestehenden Person. Für Chinesen ist die Mutter also quasi ein Bestandteil des eigenen Ichs. In den individualistisch geprägten USA vollziehen die Studenten die charakteristische Abgrenzung offenbar auch gegenüber ihrer Mutter.

Dass solche Selbstkonzepte nicht unbedingt statisch sein müssen, haben Studien gezeigt, bei denen die Versuchspersonen zunächst Geschichten lesen mussten, in denen entweder primär von »ich« oder primär von »wir« die Rede war. Auf diese Weise sollte entweder das westliche oder das östliche Selbstkonzept stärker betont werden. Tatsächlich ließ sich mit dieser simplen Methode die Wahrnehmung und die damit verbundene Hirnaktivierung in die eine oder andere Richtung lenken. Nach der Lektüre von Ich-Texten zeigten Chinesen ähnliche Reaktionen wie individualistisch orientierte Amerikaner.

All diese Studien zeigen, dass ganzheitliche Denkweisen, die das Entstehen von Weisheit begünstigen, vor allem durch kollektivistische Kulturen, wie es sie beispielsweise in Asien gibt, gefördert werden. Auf gar keinen Fall soll hier aber der Eindruck entstehen, in Asien sei alles besser und man könne dort sogar »weise Gesellschaften« finden. Es gibt auch Schattenseiten in einer kollektivistischen Gesellschaft. Der Konformitätsdruck, dem die Mitglieder ausgesetzt sind, ist enorm. Wer der Gruppennorm nicht entspricht, weil er vielleicht homosexuell oder körperbehindert ist, leidet dort extrem. Gegenüber Menschen außerhalb der eigenen Gruppe herrscht häufig eine abweisende, wenn nicht sogar feindliche Einstellung. Außerdem sind Hierarchien in asiatischen Ländern stark ausgeprägt und können von den unteren Schichten kaum durchbrochen werden. Soziologen nennen diese Form von Kollektivismus auch »vertikalen Kollektivismus«. Einige seiner Nachteile hat der sogenannte »horizontale Kollektivismus« bereits überwunden. Hier steht die Gleichheit der Gruppe im Vordergrund, Statusunterschiede spielen keine Rolle mehr. Einen derartigen Kollektivismus haben Forscher in einigen israelischen Kibbuzim nachgewiesen.

Eine ähnliche Einteilung gibt es auch beim Individualismus. Beim »vertikalen Individualismus« definiert sich das Selbst in Abgrenzung zu den anderen Mitgliedern der Gemeinschaft. Dabei ist es nicht nur unabhängig von den anderen, sondern konkurriert auch mit ihnen. Der »horizontale Individualismus« gesteht den anderen Gruppenmitgliedern das gleiche Recht auf Unabhängigkeit zu. Auch hier definiert sich das Selbst in Abgrenzung zu den anderen, es konkurriert aber nicht mit ihnen. Schweden soll den Ergebnissen einiger Studien zufolge ein Land sein, in dem ein horizontaler Individualismus zu finden ist.

Für das Hervorbringen einer weisen Gesellschaft halte ich dennoch den (horizontalen) kollektivistischen Ansatz für vielversprechender. Und in der Tat existieren weise horizontal-kollektivistische Gesellschaften nicht nur in Mythen. Man braucht nicht auf die Erleuchtung zu warten, um etwa nach Shambhala entführt zu werden. Die Insel der Weisen liegt im Pazifischen Ozean und ist mit Booten vergleichsweise gut erreichbar. Sie ist noch nicht einmal so groß wie Helgoland. Der Platz reicht gerade für die 360 Einwohner, die Ifaluk genannt werden. Sie leben vom Fischfang und den Kokosnusspalmen, die dort bei einem angenehmen tropischen Klima reichlich wachsen. Das Leben der Ifaluk könnte paradiesisch sein, wären da nicht die schweren Taifune, die in steter Regelmäßigkeit über das Atoll hinwegfegen. Dann wird die ganze Insel überschwemmt. Alle Einwohner müssen zum höchsten Punkt fliehen und sich dort mit Tauen festbinden. Jeder Ifaluk erlebt mehrere solcher Katastrophen in seinem Leben. Nicht selten knicken diese Stürme auch die für das Überleben so wichtigen Kokosnusspalmen ab. Dann gibt es noch mehr Engpässe auf der mit Trinkwasser und Nahrung ohnehin nicht sehr reich gesegneten Insel.

Die Ungewissheit des Lebens und das Gefühl der eigenen Begrenztheit bekommen die Ifaluk mit der Geburt auf dem Atoll praktisch mit in die Wiege gelegt. Sie müssen weise sein, um zu überleben. Wettbewerb um die spärlichen Ressourcen können sie sich nicht leisten. Auf der Insel, die sich in weniger als einer Stunde umrunden lässt, kennt jeder jeden von Geburt an. Die einzige Aggression, die die Ethnologin Catherine Lutz während eines Forschungsjahres bei den Ifaluk beobachten konnte, war ein harmloser Schulterstupser, der auch sofort geahndet wurde. Es ist aber nicht so, dass die Ifaluk von einem mächtigen diktatorischen Häuptling in Schach gehalten würden. Im Gegenteil: Sie haben fünf Häuptlinge, deren Amt jeweils über die mütterliche Seite vererbt wird. Diese Häuptlinge haben praktisch keinerlei Sonderrechte oder einen speziellen Status. Eigentlich ist dieses Amt sogar eher eine Pflicht, denn die Häuptlinge müssen die Gemeinschaftsarbeit organisieren und die Minimalkonflikte à la Schulterstupser korrigieren. Dabei ist aber niemand der Auffassung, dass der Übeltäter tatsächlich schuldig ist. Die Ifaluk glauben, dass alle Menschen grundsätzlich gut sind. Wenn sie doch etwas Schlechtes tun, dann nur, weil sie von einem bösen Geist angefallen werden. Das kann unterschiedslos jedem passieren. »Schuld« oder gar »Sünde«, wie wir sie kennen, gibt es auf dem kleinen Atoll nicht. Auch den Umstand, dass es kein »Ich« und kein »Du« gibt, finden wir bei den Ifaluk. Ihr Selbstkonzept ist mit dem westlicher Kulturen nicht vergleichbar. Sie nehmen sich nicht in Abgrenzung zu den anderen wahr, sondern in Vernetzung mit allen anderen auf der Insel.

In so einer Gemeinschaft verändern sich auch die Ziele: Die Ifaluk streben nicht nach individuellem Glück. Mit ihrem Wort für Glück – *ker* – assoziieren sie eine Reihe negativer Gefühle, wie zum Beispiel Scham, Unbehagen, Eifersucht und Mitleid. *Ker* ist es, wenn ein junger Mann das Mädchen im Arm hält, das er liebt. Aber vielleicht hätte auch ein anderer gern dieses Mädchen im Arm. Also schämt sich der Mann für sein individuelles Glück. Er ahnt, dass der andere eifersüchtig ist, und hat Mitgefühl mit ihm. Da die Ifaluk in ihrem Denken immer die Gemeinschaft mit einbeziehen, erübrigt sich das Streben nach individuellem Glück. Ich habe das Atoll der Ifaluk nie betreten, aber anhand der Beschreibung der Ethnologen gewinnt man den Eindruck, als wären sie in ihrem Rechtsempfinden und in der Auflösung fast jeden individualistischen Denkens einer weisen Gesellschaft recht nahe.

In einer horizontal-kollektivistischen Gesellschaft, in der sich das Selbst über seine Verbindung mit anderen definiert, es aber keine Hierarchien gibt, werden Ziele angestrebt, von denen alle etwas haben. Analog dazu führen einen einzelnen Menschen die richtigen Motive auf den Weisheitsweg, das Streben nach dem Guten. Wenn für eine Gesellschaft Weisheit ein Ziel sein soll, braucht es entsprechende Werte und Motive. Weil Weisheit Konflikte schlichtet, Menschen miteinander verbindet, überhaupt eine Ganzheitserfahrung ist, muss sie für eine horizontal-kollektivistische Gesellschaft ein erstrebenswertes Ziel sein. Damit erfüllen solche Gesellschaften das, was den westlichen Industrienationen fehlt.

In einer individualistischen Gesellschaft ist Weisheit gesamtgesellschaftlich gesehen kein Ziel. Stattdessen wird hierzulande Wissen angestrebt, was auf die Zeit der Aufklärung zurückgeht. Nach Kant ist Aufklärung »der Ausgang des Menschen aus seiner selbst verschuldeten Unmündigkeit«. Mit »Unmündigkeit« meint er »das Unvermögen, sich seines Verstandes ohne Leitung eines anderen zu bedienen«. Die Aufklärung betont die Fähigkeiten des Individuums zum selbständigen Denken. Jeder Mensch soll sich auf seine eigenen Stärken besinnen und sein Denken nicht von Normen und Obrigkeiten bestimmen lassen. Das ist ganz klar eine eher individualistische Haltung. Aber natürlich hat die Aufklärung auch viele weisheitsbezogene Wertvorstellungen gefördert. Philosophen wie Voltaire, Diderot, Kant und Lessing traten in ihren Schriften für Toleranz, Mut zum Zweifel und die Bereitschaft, aus Kritik zu lernen, ein. Mutig wandten sie sich gegen Aberglaube, Intoleranz, diktatorische Machtausübung, Vorurteile und Ungerechtigkeiten.

Die Aufklärung war ohne Frage ein Segen für unsere Zivilisation. Aber nach Auffassung des britischen Wissenschaftsphilosophen Nicholas Maxwell leitete sie auch eine Entwicklung ein, die dazu geführt hat, dass das Streben nach Wissen heute über dem Streben nach Weisheit steht. Die Menschen der Aufklärung glaubten, dass der wissenschaftliche Fortschritt letztlich auch einen sozialen Fortschritt zur Folge haben würde. Vernunft und Wissen sollten sie von Unterdrückung und Armut befreien. Das Ganze gipfelte in dem Begriff der »Vernunftreligion«. Einfach nur zu glauben oder seinen Gefühlen zu folgen war nicht mehr gefragt, es galt lediglich das, was sich beweisen ließ. Die Wissenschaft wurde dabei beinahe zu einer Art Religion erhoben. Noch heute spricht man mitunter von »Wissenschaftsgläubigkeit«. Nicht wenige Menschen der Aufklärung folgten Francis Bacons Maxime »Wissen ist Macht«. Die Konsequenzen dieser Haltung können wir immer noch spüren. In unserer Gesellschaft herrscht die Auffassung vor, dass sich alle Probleme durch Wissen lösen lassen.

Nicholas Maxwell glaubt, dass durch Wissen mindestens ebenso viele Probleme entstanden sind wie gelöst wurden. Die meisten globalen Probleme hätten sich erst durch den massiven Anstieg von wissenschaftlichem Wissen und Technologien ergeben – ohne einen gleichzeitigen Anstieg von globaler Weisheit. Es fällt dem britischen Wissenschaftsphilosophen nicht schwer, Beispiele für seine These zu finden: Die Erderwärmung verdanken wir dem erhöhten CO_2-Ausstoß durch Autos, Industrieanlagen und die moderne Landwirtschaft. Keine technische Lösung wird den Klimawandel aufhalten können, sondern nur eine deutliche Reduzierung des CO_2-Ausstoßes, und die kann nur durch internationale Abkommen erreicht werden. Kooperation würde hier viel eher zu einer Lösung beitragen. Ähnliches gilt auch für Aids. Die Seuche konnte sich nur deswegen über den ganzen Erdball ausbreiten, weil durch technische Errungenschaften die Mobilität der Menschen um ein Vielfaches gestiegen ist. Zwar existiert mittlerweile ein Wissen darüber, wie diese Krankheit behandelt werden kann, sodass HIV-Infizierte in Industrieländern inzwischen sogar alt werden können; das Aids-Problem in den Entwicklungsländern ist bislang durch dieses Wissen aber nicht gelöst worden. Hier wären Aufklärung und Mitgefühl gefragt. Den Grund sieht Nicholas Maxwell darin, dass diese Art von globalen Problemen Weisheit und nicht Wissen erfordert. Es sind »Lebensprobleme«, keine »Wissensprobleme«.

Für Lebensprobleme sind nicht selten kooperative Lösungen nötig. Sie verlangen eher nach Mitgefühl und einem ganzheitlichen Blick auf die Welt als nach einem neuen Filter, der den CO_2-Ausstoß minimiert, oder einem Impfstoff gegen Aids. Menschen müssen über alle kulturellen Grenzen hinweg zusammenarbeiten, um die Probleme zu beheben, und dazu ist eben Weisheit erforderlich. Nicholas Maxwell schreibt in seinem Artikel »From Knowledge to Wisdom: The Need for an Academic Revolution« (»Vom Wissen zur

Weisheit: die Notwendigkeit einer akademischen Revolution«): »Solange wir keine moderne Wissenschaft hatten, fiel der Mangel an Weisheit nicht so sehr ins Gewicht: Unsere Fähigkeit, verheerenden Schaden auf diesem Planeten anzurichten, war begrenzt. Nun aber, da unsere Fähigkeiten durch die moderne Wissenschaft und Technologie so enorm angestiegen sind, ist globale Weisheit kein Luxus mehr, sondern vielmehr eine Notwendigkeit. Kurz gefasst ist die Krise unserer Zeit – *die* Krise hinter allen Krisen – die Krise von Wissenschaft ohne Weisheit.«

Soziologen sprechen heute von einer »Wissensgesellschaft«. Damit ist gemeint, dass Wissen in unserer Gesellschaft die wichtigste Ressource ist und damit die Grundlage für das soziale und ökonomische Zusammenleben bildet. Wissen verspricht Erfolg, Wohlstand und gesellschaftliche Anerkennung, kurz: individuelles Glück. Bei der Anhäufung von Wissen und der Ausbildung von Wissenschaftlern werden viele Eigenschaften, die wir mit Weisheit verbinden, bewusst unterdrückt. Da ist zum Beispiel die zunehmende Spezialisierung, die verlangt wird. Nur wer Experte auf einem Spezialgebiet ist, hat eine Chance. Universalgelehrte gibt es so gut wie gar nicht mehr. Ein Wissenschaftler kann heutzutage über die Funktion eines einzelnen Rezeptortyps im Gehirn forschen, ohne sich wirklich für den Menschen zu interessieren. Das heißt natürlich nicht, dass viele Forscher menschenverachtend wären, aber die Art, wie wissenschaftlich gearbeitet wird, fördert den Blick fürs Detail. Das für Weisheit erforderliche ganzheitliche Denken geht dadurch verloren. Und noch etwas wird bei der Wissensvermittlung in unserer Gesellschaft unterdrückt: Gefühle sind nicht gefragt. Sie stehen angeblich der Objektivität zu sehr im Weg.

Von Wissenschaftlern wird ein distanzierter, sachlicher und unbeteiligter Blick auf die Welt verlangt – und da stören Gefühle. Aber was wäre ein Forscher wie Einstein ohne sein »Richtungsgefühl« gewesen? Das erzählt einem niemand während der Ausbildung.

Für das Biologiestudium hatten mich zum Beispiel schon früh die Berichte von Naturforschern wie Charles Darwin und Alexander von Humboldt inspiriert. Im ersten Semester erhielten wir dann mit den Botanik- und Zoologie-Vorlesungen einen ganz guten Überblick über das Tier- und Pflanzenreich. Aber schon an einem der ersten Kurstage im Zoologischen Praktikum erhielt ich eine Lektion darin, wo es in Zukunft langgehen würde. Wir sezierten den Regenwurm. Unser Praktikumsbuch war der Kükenthal/Renner, ein zoologisches Fachbuch, das bereits seit über hundert Jahren in immer wieder überarbeiteter Auflage erscheint. Beim Regenwurm war wohl noch ein Satz aus der ersten Auflage stehengeblieben: »Die Vielfalt der Strukturen, ihre Organisation und Ordnung und die farbliche Abstimmung der Gewebe wird jeden begeistern, der nicht stumpfen Sinnes ist.« Gemeint war damit der Anblick des Inneren des Regenwurms.

Tatsächlich hatte der Kükenthal/Renner recht. Von innen ist der Regenwurm eine wahre Schönheit. Im Wasser der Sezierschale leuchten die roten Lateralherzen und das weiße, paarig angeordnete Cerebralganglion. Anders als bei vielen anderen Tieren, die wir später noch aufschneiden mussten, war beim Regenwurm alles übersichtlich und wunderbar geordnet angelegt. Ich jedenfalls war nicht »stumpfen Sinnes« und wusste die Schönheit der Regenwurminnereien zu würdigen. Diese Begeisterung wurde mir allerdings schnell genommen, als der Kursleiter an meinen Tisch kam. »Wissen Sie auch, wofür die Kalksäckchen des Regenwurms gut sind?«, fragte er mich. Ich war vorbereitet und antwortete mit dem, was ich im Lehrbuch gelesen hatte: »PH-Ausgleich.« – »Ja, ja, das denken immer alle«, meinte mein Kursleiter, »aber neuere Forschungsergebnisse weisen da auf etwas ganz anderes hin.« Ich habe längst vergessen, wozu die winzigen, mit bloßem Auge kaum erkennbaren Kalksäckchen des Regenwurms »neuesten Forschungsergebnissen zufolge« gut sind. An mein Entsetzen kann ich mich aber noch gut erinnern. »Da gibt es also tatsächlich Biologen, die an so einer Winzigkeit wie den Kalksäckchen des Regenwurms forschen?«

Vielleicht kommt bei solchen Forschungen auch tatsächlich etwas Interessantes heraus. Viele Ergebnisse, die den Grundlagenforschern einst völlig sinnfrei erschienen, haben inzwischen Eingang in unseren Alltag gefunden. Vielleicht störte mich die Vorstellung von Kalksäckchen erforschenden Wissenschaftlern nicht so sehr wie die Tatsache, dass über solcherlei Diskussionen der Sinn für die Schönheit des Regenwurms verlorenging. Damals jedenfalls war ich mir sicher, dass ich mich auf keinen Fall in irgendeinem Labor mit so einer Winzigkeit beschäftigen wollte. Ich träumte noch allen Ernstes davon, auf Expeditionen die beinahe unbekannte Fauna der südamerikanischen Tafelberge zu erforschen. Ich wollte tun, wozu Alexander von Humboldt, der große Südamerika-Reisende, nicht mehr gekommen war. Aber der Geist, mit dem er noch geforscht hatte, war aus der Wissenschaft längst verschwunden. Auch Humboldt geriet, nachdem er den Chimborazo in allen Details vermessen hatte, ins Schwärmen über dessen Schönheit. Es war eine vollkommen

»unwissenschaftliche Begeisterung«, die ihn schließlich dazu brachte, seine große Forschungsreise anzutreten. »Welch ein Glück ist mir eröffnet! Mir schwindelt der Kopf vor Freude. (...) Der Mensch muss das Gute und Große wollen.«

Mit ähnlicher Begeisterung sah ich als Zwanzigjährige in großer Naivität meiner Zukunft als Wissenschaftlerin entgegen, bis mir die Kalksäckchen des Regenwurms verdeutlichten, wie sehr sich die Zeiten geändert hatten. Undenkbar, dass heute ein einzelner Wissenschaftler all die Forschungen durchführt, die Alexander von Humboldt auf seiner Südamerika-Expedition im Wesentlichen selbst erledigte. Dazu wären heute Experten aus mindestens vier Disziplinen notwendig. »Ich werde Pflanzen und Fossilien sammeln, mit vortrefflichen Instrumenten astronomische Beobachtungen machen können; – ich werde die Luft chemisch zerlegen (...). Das alles ist aber nicht Hauptzweck meiner Reise. Auf das Zusammenwirken der Kräfte, den Einfluß der unbelebten Schöpfung auf die belebte Thier- und Pflanzenwelt, auf diese Harmonie sollen stets meine Augen gerichtet sein!«

Dieses Zitat verdeutlicht, worum es Alexander von Humboldt wirklich ging: Er wollte nicht planlos Pflanzen sammeln oder irgendwelche Messungen vornehmen. Schon bevor er anfing, all dieses neue Wissen über die belebte und unbelebte Natur anzuhäufen, hatte er eine Idee davon, wozu all dies gut sein würde. Gemäß seiner Maxime »Der Mensch muss das Gute und Große wollen« ging es ihm um nichts Geringeres als eine umfassende Beschreibung der ganzen Welt, und dabei legte er besonderen Wert auf das »Zusammenwirken der Kräfte« und die »Harmonie« in dieser Welt. Man könnte fast meinen, Humboldt sei mit naturwissenschaftlichen Methoden auf der Suche nach Weisheit gewesen. »Ich habe den tollen Einfall, die ganze materielle Welt, alles, was wir heute von den Erscheinungen der Himmelsräume und des Erdenlebens, von den Nebelsternen bis zur Geographie der Moose auf den Granitfelsen wissen, alles in einem Werke darzustellen, und in einem Werke, das zugleich in lebendiger Sprache anregt und das Gemüt ergötzt.«

Dieses Werk nannte Alexander von Humboldt schließlich *Kosmos*. Es erschien in fünf Bänden zwischen 1845 und 1862. An der Auswertung der Daten, die er von seiner fünfjährigen Forschungsreise mitgebracht hatte, war ein ganzes Netzwerk von Wissenschaftlern beteiligt, denn so genial der große Naturforscher auch gewesen sein mag, völlig allein konnte er die von ihm angehäuften Datenmengen nicht in ein System einordnen. Letztlich war er es aber, der alles zusammenfasste und den Überblick behielt.

In diesem Zusammenhang muss ich unweigerlich an das Forschungsexperiment mit dem Bild von der Kaffeetasse denken. Humboldt hätte – genau wie die asiatischen Testpersonen – mehr als nur die Kaffeetasse im Vordergrund wahrgenommen. Ihm wäre nicht entgangen, dass sie in einem Raum steht, der Möbel enthält, wie beispielsweise einen Küchenschrank, und auch die Farbe des Tisches, auf dem die Tasse steht, hätte er nicht übersehen. Wenn es uns gelingt, nach Art der holistischen Denkweise, so wie Alexander von Humboldt es getan hat, mit Wissen umzugehen, dann kann dieses Wissen die Weisheit nicht mehr blockieren. In gewisser Weise kann so aus Wissen sogar Weisheit werden. Die Erkenntnis jedes einzelnen Details produziert Wissen. Eine Verbindung zwischen diesen Details herzustellen und dem Ganzen einen Sinn zu geben erfordert schon fast so etwas wie Weisheit. Alexander von Humboldt hat bei allem, was er tat und erforschte – auch wenn es eine Schuppe auf einem Schmetterlingsflügel war –, nie die ganze Welt aus den Augen verloren. »Die Natur ist für die denkende Betrachtung Einheit in der Vielheit, Verbindung des Mannigfaltigen in Form und Mischung, Inbegriff der Naturdinge und Naturkräfte, als ein lebendiges Ganzes. Das wichtigste Resultat des sinnigen physischen Forschens ist daher dieses: in der Mannigfaltigkeit die Einheit zu erkennen, von dem Individuellen alles zu umfassen, was die Entdeckungen der letzteren Zeitalter uns darbieten, die Einzelheiten prüfend zu sondern und doch nicht ihrer Masse zu unterliegen, der erhabenen Bestimmung des Menschen eingedenk, den Geist der Natur zu ergreifen, welcher unter der Decke der Erscheinungen verhüllt liegt.«

Es wird einem aber nicht gerade leichtgemacht, sich im holistischen Denken zu üben. Als ich während meines Studiums zu ahnen begann, dass ich dort mit Sicherheit nicht zur tafelbergbesteigenden Naturforscherin ausgebildet werden würde, suchte ich nach einer Alternative und fing an, einige Veranstaltungen am Philosophischen Seminar zu besuchen. Zum einen hoffte ich, dass mir die philosophischen Denkansätze helfen würden, mit bestimmten Aspekten der naturwissenschaftlichen Arbeit besser umgehen zu können, beispielsweise mit den ethischen Fragen in der Genforschung. Zum anderen habe ich mich immer schon dafür interessiert, wie das menschliche Bewusstsein funktioniert, und die Hirnforschung schien mir nicht allein kompetent, diese Fragen zu beantworten. Aber selbstverständlich war ein »Studium universale« an der Universität zu Köln längst abgeschafft worden. Ich brauchte also eine Ausnahmegenehmigung des Diplomprüfungsausschusses, um Philosophie als drittes, nichtbiologisches Fach für meine Diplomprüfung wählen zu dürfen.

Der Vorsitzende dieses Ausschusses sagte damals: »Wir hängen die Hürde so hoch, wie es nur geht.« Er machte mir ziemlich deutlich klar, dass er von so einem nichtbiologischen Nebenfach nicht viel hielt. Üblicherweise standen da nur Biochemie und Organische Chemie zur Wahl. Da andere Mitglieder des Ausschusses nicht seiner Meinung waren, erhielt ich schließlich meine Ausnahmegenehmigung, allerdings mit der Auflage, genauso viele Scheine zu machen, wie für das Magisterhauptfach Philosophie erforderlich gewesen wären. Nachdem ich das vorgewiesen hatte, durfte ich schließlich meine Diplomprüfung in Philosophie ablegen.

Das alles ist mittlerweile gut fünfzehn Jahre her, und einige deutsche Universitäten bieten inzwischen wieder so etwas wie ein Studium universale an. Aber alles in allem hat sich der Trend zum Spezialistentum fortgesetzt. Wir leben in einer Wissens- und keiner Weisheitsgesellschaft. Das lässt sich so schnell nicht mehr ändern.

Eine Hoffnung habe ich allerdings. Weisheit zeigt sich immer besonders da, wo sie am dringendsten gebraucht wird. Die harten Lebensbedingungen der Ifaluk zwingen ihnen den Weisheitsweg regelrecht auf. Und auch viele andere Weise – von Sokrates bis zum Dalai Lama – sind in schwierigen Zeiten weise geworden. Es ist nicht nur die Finanzkrise, die sicherlich auch ihren Beitrag dazu leisten wird, dass Weisheit in Zukunft wieder an Bedeutung gewinnen wird. Im Grunde schaufelt sich die Wissensgesellschaft gerade selbst ihr Grab. Denn die Anhäufung von Wissen schafft quasi die Bedingungen, an denen sich Weisheit bewähren kann. Wissen schafft Ungewissheit. Sie entsteht dadurch, »dass alles neu produzierte Wissen den Handlungsspielraum ausweitet, ohne die Kriterien mitliefern zu können, nach denen er wieder eingeschränkt werden könnte«, meint die Wissenschaftstheoretikerin Helga Nowotny.

Ein Grund, warum Menschen immer mehr Wissen anhäufen, ist der Wunsch, die Zukunft kontrollieren zu können. Aber genau das gelingt auf diesem Wege nicht. Einerseits wird Wissen immer schneller durch neues Wissen überholt. Damit gilt das Bild der Zukunft, das wir uns auf der Basis des alten Wissens gemalt haben, nicht mehr. Außerdem eröffnet Wissen eine Vielzahl von Optionen, zwischen denen wir uns entscheiden müssen, und das Ausmaß der Wahlmöglichkeiten schafft einen immer größer werdenden Raum der Ungewissheit. Der Wissenszuwachs in der medizinisch-pharmazeutischen Forschung rettet sicherlich so manches Leben, aber er macht es den Ärzten auch immer schwerer, unter der Vielzahl der angebotenen Medikamente die richtige Wahl zu treffen. Wissenszuwachs und Konsum befördern sich ebenfalls gegenseitig. Ständig werden neue, innovative Produkte auf den Markt gebracht, hinter denen nicht selten eine jahrelange Entwicklungsarbeit liegt – von der wimpernverlängernden Wimperntusche bis hin zum iPhone. Wer will, kann zwischen mehr als zweihundert Sorten Frühstücksflocken wählen. Der amerikanische Psychologe Barry Schwartz spricht inzwischen gar von einer »Tyrannei der freien Wahl«. Für ihn ist sie die Ursache für die Zunahme psychischer Erkrankungen. Eine Wahl zu haben ist grundsätzlich gut, aber wenn die Auswahl zu unübersichtlich wird, überfordert sie die Menschen.

Die Wissensgesellschaft ist eine wohlhabende, aber nicht

unbedingt eine glückliche Gesellschaft. Der Wissenszuwachs gibt uns eigentlich nur in einem Aspekt echte Sicherheit: Die Welt ist so komplex, dass wir nie genug wissen werden, um ihr die Ungewissheit zu nehmen. Es gibt keine einfachen Antworten, Formeln oder Lehrsätze, die dieses Problem lösen könnten. Wir müssen lernen, mit der Ungewissheit zu leben, und eben einfach ertragen, dass wir nicht immer alles wissen können. Nicht bessere Manager hätten die Finanzkrise verhindern können, sondern beispielsweise ein Sokrates, der sie zu der Erkenntnis ihres Nichtwissens hätte führen können. Die Märkte sind viel zu komplex, als dass sich ihre Entwicklung voraussagen ließe.

Weise, deren Wort in einer Gesellschaft so viel Gewicht haben, dass sie wichtige Entscheidungen beeinflussen können, Könige als Philosophen, Philosophen als Könige – diese Idee stammt von Platon und ist in der Realität doch grandios gescheitert. Weise streben in aller Regel nicht nach Macht und Anerkennung. Sokrates hat die ihm angetragenen politischen Ämter immer abgelehnt. Und doch versucht die Politik immer wieder den Schulterschluss mit der Weisheit. Angela Merkel schmückt sich mit dem Dalai Lama, und Horst Köhler lädt Wissenschaftler aus aller Welt zum Dialog über Wissenschaft und Weisheit ein. Damit das auch alle Welt mitbekommt, ist auch eine Handvoll Journalisten eingeladen. Ich bin auch dabei. Der Bundespräsident selbst glänzt vor allem durch Abwesenheit. Die Finanzkrise … Am runden Tisch sitzen zwanzig Experten. Ein peruanischer Agrarwissenschaftler, der in seinem Land die Kartoffelfäule bekämpft, ist darunter sowie eine feministische Philosophin aus Hongkong, die gegen Aristoteles wettert, der doch eigentlich ein Frauenfeind sei und die Sklaverei befürwortet habe.

Als Hans-Peter Dürr zum wiederholten Mal die Quantenrevolution ausruft, weiß der peruanische Agrarwissenschaftler überhaupt nicht mehr, was er hier soll. Ein amerikanischer Wissenschaftler von irgendeinem »think tank« zieht sich sicherheitshalber schon mal die Schuhe aus. Die vier Journalisten gähnen an ihren unauffällig in den Ecken positionierten Katzentischen. Während der Pausen wird jeder von ihnen von mindestens zwei »Kollegen« von der Pressestelle des Bundespräsidialamts belagert. Der Kollege von der *Zeit* nutzt die Gelegenheit, dem Bundespräsidenten sein Buch übergeben zu lassen. Mit Widmung. Am Ende fahren wir gemeinsam zum Bahnhof. »Bizarr«, meint der Kollege. Recht hat er, mir fällt auch kein besseres Wort für die Veranstaltung ein. Als wir auf unsere jeweiligen Züge warten, will er noch von mir wissen, was Weisheit denn nun eigentlich sei.

An dem runden Tisch im Prunksaal von Schloss Bellevue hat sie sich jedenfalls nicht zu erkennen gegeben. Was nicht heißen soll, dass dort nicht auch der eine oder andere Weise mit dabei war. Doch bei so viel unnützer Vielwisserei hat es die Weisheit eben schwer. Vor allem aber darf man sie nicht in einen Schlosssaal einsperren, wo allenfalls ein paar gelangweilte Journalisten mitbekommen, was sie zu sagen hat. Sie muss mitentscheiden können. Eine der Anwesenden hat das dort gefordert – Helga Nowotny, die in ihrem Buch *Unersättliche Neugier* schon so anschaulich gezeigt hat, wie Innovation und die Anhäufung von Wissen zunehmend mehr Ungewissheit schafft. Sie ist der Meinung, dass die falschen Leute entscheiden, welche Forschungsvorhaben realisiert werden und welche nicht. Entweder finanziert die Industrie Forschungsprojekte, weil sie sich davon Gewinne erhofft, oder andere Wissenschaftler entscheiden über die Verteilung öffentlicher Forschungsmittel. Was aber wäre, wenn Intellektuelle, Künstler und sozial besonders engagierte Personen entschieden, welche Art von Wissen in unserer Gesellschaft vermehrt wird?

Der Wissenschaftsphilosoph Nicholas Maxwell fordert schon lange den Übergang von Wissen zur Weisheit. Im Jahr 2003 gründete er die Initiative Friends of Wisdom. Die Mitglieder – Philosophen und Naturwissenschaftler – machen sich für eine Revolution der Wissenschaft stark. Forscher sollten zukünftig vor allem das Wissen mehren, das der Weisheit dienlich ist. Das wäre Wissen, das die Welt ein klein wenig besser macht – Forschung zu nachhaltiger Energieversorgung beispielsweise oder Wissen, das uns hilft, die Welt als Ganzes besser zu verstehen. Und dabei fordern die »Freunde der Weisheit« dazu auf, völlig neue Wege zu gehen. Sie fordern Institutionen, die methodisch untersuchen sollen, wie wir uns zu einer weisen Gesellschaft entwickeln können.

Das kann Wissenschaft, wie sie heute betrieben wird, nicht leisten. Im Forschen für die Weisheit sollen Gefühle, Bedürfnisse, Werte und menschliche Ideale nicht ausgeklammert werden. Eine Verbindung von Rationalität und Romantik sei ideal, um über die Wissenschaft hinaus zur Weisheit zu gelangen. »Was wir für Weisheit brauchen, ist ein Zusammenspiel von skeptischer Rationalität und Emotion, ein Zusammenspiel von Geist und Herz, sodass wir geistvolle Herzen und einen herzlichen Geist entwickeln«, schreibt Nicholas Maxwell. Der britische Philosoph ist sich sicher: Nur wenn wir möglichst schnell lernen, wie wir uns zu einer weisen Gesellschaft entwickeln können, können wir die globalen Probleme bewältigen. Doch dazu reicht es sicherlich nicht aus, die Wissenschaft zu revolutionieren und Institutionen zu gründen, die sich der Weisheitssuche widmen. Nur wenn sich möglichst viele Mitglieder einer Gesellschaft dem »guten Leben« verschreiben und sich um Tugend bemühen, kann eine Gesellschaft als Ganzes tatsächlich weiser werden.

Die Insel der Ifaluk ist zu klein für uns, und wer verfügt schon über die Fähigkeiten eines Alexander von Humboldt. Wir können nicht alle weise werden. Aber das muss auch nicht sein. In einer weisen Gesellschaft hat die Weisheit einen Platz, an dem sie etwas bewirken kann. Sie greift dort regulierend ein, wo der Wissensdurst immer mehr Ungewissheit schafft. Wir können weiterhin so tun, als würde noch mehr Wissen unsere Probleme lösen. Oder wir bekennen uns zur Unwissenheit. Dafür müssen wir aber langsam anfangen, uns von unserer individualistischen Kultur zu lösen und den Weisen einen Platz einzuräumen.

Dank

Ohne die Bereitschaft vieler Menschen, mir über ihren persönlichen Weisheitsweg oder ihre Forschungen zum Thema Weisheit Auskunft zu geben, wäre dieses Buch nicht zustande gekommen. Ich danke dafür Bernd, dem Salsatänzer, Vivian Clayton, Judith Glück, Monika Hauser, Ute Kunzmann, Marie, Barbara Märtens, Father Ratchagar, Willibald Ruch und Ursula Staudinger. Besonderer Dank gebührt meinem Agenten Michael Gaeb, ohne den ich nie den Mut gefunden hätte, dieses große Thema anzugehen. Er hat immer an dieses Buch geglaubt und mir geholfen, etliche Widerstände zu überwinden. Ohne Pascal Tavantis kompetenten Beistand hätten wir zudem eine der größten Hürden bei der Realisierung niemals überwinden können. Ich danke ihm von ganzem Herzen für seinen Einsatz in einer sehr schwierigen Situation.

Meinen Eltern habe ich für die vielfältige Unterstützung zu danken, die sie mir während des Schreibens an diesem Buch haben zukommen lassen. Außerdem profitiere ich immer noch von den vielen weisheitsbezogenen Werten, die sie mir durch ihre Erziehung vermittelt haben.

Ohne die Begeisterung und das Engagement meiner Lektorin Kathrin Liedtke hätte ich wohl kaum die Energie für den Endspurt aufgebracht. Viele ihrer Anmerkungen haben mir noch einmal einen neuen Blick auf einzelne Aspekte des Themas eröffnet.

Viele meiner guten Freunde haben ebenfalls zum Gelingen dieses Projekts beigetragen. Ich danke Michael Lange, Jan Lublinski, Nikolai Wojtko und Gertrud Tauber für viele wichtige Hinweise, Andrea Tönnißen dafür, dass sie Bernd für mich gefunden hat, und Silke Rüth für die sprachlichen Korrekturen in den ersten Kapiteln. Ohne die Unterstützung und die eine oder andere Idee meiner Bürokolleginnen Elke Brandstätter, Luciana Caglioti, Tiziana Caravante-Liebetanz, Andrea Oster und Ute Schneider hätte ich manch eine Schreibblockade nicht so schnell überwunden. Ihr seid die besten Kolleginnen, die man sich nur wünschen kann! Katja Nellisson bin ich für viele fruchtbare Diskussionen während unserer Sonntagsspaziergänge und Sylvia Zander für ihre Zuversicht und Anteilnahme dankbar. Außerdem haben Miriam Boeing und Linda Hardjanegara Jauw mich bei vielen längeren (Telefon-)Gesprächen immer wieder ermutigt und inspiriert. Abschließend möchte ich Gerwald Herter für sein Verständnis danken.

Literatur

Das vorliegende Verzeichnis enthält die verwendeten Quellen und zitierten Werke, verweist aber auch auf weiterführende Literatur zum Thema. Zunächst seien einige Bücher und Artikel genannt, auf die ich in mehreren Kapiteln zurückgegriffen habe und die in den Literaturangaben zu den einzelnen Kapiteln nicht jeweils noch einmal angeführt wurden:

Aleida Assmann (Hrsg.), *Weisheit, Archäologie der literarischen Kommunikation,* München 1990

Willi Oelmüller (Hrsg.), *Philosophie und Weisheit,* Stuttgart 1989

Raimon Panikkar, *Einführung in die Weisheit,* Freiburg im Breisgau 2002

Bezüglich der verschiedenen Philosophen, auf die ich mich in mehreren Kapiteln beziehe, waren folgende allgemeinere Einführungen hilfreich:

Ottfried Höffe (Hrsg.), *Klassiker der Philosophie,* Bd. 1 und 2, München 1985

Wilhelm Weischedel, *Die philosophische Hintertreppe,* München 1975

Darüber hinaus ist auf den Web-Seiten des Berliner Max-Planck-Instituts ein unfertiges englischsprachiges Manuskript von Paul Baltes erschienen:

Paul Baltes, *Wisdom as Orchestration of Mind and Virtue,* 2004
http://library.mpib-berlin.mpg.de/ft/pb/PB_Wisdom_2004.pdf

Auch wenn ich ihre Auslegungen und Ansichten nicht immer teile, fand ich wichtige Anregungen in Ina Rösings Buch *Weisheit – Meterware, Maßschneiderung, Missbrauch*, Kröning 2005

In der Zeitschrift *Geo* ist zudem von März bis Mai 2006 eine von Hanne Tügel sehr gut geschriebene Serie zum Thema Weisheit erschienen. Bei *Geo Wissen* ist das Heft Nr. 29 ganz den Themen »Erkenntnis – Weisheit – Spiritualität« gewidmet. Im Dezember 2009 erschienen außerdem in dem Magazin *Gehirn & Geist* mehrere Artikel zum Thema Weisheit.

Natürlich sind auch die Interviews, die ich Anfang 2008 mit den Weisheitsforscherinnen Judith Glück (Klagenfurt), Ute Kunzmann (Leipzig) und Ursula Staudinger (Bremen) geführt habe, ein wichtiger Teil der Recherchen für dieses Buch. Die drei Wissenschaftlerinnen werden in fast allen Kapiteln zitiert.

Was ist Weisheit? – Oma Hilde und der Dalai Lama

Interview mit Azar Gat, Dezember 2007

Bibel, Einheitsübersetzung Altes und Neues Testament, Freiburg im Breisgau 1980

De Crescenzo, Luciano, *Alles fließt, sagt Heraklit,* München 1997

Gandhi, Mahatma, *Mein Leben,* Frankfurt am Main 1983

Glück, Judith, *Children's Knowledge About Wisdom,* 2005

Glück, Judith, und Bluck, Susan, *Individual Differences in Conceptions of Wisdom: What it is and where it comes from.* Manuskript wurde der Autorin ohne Datumsangabe von der Wissenschaftlerin übergeben.

Hadot, Pierre, *Philosophie als Lebensform,* Frankfurt am Main 2005

Kant, Immanuel, *Kritik der reinen Vernunft,* Hamburg 1990

Ludwig, Klemens, *Dalai Lama,* München 2008

Maul, Stefan (Übers.), *Gilgamesch,* München 2006

Pleines, Jürgen-Eckhard, *Heraklit,* Hildesheim 2001

Schopenhauer, Arthur, *Parerga und Paralipomena II,* Zürich 2007

Weise Menschen erkennen – Sokrates und die Bienenzüchterin

Interview mit Vivian Clayton, Dezember 2008

Ardelt, Monika, *Wisdom as Expert Knowledge System: A Critical Review of a Contemporary Operationalization of an Ancient Concept,* Human Development, 2004

Baltes, Paul, und Smith, Jacqui, *The Fascination of Wisdom – Its Nature, Ontogeny and Function,* Perspectives on Psychological Science, Volume 2, Nr. 1, 2008

Baltes, Paul B., Staudinger, Ursula M., Maercker, Andreas, und Smith, Jacqui, *People Nominated as Wise: A Comparative Study of Wisdom-Related Knowledge,* Psychology and Aging, Volume 10, Nr. 2, 155–166, 1995

Burckhardt, Carl Jacob, *Griechische Kulturgeschichte,* Frankfurt am Main 2003

Jaspers, Karl, *Vom Ursprung und Ziel der Geschichte,* Frankfurt am Main 1955

Jaspers, Karl, *Die maßgebenden Menschen – Sokrates, Buddha, Konfuzius, Jesus,* München 2007

Kniest, Christoph, *Sokrates zur Einführung,* Hamburg 2003

Maercker, A., Böhmig-Krumhaar, S., und Staudinger, U., *Existentielle Konfrontation als Zugang zu weisheitsbezogenem Wissen und Urteilen,* Zeitschrift für Entwicklungspsychologie und Pädagogische Psychologie, Nr. 30, I, 2–12, 1998

Martin, Gottfried, *Sokrates,* Reinbek bei Hamburg 1970

Saltzwedel (Hrsg.), *Götter, Helden, Denker,* Hamburg 2008

Staudinger, U., und Baltes, P., *Weisheit als Gegenstand psychologischer Forschung,* Psychologische Rundschau, 1996

Staudinger, Ursula M., *Lebenserfahrung, Lebenssinn und Weisheit,* Enzyklopädie der Psychologie, Bd. 6, Göttingen 2005

Wolf, Ursula (Hrsg.), *Platon Sämtliche Werke,* Bd. 1, 2007

Das Glück der Weisen – Aristoteles und der Salsatänzer

Interview mit Bernd, Januar 2009

Interview mit Willibald Ruch, Dezember 2008

Aristoteles, Bien, Günther (Hrsg.), und Rolfes, Eugen (Übers.), *Nikomachische Ethik,* Hamburg 1985

Aristoteles, Seidl, Horst (Hrsg.), *Metaphysik,* Hamburg 1989

Burckhardt, Carl Jacob, *Griechische Kulturgeschichte,* Frankfurt am Main 2003

Diogenes Laertios, *Leben und Lehre der Philosophie,* Stuttgart 1998

Höffe, Otfried, *Aristoteles,* München 2006

Höffe, Otfried (Hrsg.), *Nikomachische Ethik,* Berlin 2006

Rapp, Christof, *Aristoteles zur Einführung,* Hamburg 2001

Glücksforschung:

Csikszentmihalyi, Mihaly, *Flow – Das Geheimnis des Glücks,* Stuttgart 2007

Debold, Elisabeth, *Flow mit Seele – Interview mit Mihaly Csikszentmihalyi,* What is Enlightement Magazine, 2002

Diener, E., und Biswas-Diener, R., *Happiness – Unlocking the Mysteries of Psychological Wealth,* Malden (MA) 2008

Gilbert, Daniel, *Affective Forecasting,* Edge – The Third Culture, 13. 02. 2004 *www.edge.org/3rd_culture/gilbert03/gilbert_index.html*

Gilbert, D. T., und Wilson, T. D., *Prospection: Experiencing the future.* Science, 317, 1351–1354, 2007

Max, D. T., *Happiness 101,* New York Times, 07.01.2007

Peterson, C., und Seligman, M., *Character Strengths & Virtues,* Oxford 2004

Peterson et al., *Strengths of character, orientations to happiness, and life satisfaction,* Journal of Positive Psychology, Nr. 2, 3, 14–156, 2007

Ruch, Willibald, *Character Strengths as Predictors of the »Good Life« in Austria, Germany and Switzerland,* 2008

Ryan, Richard, und Huta, Veronika, *Living Well: A Self-Determination Theory Perspective on Eudaimonia,* Journal of Happiness Studies, Volume 9, Nr. 1, 2008

Schäfer, Annette, *Mr. Flow und die Suche nach dem guten Leben,* Psychologie Heute, Heft 3, 2005

Schwartz, Barry, und Sharpe, Kenneth, *Practical Wisdom: Aristotle meets positive Psychology,* Journal of Happiness Studies, 2005

Seligman, Martin, *Eudaimonia, the good Life,* Edge – the third culture, 23.03.2004
http://www.edge.org/3rd_culture/seligman04/seligman_index.html

Seligman, Martin, *Talk on positive Psychology,* Monterey (CA), Feb. 2004:
http://www.ted.com/talks/martin_seligman_on_the_state_of_psychology.html

Weiss, Alexander, et al., *Happiness is a Personality Thing: The Genetics of Personality and Well-Being in a Representative Sample,* Psychological Science 2008

Sonstiges:

Dalai Lama, *Der Weg zum Glück,* Freiburg im Breisgau 2003

Schwarze, Achim, *Kleine Brötchen – von den Vorzügen ohne feste Anstellung zu sein,* München 2005

Wie Weisheit die Welt erfasst – Einstein und Gott

Kosmische Religiosität und Friedenspädagogik:

Einstein, Albert, und Freud, Sigmund, *Warum Krieg?,* Zürich 1972

Einstein Albert, und Seelig, Carl (Hrsg.), *Mein Weltbild,* Berlin 2005

Russell, Bertrand, et al., *Russell-Einstein-Manifest,* 1955 *http://www.pugwash.de/rem.pdf*

Über Pugwash: *www.pugwash.org*

Biographisches:

Fölsing, Albrecht, *Albert Einstein,* Frankfurt am Main 1995

Hermann, Armin, *Einstein. Der Weltweise und sein Jahrhundert. Eine Biographie,* München 2004

Wickert, Johannes, *Albert Einstein,* Reinbek bei Hamburg 2005

Quantenphysik:

Springer, Michael, *Ein Physiker mit Fernwirkung,* Spektrum der Wissenschaft, März 2008

Stampf, Olaf, *Der Hexenmeister von Wien,* Der Spiegel, Heft 11, 2005

Wertheim, Margaret, *Die Hosen des Pythagoras,* München 2002

Zeilinger, Anton, *Einsteins Schleier,* München 2005

Zeilinger, Anton, *Einsteins Spuk,* München 2007

Psychologie:

Dijksterhuis, A., et al, *On Making the Right Choice,* Science 311 (5763), 1005–1007, 2006

Gigerenzer, Gerd, *Bauchentscheidungen – Die Intelligenz des Unbewussten und die Macht der Intuition,* München 2008

Golovich, et al., *Heuristics and Biases. The Psychology of Intuitive Judgement,* Cambridge 2002

Haslam, Alexander, S., *Kopf oder Bauch?,* Gehirn & Geist, Heft 11, 2007

Kuhn, D., *Education for Thinking,* Boston 2005

Kuhn, D., *Gegen jede Logik,* Gehirn & Geist, Heft 11, 2007

Wertheimer, Max, *Produktives Denken,* Frankfurt am Main 1945

Sonstiges:

Blume, Michael, *Homo Religiosus,* Gehirn & Geist, April 2009

Brague, Remi, *Die Weisheit der Welt, Kosmos und Welterfahrung im westlichen Denken,* München 2006

Kutschera, Ulrich, *Darwins philosophischer Imperativ,* Gehirn & Geist, April 2009

Rentschler, Rabea, und Könneker, Carsten, *Sinn & Unsinn des Glaubens,* Gehirn & Geist, April 2009

Über James Irwin, den Astronauten mit der Erleuchtungserfahrung auf dem Mond: *http://www.arlingtoncemetery.net/jbirwin.htm*

Weisheit durch Mitgefühl – Die Ärztin und die Frauen

Interview mit Monika Hauser, April 2009

Interview mit Felix Warneken, 2007

Empathie und Altruismus:

Bauer, Joachim, *Warum ich fühle, was du fühlst. Intuitive Kommunikation und das Geheimnis der Spiegelneurone,* Hamburg 2005

Bowles, Samuel, und Jung-Kyoo, Choi, *The Coevolution of Parochial Altruism and War,* Science, 26. 10. 2007

Bowles, Samuel, und Maier, Josephina (Übers.), *Nächstenliebe, die Mutter aller Kriege,* Die Zeit, 23. 12. 2008

Cheng Yawei et al., *Expertise modulates the Perception of Pain in Others,* Current Biology, Nr. 17, 1–6, Oktober 2007

Danziger, Nicolas, et al., *Can We Share a Pain We Never Felt? Neural Correlates of Empathy in Patients with Congenital Insensitivity to Pain,* Neuron, Volume 61, Issue 2, Januar 2009

Frith, Chris, und Singer, Tania, *The role of social cognition in decision making,* Philosophical Transactions of the Royal Society, Nr. 363, 3875–3886, 2008

Gaschler, Katja, *Die Entdeckung des Anderen,* Gehirn & Geist, Heft 10, 2006

Gintis, H., Bowles, S., Boyd, R., und Fehr, E., *Explaining altruistic behavior in humans,* Evolution and Human Behavior, Nr. 24, 153–172, 2003

Goleman, Daniel, *Soziale Intelligenz. Wer auf andere zugehen kann, hat mehr vom Leben,* München 2006

Irlenbusch, Bernd, und Rockenbach, Bettina, *The Competitive Advantage of Sanctioning Institutions,* Science, Nr. 312, 2006

Kunzmann, Ute, *Approaches to a good life: The emotional-motivational side to wisdom, Positive Psychology in Practice*, S. 504–517, 2004

Marschall, Joachim, *Meister des Wir-Gefühls,* Gehirn & Geist, Heft 12, 2007

Miller, G., *Reflecting on Another Mind,* Science, Nr. 308, 2005

Scheibe, S., Kunzmann, U., und Baltes, P. B., *New territories of Positive Lifespan Development: Wisdom and Life Longings,* Oxford handbook of Positive Psychology, New York 2009

Singer, Tania, *The neuronal basis and ontogeny of empathy and mind reading: Review of literature and implications for future research,* Neuroscience Biobehavioral Reviews, August 2006

Singer, T., Seymour, B., O'Doherty, J., et al., *Empathy for Pain Involves the Affective but not Sensory Components of Pain,* Science, Nr. 303, 2004

Warneken, F., und Tomasello, M., *Varieties of altruism in children and chimpanzees.* Trends in Cognitive Sciences, Nr. 13, 9, 397–482, 2009

Warneken, F., und Tomasello, M., *The roots of human altruism,* British Journal of Psychology, Nr. 100, 487–490.

Moral:

Greene, Joshua, et al., *The Neural Bases of Cognitive Conflict and Control in Moral Judgement,* Neuron, Volume 44, 2004

Greene, Joshua, *From neural »is« to moral »ought«: what are the moral implications of neuroscientific moral psychology?,* Nature Reviews, Neuroscience, Volume 4, October 2003

Hauser, Marc, *The Liver and the moral organ,* SCAN 2006

Moll, Jorge, et al., *The neural basis of human moral cognition,* Nature Reviews, Neuroscience, Volume 6, October 2005

Moll, Jorge, et al., *Human Fronto-Mesolimbic Networks Guide Decisions about Charitable Donations,* Proceedings of the National Academy of Science, Nr. 103, 2006

Nichols, Shaun, und Mallon, Ron, *Moral Dilemmas and Moral Rules,* Cognition, Nr. 100, 530–542, 2006

Pasupathi, M., und Staudinger, U., *Do advanced moral Reasoners also show wisdom?,* International Journal of Behavioral Development, 2001

Schleim, Stephan, und Walter, Henrik, *Erst das Gefühl, dann die Moral?,* Gehirn & Geist, Heft 1–2, 2008

Sonstiges:

Dawkins, Richard, *Das egoistische Gen,* Reinbek bei Hamburg 1996

Louis, Chantal, *Monika Hauser – Nicht aufhören anzufangen, Eine Ärztin im Einsatz für kriegstraumatisierte Frauen,* Zürich 2008

Mickler, Charlotte, und Staudinger, Ursula, *Personal Wisdom: Validation and Age-Related Differences of a Performance Measure,* Psychology and Aging, Volume 23, 2008

Mathys, Hans-Peter, *Goldene Regel I. Judentum,* Theologische Realenzyklopädie, Bd. 13, Berlin 1984

Sahih Muslim, Kitab al-Iman, 67–1, Hadith Nr. 45

Von alten und jungen Weisen – Marie und der Priester

Alter in verschiedenen Kulturen:

Anderson, Susanne, *Song of the earth spirit,* San Francisco 1973

Johnson, Sandy, und Budnik, Dan, *Wir werden überleben,* München 1996

Odera Oruka, Henry, *Grundlegende Fragen der afrikanischen »Sage Philosophy«,* in: Wimmer, Franz M., *Vier Fragen zur Philosophie in Afrika, Asien und Lateinamerika,* Wien 1988

Renner, Erich, *Methusalems Weltreise,* Wuppertal 2007

Renner, Erich, *Geduld ist unsere Lebensart,* Berlin 2006

Altern in psychologischer und neurophysiologischer Hinsicht:

Banerjee, Rahul, und Chakrabarti, Bikas (Hrsg.), *Progress in Brain Research: Models of Brain and Mind,* Amsterdam 2008

Carson, S. H., Peterson, J. B., und Higgins, D. M., *Decreased latent inhibition is associated with increased creative achievement in high-functioning individuals,* Journal of Personal and Social Psychology, September 2003

Darowski, E. S., Helder, E., Zacks, R. T., Hasher, L., und Hambrick, D. Z., *Age-related differences in cognition: the role of distraction control,* Neuropsychology, Nr. 22, 5, 638–44, 2008

Glück, Judith, Bluck, Susan, Baron, Jacqueline, und Adams, Dan P., *The wisdom of experience: Autobiographical narratives across adulthood,* International Journal of Behavioral Development, Nr. 29, 3, 197–208, 2005

Hall, Stephen S., *The Older-and-Wiser Hypothesis,* The New York Times, 06. 05. 2007

Mager, R., et al., *Age-related changes in cognitive conflict processing: An event-related potential study,* Neurobiology of Aging, Nr. 28, 1925–1935, 2007

Reistadt-Long, Sara, *Older Brain Really Ma Be a Wiser Brain,* The New York Times, 20. 05. 2008

Scheibe, S., und Carstensen, L., *Emotional Aging: Recent Findings and Future Trends,* J Gerontol B Psychol Sci Soc Sci., März 2010

Staudinger, Ursula M., und Pasupathi, Monisha, *Correlates of Wisdom-Related Performance in Adolescence and Adulthood: Age-Graded Differences in Paths Toward Desirable Development,* Journal of Research on Adolescence, Nr. 13, 3, 239–268, 2003

Wild-Wall, N., Hohnsbein, J., und Falkenstein, M., *Effects of ageing on cognitive task preparation as reflected by event-related potentials,* Clinical Neurophysiology, Nr. 118, 558–569, 2007

Sonstiges:

Meckelson, Doug, und Haithman, Diane, *The Elder Wisdom Circle – A guide for a meaningful Life,* 2007

www.elderwisdomcircle.org

Rai, Saritha, *From Blasé Bollywood, a star helps relief effort,* New York Times, 17. 01. 2005

Schachter-Shalomi, Zalman, *Frome Age-ing to Sage-ing,* New York 1997

Weise werden – Gandhi und die Lehrerin

Interview mit Barbara Märtens, 12. Mai 2009

Zu Gandhi:

Gandhi, Mahatma, *Mein Leben,* Frankfurt 2007

Arp, Susmita, *Gandhi,* Reinbek bei Hamburg 2007

Weisheit lehren/lernen:

Baumann, Kai, und Linden, Michael, *Frieden mit Früher,* Gehirn & Geist, Heft 12, 2009

Glück, Judith, und Baltes, Paul, *Using the Concept of Wisdom to Enhance the Expression of Wisdom Knowledge: Not the Philosopher's Dream but Differential Effects of Developmental Preparedness,* Psychology and Aging, Volume 21, Nr. 4, 679–690, 2006

Krumhaar-Böhmig, Susanne A., Staudinger, Ursula M., und Baltes, Paul, *Mehr Toleranz tut Not: Lässt sich wert-relativierendes Wissen und Urteilen mit Hilfe einer wissensaktivierenden Gedächtnisstrategie verbessern?,* Zeitschrift für Entwicklungspsychologie und Pädagogische Psychologie, Nr. 34, 1, 30–43, 2002

Sternberg, R. J., Jarvin, Linda, und Grigorenko, Elena, *Teaching for Wisdom Intelligence, Creativitiy and Success,* Thousand Oaks (CA), 2009

Sternberg, R., *Teaching for Wisdom in our Schools,* Artikel auf der Website des Center for Development and Learning, ohne Datumsangabe

www.cdl.org/resource-library/articles/teaching_wisdom.php

Meditation:

Ayan, Steve, *Willkommen im Jetzt!,* Gehirn & Geist, Heft 12, 2006

Bishop, S. R., *What Do We Really Know About Mindfulness-Based Stess Reduction?,* Psychosomatic Medicine, Nr. 64, 71–84, 2002

Huber, Martin, *Neuronen und Nirwana – Wie das Gehirn die Welt überwindet, Teil II, Wissenschaft im Brennpunkt,* Deutschlandfunk, 28. 12. 2008

Kraft, Ulrich, *Die neuronale Erleuchtung,* Gehirn & Geist, Heft 10, 2005

Lutz, Antoine, Brefczynski-Lewis, Julie, Johnstone, Tom, Davidson, und Richard J., *Regulation of the Neural Circuitry of Emotion by Compassion Meditation: Effects of Meditative Expertise,* PLoS ONE, Volume 3, Nr. 3, März 2008

Lutz, Antoine, Greischar, Lawrence L., Rawlings, Nancy B., Ricard, Matthieu, Davidson, und Richard, J., *Long-Term Meditators self-induce high-amplitude gamma synchrony during mental practice,* Proceedings of the national Academy of Science, Volume 101, Nr. 46, 16369–16373, November 2004

Mipham, Sakyong, *Wie der weite Raum – Die Kraft der Meditation,* München 2005

Tügel, Hanne, *Wege zur Mitte,* Geo, Heft 1, Januar 2009

Wachstum/Weisheit durch Trauma:

Ardel, Monika, *How Wise People Cope with Crises and Obstacles in Life,* ReVision, Volume 28, Nr. 1, 2005

Campbell, Keith W., Baumeister, Roy F., Dhavale, Daen, und Tice, Dianne M., *Responding to Major Threats to Self-Esteem: A Preliminary, Narrative Study of Ego-Shock,* Journal of Social and Clinical Psychology, Volume 22, Nr. 1, Februar 2003

Frankl, Viktor, *... trotzdem Ja zum Leben sagen,* München 2008

Linley, Alex P., *Positive Adaption to Trauma: Wisdom as both process and outcome,* Journal of Traumatic Stress, Volume 16, Nr. 6, 601–610, 2005

McGowan, Kathleen, *Wenn das Leben auseinanderfällt,* Psychologie Heute, Heft 10, 2007

Peterson, Christopher, Park, Nansook, Pole, Nnamdi, D'Andrea, Wendy, und Seligman, Martin E. P., *Strengths of Character and Posttraumatic Growth,* Journal of Traumatic Stress, Volume 21, Nr. 2, April 2008

Tedeschi, Richard G., und Calhoun, Lawrence G., *Posttraumatic Growth: Conceptual Foundations and Empirical Evidence,* Psychological Inquiry, Volume 15, Nr. 1, 1–18, 2004

Sonstiges:

Freese, Hans-Ludwig, *Kinder sind Philosophen,* Berlin 2002

Goleman, Daniel, *Unsere Kinder – Opfer des Fortschritts,* Spiegel Online, 28. 10. 2008

Haynes, John Dylan, *Detecting deception from neuroimaging signals – a data-driven perspective,* Trends in Cognitive Science, Nr. 12, 4, 126–127, 2008

Hesse, Hermann, *Siddhartha – Eine indische Geschichte,* Frankfurt am Main 2004

Jaspers, Karl, *Einführung in die Philosophie,* München 2008

Luskin, F. M., Ginzburg, K., und Thoresen, C. E., *The effect of forgiveness training on psychosocial factors in college age adults,* Humboldt

Journal of Social Relations. Special Issue: Altruism, intergroup apology and forgiveness: antidote for a divided world, Nr. 29, 2, 163–184, 2005

Mandela, Nelson, *Der lange Weg zur Freiheit,* Frankfurt am Main 2006

Pitzke, Marc, *Für Madoff schlägt die Stunde der Abrechnung,* Spiegel Online, 29.06.2009

Rescorla, L., Achenbach, T. M., Ivanova, M. Y., Dumenci, L., Almqvist, F., Bilenberg, N., et al., *Behavioral and emotional problems reported by parents of children ages 6 to 16 in 31 societies,* Journal of Emotional and Behavioral Disorders, Nr. 15, 130–142, 2007

Rowling, Joanne K., *Harry Potter und die Kammer des Schreckens,* Kapitel: Dobbys Belohnung, Hamburg 2000

Soon, C. S., Brass, M., Heinze, H. J., und Haynes, J. D., *Unconscious determinants of free decisions in the human brain,* Nature Neuroscience, April 2008

Spitteler, Carl, *Meine frühesten Erlebnisse,* München 1986

Thimm, Katja, *Die Kraft der Widerständigen,* Spiegel, Heft 15, 2009

Wolf, Christa, *Störfall,* Frankfurt am Main 1987

Die weise Gesellschaft – Alexander von Humboldt und die Insel der Weisen

Individualismus und Kollektivismus:

Han, S., und Northoff, G., *Culture Sensitive Neural Substrates of Human Cognition: A Transcultural Neuroimaging Approach,* Nature Reviews Neuroscience Nr. 9, 646–654, 2008

Hedden, T., et al., *Cultural Influences on neural Substrates of Attentional Control,* Psychological Science, Nr. 19, 12–17, 2008

Hofstede, Geerd, *Cultures and Organizations: Software of the Mind,* New York 2004

Le, Thao N., und Levenson, Michael R., *Wisdom as self-transcendence: What's love (& Individualism) got to do with it?,* Journal of Research in Personality, Nr. 39, 443–457, 2005

Nisbett, R. E., und Miyamoto, Y., *The Influence of Culture: Holistic vs. Analytic Perception,* Trends in Cognitive Science, Nr. 9, 467–473, 2005

Northoff, Georg, *Der Chamäleon-Effekt,* Gehirn & Geist, Heft 6, 2009

Sui, J., und Han, S., *Self-Construal Priming Modulates Neural Substrates of Self Awareness,* Psychological Science, Nr. 18, 10, 861–866, 2007

Zhu, Y., et al., *Neural Basis of Cultural Influences on Self-Representation,* Neuroimage, Nr. 34, 1310–1316, 2007

Kulturvergleiche und Mythen:

Johnson, Sandy, *Tibetan Elders,* New York 1996

Lutz, Catherine A., *Unnatural Emotions,* Chicago 1988

Aufklärung:

Kant, Immanuel, *Was ist Aufklärung?,* Projekt Gutenberg 1784

http://gutenberg.spiegel.de/?id=5&xid=1366&kapitel=1#gb_found

Alexander von Humboldt:

Von Humboldt, Alexander, *Kosmos: Entwurf einer physischen Weltbeschreibung,* Frankfurt am Main 2004

Richter, Thomas, *Alexander von Humboldt,* Reinbek bei Hamburg 2009

Wissenschaft und Gesellschaft:

Maxwell, Nicholas, *From Knowledge to Wisdom,* London 2007

Maxwell, Nicholas, *From Knowledge to Wisdom: The Need for an Academic Revolution,* in: Barnett, R., und Maxwell, N. (Hrsg.), *Wisdom in the University,* London 2008

Nowotny, Helga, *Unersättliche Neugier: Innovation in einer fragilen Zukunft,* Berlin 2005

Schwartz, Barry, *The Paradox of Choice: Why More is Less,* New York 2005

Sonstiges:

Renner, M., *Kükenthals Leitfaden für das Zoologische Praktikum,* Jena 1989

Schank, Roger C., *Wisdom Reborn,* Edge, *www.edge.org/q2009/q09_1.html*, 2009